# 酒店人力资源管理实务

赵莉敏 黄 昕 何小怡 主 编
王 艳 池培鸿 梁 艳 副主编

清华大学出版社
北京

## 内 容 简 介

随着新技术的应用和发展,酒店数字化运营成为酒店业发展的必然趋势。酒店数字化运营体现为智慧化工具的应用和基于数据的分析决策,使得酒店的服务更具精准性和便捷性,要求其人才结构更具精简性和合理性,岗位职责更加优化。在酒店数字化运营背景下,酒店人力资源管理的科技应用工具和人员管理的理念也随之发生了变化。本书基于酒店数字化运营所带来的人才结构的变化、人员岗位职责的变化和人员管理理念的变化,结合人力资源的智慧化工具的应用及人力资源角色定位的变化趋势,从识才、选才、育才、用才、激才和护才六个职责对应人力资源管理的六大模块进行阐述,介绍了酒店员工规划、酒店员工招聘、酒店员工发展、酒店绩效管理、酒店薪酬管理和酒店员工关系与管理六个方面内容,设计了十七个任务和七个项目实训任务。

本书以职业院校旅游大类专业师生为读者对象,也适合相关行业从业人员阅读参考。

本书封面贴有清华大学出版社防伪标签,无标签者不得销售。
版权所有,侵权必究。举报:010-62782989,beiqinquan@tup.tsinghua.edu.cn。

图书在版编目(CIP)数据

酒店人力资源管理实务 / 赵莉敏,黄昕,何小怡主编.
北京:清华大学出版社,2025.2. -- (高职高专旅游大类专业新形态教材). -- ISBN 978-7-302-68358-2
Ⅰ.F719.2
中国国家版本馆 CIP 数据核字第 2025L2X826 号

责任编辑:刘士平
封面设计:傅瑞学
责任校对:袁　芳
责任印制:沈　露

出版发行:清华大学出版社
　　网　　　址:https://www.tup.com.cn, https://www.wqxuetang.com
　　地　　　址:北京清华大学学研大厦 A 座　　邮　编:100084
　　社　总　机:010-83470000　　邮　购:010-62786544
　　投稿与读者服务:010-62776969, c-service@tup.tsinghua.edu.cn
　　质量反馈:010-62772015, zhiliang@tup.tsinghua.edu.cn
　　课件下载:https://www.tup.com.cn, 010-83470410
印 装 者:三河市君旺印务有限公司
经　　销:全国新华书店
开　　本:185mm×260mm　　印　张:13　　字　数:314 千字
版　　次:2025 年 3 月第 1 版　　印　次:2025 年 3 月第 1 次印刷
定　　价:45.00 元

产品编号:100019-01

# 前 言

自2019年开始,国务院、教育部和财政部陆续发布关于中国职业教育深化改革的方案和制度,明确中国职业教育人才培养的目标和模式,提出了深化教师、教材和教法改革的新思路。此后,教育部等九部门于2020年印发的《职业教育提质培优行动计划(2020—2023年)》的通知中再次提出了教师、教材和教学质量的具体要求,要求职业院校结合生源多样化特点,加强实践性教学,完善以学生为中心的课程革命实施,强化职业教育教材建设。当前职业教育教材建设呈现出教材仍有内容更新缓慢和教材结构吸引力欠缺等问题。酒店管理与数字化运营专业的教材建设应结合酒店行业的发展趋势、运作标准和人才能力需求的培养,及时更新和调整内容结构,构建数字化时代酒店人力资源管理的理实一体化教材体系。

在信息技术的应用和发展背景下,酒店人力资源管理的科技应用工具和人员管理的理念也在发生变化,酒店行业人员对员工理论知识的要求已逐步减弱,重心逐步向职业能力和职业素养递进。业内人士认为,员工的知识水平可以通过对员工的日常培训和指导进行提升,但员工的专业技能/能力和综合素养方面却难以改善,给他们带来了工作上的困难和挑战,因此希望酒店人才在接受职业教育过程中能得到正确的引导,满足社会职业能力的需要。基于此,理实一体课程应明确学生的学习任务和知识要点,加强学生对应用知识的理解,将理论和实践结合起来。

本书基于酒店数字化运营所带来的人才结构的变化、人员岗位职责的变化和人员管理理念的发展,结合人力资源智慧化工具的应用以及人力资源角色定位的变化趋势,从识才、选才、育才、用才、激才和护才六个职责对应人力资源管理的六大模块进行阐述,介绍了酒店员工规划、酒店员工招聘、酒店员工发展、酒店绩效管理、酒店薪酬管理和酒店员工关系与管理等内容。其内容的创新点如下。

(1) 数字化理念。本书基于酒店数字化运营特征以及人力资源智慧化工具的应用,分析酒店数字化运营对人员岗位职责和岗位能力需求的变化,为教材的编写目标提供理论支持,如智慧化工具应用替代和辅助了员工的简单、重复性工作,催生与客户情感联系方面的相关职责,以此分析员工在岗位中所需具备的能力和综合素养,将此能力的培养目标作为内容设计的依据。同时,融入酒店人力资源智慧化工具的应用和数据化分析能力要求,在模块中增加数据报表分析等内容。

(2) 应用性。鉴于职业教育学生存在理论学习基础薄弱、理解能力偏弱、知识学习的主动性不强的特征,本书以学生未来岗位的应用技能和管理理念为基础,强化学生对人力资源管理的认识以及应对工作所需的知识技能,弱化纯理论知识体系的构建,注重教会学生的工作技能上的操作。同时,鉴于学生对岗位职责缺乏认识,本书在每一个任务中采用案例牵引理论的方法,帮助学生快速进入应用实践的思考、讨论和反思,提升其学习兴趣,强化知识点的学习。

(3) 前瞻性。本书以新技术的应用为背景,分析人力资源三大支柱的发展趋势,从人力资源战略、人力资源业务、人力资源共享服务的管理理念分析人力资源六大模块的核心知识点,具有前瞻性。

此外,职业教育教材还需明确学生的系统学习目标,使学习者系统了解酒店人力资源管理的专业知识和应用理论。因此,书中增加了案例的讨论与解析,帮助学生辨别行业工作标准与职责,以此锻炼学生的应用能力和实践能力,并提升学生在工作岗位上呈现的计划能力、应用能力、解决问题能力、沟通能力、人际关系能力和团队合作能力等。同时,通过案例以及知识点的解析,培养学生的职业操守,为培养德智体美全面发展的高素质职业技能型人才提供支持。本书的学习目标如下。

| 学习目标 | 内　　容 |
| --- | --- |
| 知识目标 | (1) 定义人力资源管理的职能、目标和管理体系<br>(2) 解释人力资源规划的内容、方法和作用<br>(3) 描述工作分析的方法和岗位说明书的内容<br>(4) 列举招聘工作的流程、细节和注意事项<br>(5) 列举培训分析的方法和培训活动开发的内容和步骤<br>(6) 阐述员工绩效考核的方法、有效编制和管理绩效的内容<br>(7) 描述员工薪酬福利的内容和有效管理的方法<br>(8) 列举员工劳动关系的内容和方法 |
| 能力目标 | (1) 确定人力资源管理的职能、目标和评估指标<br>(2) 分析和制定人力资源规划以满足企业运作发展需要<br>(3) 开展工作分析,并编制岗位说明书<br>(4) 应用招募与甄选的有效方法开展和管理企业招聘工作<br>(5) 分析企业培训需求,有效开展培训活动<br>(6) 科学有效地开展和实施绩效考核方案<br>(7) 应用和管理薪酬福利标准和体系进行有效的岗位管理工作<br>(8) 维护员工劳动关系,并规避劳动用工风险 |
| 素养目标 | 通过系统全面的学习,帮助学生构建人力资源管理的思维体系,培养学生遵纪守法、诚实守信、坚持原则、客观公正的职业态度,刻苦钻研业务和乐于奉献的精神;通过课程理解和实践,提升学生的职业操守 |

本书围绕人力资源管理的六大模块——识才、选才、育才、用才、激才和护才,模块进行细化阐述,六大模块的每项任务以案例为导入,以操作流程和正确设计理念为重点,促进学生在学习过程中岗位运用操作能力和职业素养的提升,具体内容如下。

(1) 酒店员工规划(识才)。从人力资源的定位开始,明确人力资源的管理职能,并结合酒店人力资源管理的实际运作,融入组织结构的设置标准、工作分析的模板以及人员编制核算的分析公式,并提供实训任务要求以巩固课程内容的学习。

(2) 酒店员工招聘(选才)。涵盖招募、选拔和评估三个方面的内容,结合酒店人力资源招聘的相关运作标准,将酒店的核心价值观和面试要求相结合,重点阐述行为面试的应用方法和流程,并以数据分析总结招聘评估的操作要求。

（3）酒店员工发展（育才）。结合培训需求分析和培训实施的相关要求，以人才盘点和人才建设的目标为基础，将培训的职能重新进行规划，凸显员工培训工作的重要性。同时，结合酒店培训工作的应用流程，列举酒店的培训项目，提升酒店人才培养的思路。

（4）酒店绩效管理（用才）。建立绩效管理标准的过程，实现人力资源科学管理的依据，建立定性和定量指标的标准。在方法的应用介绍中融入实例，按步骤建立指标标准，并根据酒店的运作标准列举酒店不同部门常用的定量指标。

（5）酒店薪酬管理（激才）。从酒店人力资源所需的技能出发，提供薪酬框架和薪酬核算的标准，建立人力资源薪酬标准的管理理念，规避薪酬争议。

（6）酒店员工关系与管理（护才）。在劳动合同管理、劳动争议管理、劳动保护的基础上，增加留任的激励计划，旨在分析在酒店人力资源运作过程中存在的人员短缺、离职率高的现象，分析员工离职原因，制订激励计划，以创新人力资源管理的应用技能。

本书的编写团队成员包括具有丰富教学经验的人力资源管理教师及具有丰富管理经验的国内外不同品牌的酒店人力资源管理负责人和培训师。其中赵莉敏博士负责对教材思路和理论框架进行总体设计、统筹规划以及项目1内容撰写；何小怡博士负责项目1、项目4和项目5内容撰写，池培鸿女士负责项目2内容撰写，王艳女士负责项目3内容撰写，梁艳女士负责项目6内容撰写，黄昕博士对教材的整体思路和教材内容进行了最终审定。

在本书的编写过程中，编者曾多次组织讨论会议，结合国内外品牌酒店的人力资源运作标准，探讨人力资源管理的核心技能，规划教材的应用性内容。编者从教材的培养目标出发，根据自身的工作经历，编写每个项目和任务案例，将案例内容贯穿全书知识点的应用，同时结合人力资源管理的操作程序和内部应用资料，系统开发和编写教材的实践性内容，为本书的理实一体化打下基础，并增加教材的创新性。本书凝聚着各位编者长达数月的心血，但教材依然存在诸多不尽如人意之处，期待各位教师和同学提出宝贵意见，便于我们日后进行修订和完善。

在本书的编撰过程中，我们得到了诸多酒店行业同仁的配合与支持，他们提供了诸多来自酒店人力资源一线的真实案例，在此表示诚挚的谢意。

本书编写组

2025年1月

# 目 录

## 项目1 酒店员工规划 / 1

任务 1.1 酒店人力资源的定位 / 3

任务 1.2 酒店人力资源预测 / 15

任务 1.3 酒店组织设计和工作分析 / 24

任务 1.4 酒店员工配置 / 40

项目实训 1-1 酒店员工需求的核算 / 50

## 项目2 酒店员工招聘 / 52

任务 2.1 酒店员工招聘实务 / 54

项目实训 2-1 酒店招聘广告设计 / 64

任务 2.2 酒店员工选拔 / 64

任务 2.3 酒店招聘评估 / 74

项目实训 2-2 酒店招聘数据分析 / 80

## 项目3 酒店员工发展 / 82

任务 3.1 酒店人才盘点 / 84

任务 3.2 酒店人才梯队建设 / 92

任务 3.3 酒店员工培训 / 100

项目实训 3-1 技能培训需求分析 / 119

# 项目 4　酒店绩效管理　/ 120

## 任务 4.1　酒店绩效管理的应用　/ 122
## 任务 4.2　酒店绩效指标的制定与考核　/ 135
项目实训 4-1　酒店绩效指标设置　/ 142

# 项目 5　酒店薪酬管理　/ 143

## 任务 5.1　酒店薪酬体系设计　/ 144
## 任务 5.2　酒店薪酬核算　/ 154
项目实训 5-1　酒店工资核算　/ 160

# 项目 6　酒店员工关系与管理　/ 163

## 任务 6.1　酒店劳动关系管理　/ 164
## 任务 6.2　酒店社会保障与劳动保护　/ 178
## 任务 6.3　酒店员工离职与留任管理　/ 189
项目实训 6-1　酒店劳动法规应用　/ 198

# 参考文献　/ 200

# 项目 1　酒店员工规划

## 📝 项目描述

本项目是对酒店人力资源管理实务中的识才、选才、育才、用才、激才和护才六大职能中的识才环节进行学习,是整个课程的职能导入和开端,是第一个核心学习项目。学生在本项目中将完成四个任务的学习和实训,分步骤学习识才过程中人员规划的具体任务和流程。

通过本项目的学习,学生将对人力资源管理工作和其角色具备基础的认识,利用所学知识将酒店人力资源管理的目标与酒店战略进行匹配,制定人力资源的规划工作;通过工作分析确定岗位的运行标准,并实现员工的有效配置。此外,通过开展各项目的任务活动,确保学生能够规划和展示工作所需的专业技能,提升学生的沟通能力、分析能力、计划能力等。同时,通过任务的理解和实践,提升学生的职业操守和职业社会能力的意识原则。

## 项目目标

**知识目标:**
- 定义人力资源管理的职能、目标和管理体系;
- 解释人力资源规划的内容、方法和作用;
- 描述工作分析的方法和岗位说明书的内容。

**能力目标:**
- 识别人力资源管理的职能、目标和评估指标;
- 分析和制定人力资源规划以满足酒店运作发展需要;
- 开展工作分析,并编制岗位说明书。

**素养目标:**
- 提升学生对人力资源管理的认识;
- 提升学生的职业意识、职业自豪感和责任感。

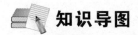

## 知识导图

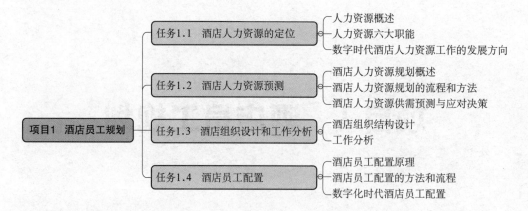

```
                          ┌─ 人力资源概述
         任务1.1  酒店人力资源的定位 ─┼─ 人力资源六大职能
                          └─ 数字时代酒店人力资源工作的发展方向

                          ┌─ 酒店人力资源规划概述
         任务1.2  酒店人力资源预测 ──┼─ 酒店人力资源规划的流程和方法
项目1                      └─ 酒店人力资源供需预测与应对决策
酒店员工规划
         任务1.3  酒店组织设计和工作分析 ┬─ 酒店组织结构设计
                                └─ 工作分析

                          ┌─ 酒店员工配置原理
         任务1.4  酒店员工配置 ────┼─ 酒店员工配置的方法和流程
                          └─ 数字化时代酒店员工配置
```

【学习重点和学习难点】

学习重点：人力资源的预测与应对举措、组织结构设计、工作分析、员工配置。

学习难点：人力资源的预测与应对举措、员工配置的方法。

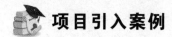

## 项目引入案例

由于酒店产品的不可储存性，酒店业绩容易受到季节性或外部市场环境的影响。某些区域的冬季是旅游旺季，游客流量增大，如海南三亚；与之相反的是，有些区域的冬季却是旅游淡季，对应现象则是游客流量减少，如九寨沟。旅游淡旺季的客源流量对酒店业绩影响具有较为直接的反映，无论业绩上升或下滑，都对酒店人力资源管理带来挑战。除此之外，酒店业绩、人员需求等也受到市场环境的约束，如竞争酒店增加、新技术的应用、区域劳动力外迁等情形都会对酒店的运营管理产生影响。

某高端五星级酒店因外部市场经济扩张的影响，酒店经营业绩与上年度相比上涨10%，成为近五年来经营业绩较高的一年。总经理认为当前酒店员工数量相对于经营业绩来说较为饱和，而为进一步稳固市场定位及实现酒店的战略目标，酒店在人员的储备和发展方面还需要具体的策略。因此，总经理召开了酒店人才发展战略会议，希望各部门对酒店人才的发展提供建设性意见。前厅部认为酒店应强化员工的语言能力和工作技能，培养"多面手"；餐饮部提出酒店可以优化考核和激励制度，提升酒店员工的产能；客房部建议在员工的用工形式上采用多种模式，如可以增加劳务派遣、外包等；市场销售部也赞同客房部的观点，此外还需招聘一些人员进行储备；工程部认为为迎合数字化应用，可以通过增加科技设备来辅助员工提高工作效率；保卫部从员工维护的角度分析，认为员工的工作关系维护很重要，应该引起重视；财务部门也提出酒店员工的工资待遇很重要，还需要根据酒店的收益调整员工的工资福利。人力资源部非常认可大家所提出来的建议，认为酒店人才的发展管理应该考虑到酒店的战略目标，但人力资源管理工作并非一个部门的工作，希望所有部门能够协同人力资源部，从组织战略目标出发，开拓新的业务增长点，制定人力资源的管理举措，共同吸引、挖掘、开发、管理、激励和维护员工。

**思考和讨论：**

1. 根据上述案例的讨论内容，请总结人力资源部的工作内容有哪些。
2. 案例中，人力资源经理的观点中提到的酒店战略目标，与人力资源工作具有什么联系？
3. 你是否认同"人力资源管理的工作并非一个部门的工作"的观点？为什么？

# 任务1.1 酒店人力资源的定位

## 任务概述

本任务是"酒店员工规划"项目中的第一个任务，任务学习内容包括人力资源概述、人力资源六大职能、数字时代酒店人力资源工作的发展方向。本任务涵盖对人力资源管理理论含义的学习，同时融入人力资源的管理目标、酒店的数字化应用及人力资源工作的发展方向，帮助学生快速认识人力资源管理的意义及其重要性。通过本任务的学习，学生将能阐述人力资源管理的定义、人力资源管理的职能、人力资源管理的目标及数字时代人力资源的重要性，具备人力资源管理的前沿专业知识，建立对人力资源管理及其理念的鉴别能力、分析能力、自我学习能力等，树立正确的人力资源管理观念，提升学生的职业意识和整体素质。

## 案例导入

客房部经理李珊珊从人力资源部走出来时还是气鼓鼓的，最近部门人员流动频繁，一位白班主管刚离职，随即员工也离职了好几个，还有两个表现不错的实习生因为实习期满很快也要离开。眼看着旅游旺季很快就要来临，人手明显不够，李珊珊已经跟人力资源部说了好几次要尽快招人，可是效果都不明显。要不就是压根招不到，要不就是招来的不是想要的，根本不合适，就像刚刚面试的那个男孩，一看就是家里的骄宝贝，根本不适合从事又苦又累的客房工作。人力资源部也不知道怎么搞的，招个人怎么那么难？

其实，郁闷的人不止李珊珊一个，就在她愤愤不平的时候，人力资源部招聘专员杨光也正在办公室里长吁短叹。客房部近期的招聘工作一直没有成果，一方面原因是现在招人确实很难，愿意从事体力劳动工作的年轻人确实越来越少；另一方面原因是，虽然客房部一直说要招人，但是从来没有给过招人的画像和条件。每次让李经理提供职位说明书时，李经理总是说："就招客房主管和客房员工啊，你们看着招啊，等来了我们再选就好了。"可问题是人力资源部并不了解在李经理心目中优秀的客房主管和客房员工的标准，只能凭靠自己的理解和想象去招人，结果来面试的李经理一个也看不上。

就在刚刚，杨光再一次表达希望李经理提供招聘岗位的职位说明书，或者清晰地描述出对招聘人员的要求，但李经理再一次发了脾气，她对杨光说："职位说明书，不是人力资源部的事吗？如果这都要我提供，那还要你们干什么？"

**思考和讨论：**
1. 客房部经理李珊珊和人力资源部招聘专员杨光，谁的话更有道理？
2. 招聘这件事，到底是谁的工作？

# 一、人力资源概述

资源是指一个国家所有的财力、物力和人力等各种资源的总和。人力资源在社会经济活动中是最为灵活和积极的构成要素。社会经济活动实践和经验表明，人力资源的开发、培养、利用对经济活动的开展起着决定性的作用，人员不仅要管理，还需要根据酒店的经营活动目标不断进行培养，挖掘其潜能，提高员工的素质和能力。酒店作为劳动密集型产业，自身具有周期性、季节性和区域性的特征，对人力资源管理的灵活性、前瞻性、计划性等具有更高的要求。

## （一）人力资源管理的含义和历史发展

约翰·R. 康芒思曾经先后于1919年和1921年在《产业荣誉》和《产业政府》两本著作里使用"人力资源"一词，但其含义与我们当下所理解的人力资源的含义相差很远，因此，人们普遍接受和认可的人力资源的含义主要来自管理大师彼得·德鲁克于1954年在《管理实践》中首先提出并加以明确界定的内容。德鲁克认为，人力资源拥有当前其他资源所没有的素质，即"协调能力、融合能力、判断力和想象力"；它是一种特殊的资源，必须经过有效的激励机制才能开发利用，并给企业带来可见的经济价值。

大多数管理学家认为，人力资源管理经历了三个阶段，一是人力成本阶段，二是人力资源阶段，三是人力资本阶段。

在人力成本阶段，以弗雷德里克·温斯洛·泰勒等为代表，于20世纪初开创了科学管理理论学派，并推动了科学管理实践在美国的大规模推广和开展。泰勒提出了"计件工资制"和"计时工资制"，提出了实行劳动定额管理。其在1911年出版的《科学管理原理》奠定了科学管理理论的基础，并因此被西方管理学界称为"科学管理之父"。但在此阶段，人们普遍认为企业员工是一种被雇用者，用来支付劳动者劳动收入的金钱被看作如假包换的费用，而员工本身也被看作需要支付的成本。这种认知用一种静态的思想看待员工，更多地将员工看作"物"而不是"人"，因此也完全没有具备发挥员工主观能动性的意识。基于上述认知，管理者更多地强调服从意识，以纪律的约束，简单片面地发掘员工的体力，缺乏对员工的尊重和信任。

到了人力资源阶段，人们开始把更多的关注放在了"人"本身。1929年美国哈佛大学教授梅奥率领一个研究小组到美国西屋电气公司的霍桑工厂进行了长达九年的霍桑实验，由此揭开了对组织中人的行为研究的序幕。也正是在此阶段，德鲁克正式提出了"人力资源"的概念。20世纪80年代以来，人力资源管理理论不断成熟，并在实践中得到进一步发展，为企业广泛接受，并逐渐取代人事管理。绝大多数的企业"人事部"也在不经意间被"人力资源部"所替代。近三十年来，人力资源管理理论不断发展，也不断成熟。企业更多地探讨人力资源管理如何为企业的战略服务，人力资源部门的角色如何向企业管理的战略合作伙伴关系转变。战略人力资源管理理论的提出和发展，标志着现代人力资源管理的新阶段。

近年来,逐步开始发展的人力资本理论对人的主观能动性的认识提高到了另一个新高度,驱动人力资源成为人力资本(见图1-1)。在此阶段,人们认为人是可以作为资本参与到生产活动中的,因为人作为资本明显具有以下特点。

(1) 人的劳动能够产生利润。

(2) 人作为资本,可以自然地升值。

(3) 对人力资本的投资,可以产生利润。

(4) 人作为一种资本,参与到利润分配中。

驱动人力资源成为人力资本,创造价值,不能创造价值的则会成为人力成本!

**图1-1 从人力资源到人力资本的转化**

在人力资本阶段,"以人为本"的理念被提出并被广大企业和员工所接受。以人为本的管理理念是当企业满足了员工的各种需求的时候(如工作环境、薪酬、尊重等),员工的工作效率、创作力将会极大地提升,可以为企业发展做出更多的贡献。以人为本的管理方式是将人视为经营活动中最重要的且应首先考虑的要素。在企业管理中,"员工第一"的理念也被频繁提出,尽管不少企业还存在"客户第一"还是"员工第一"的困扰,但对员工的关注和重视在人力资本阶段达到了史无前例的高度。

## (二) 酒店人力资源管理的含义和发展

酒店人力资源管理是指运用科学合理的方法,通过对酒店人力资源进行有效的开发、培养、利用和激励,将员工所具备的知识、技能、能力和素质提高,进行人员最优的配置,并最大限度地发挥其潜能,使得酒店的劳动效率最大化,实现组织目标。酒店是属于劳动密集型产业,其主要产品为服务,而服务则需要人员进行人性化服务的供给,因此,人力资源是酒店经营和服务供给的重要资源,在酒店劳动力短缺、离职率高的挑战下,酒店人力资源管理显得尤其重要。

酒店人力资源管理是实现酒店业绩目标的根本保障,员工管理得当,将使得人力资源发挥最大效用,促进酒店的发展。因此,酒店人力资源管理将保障酒店的正常经营、提高员工的工作积极性和工作效率、改善酒店服务产品的质量,从而有利于组织职能的发挥。

如上文所述,酒店行业的人力资源发展历程也基本经历了以上三个阶段。酒店行业自20世纪80年代蓬勃兴起时,大多数外资或与国际品牌接轨的酒店已更早进入人力资源阶段,而一些内资国企旗下的星级酒店在从人力成本到人力资源的转化过程中相对落后。但毋庸置疑的是,当时间的车轮已经行进到21世纪20年代的今天,包括酒店业在内的所有行业,在尊重人、重视人、关注人方面的认知已经达成了颇为一致的共识。

### (三)酒店人力资源工作的重要性

1. 酒店最重要的资产就是人

作为典型的服务型行业,酒店的产品包括两大类,一类是可见的硬件产品,如建设和装修酒店使用的建筑、装潢材料和设施设备等;另一类是不可见的软件产品,也就是员工提供给客户的服务。其中硬件产品在酒店成立之时已基本定型,是豪华型还是商务型,是主题型还是经济型,此定位对酒店风格和标准产生重要的标签作用,但是无论是何种类型的酒店,服务是衡量酒店是否优秀的决定性因素。

一方面,酒店服务产品的提供者是人。尽管随着智能化时代的来临,酒店的很多服务可以由机器来完成,但不可否认的是,能否提供有温度的服务及与客户建立人与人之间的连接依然是消费者评价该酒店是否优秀的重要标志。作为服务的提供者,要面对面为客户提供服务的接触属性使得员工的服务意识和能力显得格外重要。是否能够按照规范给予客户热情有礼的问候,是否能够关注客户的需求从而恰如其分地提供服务,不仅要求员工是一个"人",还要求员工是一个"能够敏锐把握客户需求"的"人"。而随着客户需求的不断变化,对员工的要求也会变得水涨船高。因此,招聘源头的选择、进入酒店后的培养,关键阶段的激励和留用,都是酒店保证服务提供者的必备的阶段性目标和要求。

另一方面,提供服务者会因为外部的环境变化影响行为。正如上文所言,恰当的招聘、培训和激励等措施能够激发员工的主观能动性,让其能够更积极地发挥自身动力,为客户提供更优质的服务。同样,不恰当的做法也同样会影响员工的心态和积极性。正如社会管理学家班杜拉(Bandura)在1977年提出的"个体能力与外部环境决定其行为倾向"的理论所言,除了自身的性格特征、追求目标等个体因素外,外部环境如企业文化、上司领导方式、团队氛围,甚至企业是否提供学习机会等因素都会对员工的行为产生直接影响,并由此会影响员工对客户服务时的表现。

因此,如何打造一个有利于员工提供有温度服务的环境,如何利用文化、机制、激励、培养等方法激发员工的原动力,则成为酒店经营管理者的必修功课。

2. 组织发展就是一群人进步

近年来,"组织"这个词变得炙手可热,诸如"组织发展""组织变革""组织生长"等说法不绝于耳。其实,组织这个词并不是从天而降的新鲜事物,"组织"的概念其实是"一群人的组合",如果说对人力资源的概念更多是基于对"某个人"的思考,而组织的侧重点则在于"一群人"。因此,组织并不是一个新概念,它只是把人力资源的定义转换了一个角度进行解读。除了上文所述人是酒店最重要的资产,团队里每个成员的成长、团队成员之间的合作与补位,个人对团队的价值能否体现"一加一大于二"的效果,则是从组织层面提出对酒店人力资源工作的要求。

3. 管理者都应该懂人力资源

回顾上述客房部经理李珊珊和人力资源部招聘专员杨光的问题,他们对于招聘的认识孰对孰错?人力资源到底是谁的工作?首先,人力资源招聘人员需要正确认知招聘是毋庸置疑的,但是客房部经理认为提供职位说明书和招聘就是人力资源部的工作内容的观点非常值得商榷。正如杨光所言,她并非从事一线工作,作为职能部门的员工对业务部门员工的入职条件和要求显然不如李经理熟悉。其次,客房部经理李珊珊作为业务部门的管理者,应当知道用人的要求和标准,并应将其要求清晰准确地进行描述也是管理者快速解决人才问题的有力前提条件。因此,人力资源管理并非仅是人力资源部的事情,而是各个部门管理者的头等大事,如果李经理清晰地描述其所需,杨光在招聘时就会更加有的放矢,尽可能快速地寻找到匹配部门要求的人选,而不至于总是招来不符合条件的后备人选浪费时间。

除了招聘,部门管理者对人力资源知识的掌握具有更高的要求。人力资源管理包含招聘、绩效、培训辅导、工作分配、员工关系等多个维度的工作,每一项工作都与部门管理者密切相关,每一部分都会对员工的绩效产生直接影响,进而影响部门管理者的工作成果。因此,人力资源工作绝不只是人力资源部的事情,而是酒店所有管理者的第一工程。此外,案例中杨光如果愿意为业务部门多做一些工作,可以口头询问李经理的要求并将其整理成科学客观的岗位职责,与李经理一起完善修改,也能取得更好的效果。

## 二、人力资源六大职能

### (一)传统人事管理与现代人力资源管理的区别

人力资本投资是实现人力资源发展的重要手段。相对于传统的人事管理,现代人力资源管理以人为本、以激励为核心的管理理念凸显人才发展的优势(见图1-2)。任何一个组织中员工资本都是实现组织目标的前提条件,也是现代人力资源管理建立员工价值链的基础。

| 传统人事管理 | 现代人力资源管理 |
| --- | --- |
| 雇主满意<br>重在管事,降低人力成本<br>照章办事,不注重质量管理<br>忽视员工的成长和发展<br>着眼日常管理,无组织战略发展 | 多方满意<br>重在用人,提高员工的贡献率<br>独立、主动地管理人力资源<br>重视员工自我实现和价值提升<br>定位于组织战略发展 |

**图1-2 传统人事管理与现代人力资源管理的区别**

#### 1. 传统人事管理

传统人事管理是运用某种原理、制度和方法对人事工作进行计划、组织、监督和控制等一系列活动管理的过程。首先,传统人事管理将雇主满意作为工作目标衡量标准,不过多考虑员工的工作满意度和心理幸福感。其次,传统人事管理部门是作为业务部门存在,以事为重心,以事配人,以降低成本为中心,不考虑人与事的协调性和匹配性,无法实现人岗匹配的人事管理目标。此外,传统人事管理没有将部门发展与组织战略目标相结合,实行静态人员管理模式,不会根据组织的战略发展需求及时调整员工结构、员工培训、员工激励等举措,对人才质量的开发和培养缺乏关注,使得人力资源的质量在人力资源管理过程中未能发挥其最大效用。传统人事管理仅是将控制和监督作为人员管理的手段,缺乏人员管理从吸引到保留人才的闭环系统。总的来说,传统人事管理比较保守、被动和狭隘,在现代瞬息变化的企业竞争发展中,难以满足组织的发展需要。

2. 现代人力资源管理

现代人力资源管理是以组织发展战略为中心,通过各种激励手段以提高员工工作贡献率和员工价值体现,开展挖掘、开发、培养、利用、激励和维护其多方关系的系列管理活动。现代人力资源管理定位于组织的发展战略,实现组织目标与个人目标紧密结合。以人为本的管理理念要求人力资源管理过程中注重员工的发展、价值和自我实现的目标,对员工开展主动和积极性管理,并通过系列活动提升员工对工作的贡献率,致使实现多方满意的共同目标。现代人力资源管理是一个实现从人员的识别到最终人才保护的循环管理体系。总的来说,人力资源管理要求具备前瞻性、策略性、广泛性和渗透性的特征,依赖于组织的战略发展需求,通过对员工的吸引、甄选、培养、激励等方式手段,实现组织目标和个人的发展需求。

## (二) 人力资源管理的目标

人力资源管理的最终战略目标是通过吸引、培养、激励和保留酒店所需的人才资源,充分调动员工的工作积极性和创造性,发展和扩大人力资本,使得员工能效发挥最大作用,以最终实现组织利润最大化。人力资源管理的内容分为进行人的管理和岗位的管理两个部分,因此,人的管理和岗位的管理之间应形成有机的管理体系,即人与岗位之间存在匹配关系(见图1-3)。

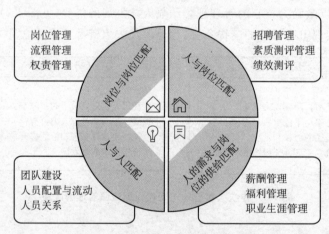

图 1-3 人与岗位之间存在匹配关系

1. 岗位与岗位匹配(岗岗匹配)

岗岗匹配的核心是岗位之间的职责匹配,要求岗位与岗位之间职责明晰、边界明确,主要涉及定岗、定编、定责的问题。岗岗匹配是通过工作分析和人员配置任务的管理,要求确认岗位的设定、岗位的标准、岗位的权责和岗位数量的配置,是进行人的管理基础。

2. 人与人匹配(人人匹配)

人人匹配的核心是如何使用人,如何放对位置,保障人和人的性格、年龄、能力类型互补匹配。同时,如何通过团队建设活动实现人与人之间的关系处理和维护,使其团队实现1+1>2的群体。人人匹配是处理好酒店与员工、部门与员工及员工与员工之间的关系,其内容包括劳动关系处理、工作关系处理及员工冲突处理,是维护和保留员工的关键。

3. 人与岗位匹配（人岗匹配）

人岗匹配的核心是人的能力与岗位的需求动态匹配。简单地说，人岗匹配是如何将合适的人在合适的时间放在合适的岗位。因此，在人力资源管理过程中，需要将岗位的职责转化为胜任岗位的评价标准，并将其转化为面试测评的要求。绩效测评是检测人岗匹配的成果的渠道之一，通过绩效测评重新评估人与岗位之间的效能匹配。

4. 人的需求与岗位的供给匹配

人的需求与岗位的供给匹配的核心是满足人的个人追求，即如何满足人在岗位奉献中所期望的价值回报。因此，人力资源管理过程中应涵盖对员工的激励奖励，包括薪酬福利管理、职业发展等供给，使得员工在工作中的付出得以回报。

### （三）人力资源管理的六大职能

人力资源管理工作是对人力资源进行吸引、筛选、培养、调整、激励和维护的管理过程，其最大目的是提高员工的工作效率并使得其潜能最大限度地发挥。一般来说，人力资源管理最主要的工作是识才、选才、育才、用才、激才和护才六大职能，实现人力资源管理的循环开发体系。将人力资源的六大职能进行职责转化，则对应人力资源的管理的内容，也就是员工规划、招聘与选拔、培训与开发、绩效管理、薪酬管理和员工关系管理六大职责（见图1-4）。

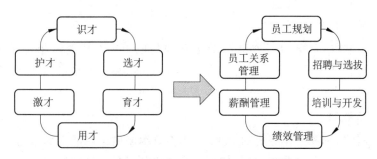

图1-4 人力资源的六大职能与六大职责的关系

1. 识才是人力资源管理的基础

所谓识才，是基于对人力资源管理工作的正确认识，通过工作分析和人力资源预测规划，准确识别岗位的定位、岗位标准和要求、岗位的招聘条件等，即员工规划的过程。

2. 选才是人力资源管理的先导

选才是将岗位的要求、标准和岗位的职责作为招聘和甄选的参考依据，将其转化为招聘的条件和面试问题，通过科学的招聘渠道和方法，开展人员甄选的系列活动，实现人岗匹配的人力资源管理目标，即人力资源招聘与选拔的过程。

3. 育才是人力资源管理的手段

育才是员工做好本职的前提，也是开发员工潜能以实现能效最大限度地发挥的关键。育才是通过对员工现有的知识、技能、能力水平等进行分析，通过培训、学习深造等方式提升员工工作所需的知识、技能和素养，以提高员工的工作效率和团队效力，即人力资源培训与开发的过程。

4. 用才是人力资源管理的核心

用才是通过对人力资源的有效配置，对员工的工作进行分配、指导、监督、管理和考核的过程。用才的目的是人尽其才、才尽其用，将员工的效能发挥最大作用，以实现组织的发展目标，即人力资源绩效管理的过程。

5. 激才是人力资源管理的动力

激才是采取有效的激励手段，激发员工工作中的积极性和创造性，为员工提供物质和非物质的系列奖励，如薪酬、福利、职业发展机会等，为组织保留核心竞争力，即人力资源薪酬管理的过程。

6. 护才是人力资源管理的保障

护才是对员工工作安全的保障和工作关系的处理，在正确的政策和制度的引导下，为员工提供工作的基础条件和工作氛围，维护与员工之间的关系和利益，实现个人与组织共同成长，即员工关系管理的过程。

## （四）人力资源管理的工作内容

基于人力资源的六大职能与人力资源六大模块的匹配内容，人力资源管理的工作内容主要包括以下方面。

1. 工作分析与岗位设计

为实现组织的战略目标，人力资源管理部门应按照组织结构确定相关岗位和要求。工作分析是收集、分析和整理工作信息的系统，将岗位职责、岗位类别进行横向和纵向设计，形成岗位管理体系。

2. 人力资源规划

根据酒店整体目标和工作分析的结果，对人力资源的供给与需求状况进行分析，从而采用科学的方法进行人力资源业务规划，如人员规划、招聘规划、培训规划等。

3. 招聘与选拔

根据人力资源规划开展吸引、招募、甄选、录用和配置人员的工作，确保酒店经营正常开展。招聘与选拔的过程应做到人岗匹配，即人的能力和岗位的需求得到满足，才能发挥员工的效能，实现组织目标。

4. 培训与开发

教导员工如何开展工作，以及对为未来工作所需的技能进行培养。培训与开发的目的重在提高员工的工作技能和能力及开发员工的工作潜能，提高员工的工作效率和工作绩效。

5. 薪酬管理

通过建立一套完整、系统的薪酬体系，吸引和保留员工，激发员工的工作积极性和创造性，发挥员工的工作效能。

6. 绩效管理与激励

通过建立完善的绩效计划、实施、考核、反馈和结果应用管理体系，将酒店、部门和员工的目标建立联系，帮助员工完成工作目标。绩效管理工作是衡量员工工作绩效的工具，将绩效行为转化为结果,激励员工的工作积极性,提高工作效率。

7. 员工关系管理

通过建立和谐、安全的工作环境,确保酒店经营活动的正常开展,缓解和协调员工劳动关系和员工冲突,提高酒店的劳动效率。

## 三、数字时代酒店人力资源工作的发展

### (一)数字时代对酒店人力资源的影响

数字时代的变革,对社会经济发展活动带来了新技术、新理念、新观念、新模式,也改变了人类的生活方式。数字化应用作为一种新的经济社会发展形态,逐步进入酒店的发展,对酒店行业产生了不可避免的影响。数字化在酒店中的应用主要体现在三个方面。

(1)营销数字化。将纯线下营销变革为线上线下体系相融通的营销模式。线上营销模式通过收集用户数据和经营数据来构建数据分析资源,开发个性化营销,获取更多客户资源。此外,在营销活动中,酒店还有借助社交平台,建立酒店流量,形成酒店市场竞争力。

(2)服务数字化。主要以人工智能在酒店中的应用所带来的便捷性、个性化的服务,打造各类智能化生活场景,如自助入住、线上信息咨询、智能机器人服务等。

(3)运营数字化。通过信息系统建立便捷、高效的沟通管理模式。比如,酒店使用的PMS系统,有利于提高客房预订效率、收集酒店的营运数据、建立数据分析平台,为酒店的运营决策提供基础。

酒店的数字化应用主要以人工智能设备和系统的应用及数字运营决策分析为主导,因此数字化应用对酒店人力资源存在替代性、辅助性和催生性的影响,也使得人力资源结构发生变化。

(1)替代性作用。从替代性作用的角度分析,数字化应资源和设备应用替代员工工作的内容不仅限于智能咨询、智能登记入住、智能识别、智能服务等方面,如前台咨询机器人、前台智能入住系统、智能手环、智能咖啡机、智能烤箱等设备的应用取代传统手工操作,使得员工从简单重复性的工作中解脱,将更多的精力投入更深层次的客户交流。

(2)辅助性作用。数字化系统的辅助性操作主要体现在员工的工作支持和内部沟通层面。在支持层面,信息系统的智能控制、客户身份智能识别等得以广泛应用,使得员工能够具有应对客人需求及预测客人需求的时间。在员工内部沟通方面,信息系统辅助了员工内部沟通的渠道效率,将智能沟通系统投入应用,减少了沟通信息的流失和沟通冲突。此外,数字化应用所构建的数据平台,帮助酒店提供精准化数据分析和决策,提高工作效率和整体经营业绩。

(3)催生性作用。数字化在酒店的应用替代和辅助了员工的某些工作,提升了员工工作效率,使得员工的工作职责重心从简单重复性的基本服务向满足客户感官服务及数据的应用分析要求递进。因此在员工的工作岗位中也催生了新的岗位要求和标准,如数字化设备的操作能力、个性化服务体验提供能力、与客户的情感联系等新的职责内容。

基于数字化应用,酒店对员工所需具备的岗位工作能力需求的侧重点由专业知识转向专业处事能力或综合素养的递进。简单的工作由智能化的系统或设备来完成,员工更

多的岗位职责则由岗位操作向客户情感联系及数据应用分析和决策迈进。因此,数字化应用使得员工从简单重复性的工作中解放,成为员工提升工作效率的必备工具,以便员工有更多的时间用于与客人更进一层次的情感联系工作,也使人力资源的人才需求结构发生变化,更加倾向于对员工的职业社会能力、人工智能的操作能力和数字应用分析能力的要求。

### (二)战略人力资源发展

在数字化应用的影响下,酒店人力资源作为酒店战略支持的定位角色更凸显出其重要性。战略人力资源管理是为实现组织的目标,对人力资源的配置、开发、评价和激励等职责开展系列活动和管理模式部署,形成为战略服务的人力资源管理体系,是人力资源管理最重要的组成部分之一。战略人力资源管理即基于内外部环境的分析,明确人力资源所面临的挑战和弱势,清晰地制定与企业目标相匹配的人力资源管理目标和方向,并将其转化为可实现的举措并建立完善的评价和监控标准,从而形成一个完整的管理体系。作为酒店战略伙伴,人力资源战略是酒店建立和维持市场地位的竞争优势,通过建立高绩效的管理系统,将组织的发展目标和个人发展建立有机的结合。因此,战略人力资源扮演着极其重要的角色(见图1-5)。

**图1-5 战略人力资源的职责**

(1)人力资源的战略伙伴角色是把人力资源战略和行为与酒店整体经营战略结合起来,监控人力资源的内外部环境,制定人力资源战略,以价值利润链为基础,将员工、内部流程、服务质量和酒店利润进行整合和管理,从而实现酒店战略的目标。

(2)员工服务职能是建立和维护和谐的员工关系。人力资源将通过保障、指导和激励员工的工作行为,对员工职业发展、工作目标等进行规划指导,采取有效举措维护员工的工作和生活平衡,建立员工和酒店的契约心理。

(3)酒店变革的基础是调动员工的变革,人力资源应从系列活动和组织结构的变动推动员工的变革行为,从企业的远景规划出发,将员工调动起来,积极支持酒店的变革。

(4)行政管理是通过制定制度、规范组织管理等要求为酒店提供有效附加价值的服务。

人力资源作为酒店规章制度的制定者和监督者,将人力资源的识才、选才、育才、用才、激才、护才机制进行整合,保障酒店运作的顺畅,从而改善工作效率,为实现酒店的战略目标提供保障。

### (三) 人力资源管理三大支柱

人力资源管理三大支柱是由人力资源管理大师戴维·尤里奇于1997年提出的人力资源变革理论,是对人力资源管理和管控模式上的创新。人力资源管理三大支柱是以人力资源的六大模块为基础,将每个模块从战略—执行—基础业务开展三个角度进行纵向工作的制定和划分后所形成的人力资源管理体系(见图1-6),是对组织战略的支撑。三大支柱包括人力资源专家中心(center of expertise,COE)、人力资源业务伙伴(human resource business partner,HRBP)和人力资源共享服务中心(shared service center,SSC)。

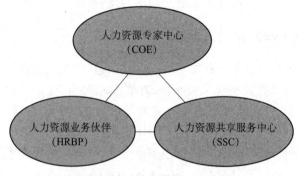

**图 1-6　人力资源管理三大支柱**

#### 1. 人力资源专家中心(COE)

作为三大支柱的政策中心,其主要职责是为核心业务提供人力资源相关的专业咨询,包括制定总体的人力资源战略、政策、流程、体系、方案等。比如,人力资源规划、招聘与测评规划、培训需求调查及培训方案开发、绩效管理制度设计、薪酬设计和调查等专业性较强的工作,同时组织识别和解决人力资源管理中较强专业性的难题,从专业角度对人力资源体系结构进行完善。

#### 2. 人力资源业务伙伴(HRBP)

作为组织内沟通的桥梁,其主要职责是对人力资源业务实施进行监督,及时发现业务运行存在的问题,并提出有建设性的解决方案。HRBP是作为战略方案的执行者和业务服务的指导者,要求既要熟悉人力资源管理的职能,也要对业务需求的开展方向和实施要求有所了解。HRBP在人力资源管理中应帮助组织维护好员工关系,处理业务难题,同时还需要对日常业务进行专业指导。此外,HRBP也应利用自身的专业素养发现业务工作中存在的隐患,为人力资源专家提供相关的改革方向。

#### 3. 人力资源共享服务中心(SSC)

作为标准化服务的提供者,其主要职责是处理日常操作性事务,通过建立人力资源共享中心,将组织内所有与人力资源管理有关的基础性行政工作进行统一处理,如把员工招聘、薪酬福利核算与发放、社会保险管理、人事档案、劳动合同管理、新员工培训、员工投诉与建议处理、咨询服务等集中起来。

人力资源三支柱管理模式是不断对人力资源的管理战略进行改进和提升的变革理念，是企业创造经营价值的重要环节。在企业管理过程中，企业应根据自身情况做出适时调整、升级人力资源管理模式，积极参考、借鉴人力资源三支柱管理模式相关理念，将企业的发展战略与人力资源管理相匹配，提升人力资源价值。

目前，国内的人力资源管理三支柱模式总体上还处于成长和试点阶段，实践企业的总量偏少，但人力资源三支柱模式经华为、腾讯、阿里巴巴等大型公司的积极探索和实践后，已经成为以人力资本价值增值管理为目标的人力资源管理实践创新，是人力资本的强大驱动力。酒店人力资源管理虽然在各个酒店管理品牌中形成了有利的竞争优势，但当前酒店面临着招聘难、离职率高、人工成本居高不下、服务标准化受影响的困境，以及数字化应用所带来的挑战，因此，人力资源管理模式的变革也需开展新的探讨。

### （四）人力资源工作的发展方向

人力资源的六大模块内容并非新生事物，自酒店业在中国蓬勃发展伊始，绝大多数酒店人力资源部就对六大模块如数家珍。然而，人力资源六大模块的认识和应用应从不同出发点进行更深层次的思考。例如，将过去人力资源工作的关注"事"变成今天关注的"人"。如果是"关注事"的视角，管理者就会更加关注某个模块的专业细节，绩效表格怎么画，薪酬系统用什么，招聘流程怎么操作等，但一旦过于纠结细节，就会忽略事物本身的内涵，如绩效的本质是提升员工满意度而不是让他们不开心甚至离职。只有把关注点从"事"转移到"人"，才会认知人力资源管理的目的是什么，为什么要招聘，招聘什么人，为什么做绩效，怎么做才能实现目标，薪酬体系如何设计才能真正实现激励员工的目的。只有始终将"人"作为思考重点，才有可能实现最初的目标。

随着时代发展和互联网技术的不断迭代，新兴科技进入了千家万户，给人们的生活和工作带来了巨大影响。在企业管理中，数字化的应用也极为广泛，包括酒店的人力资源管理，也将随着数字化时代的到来发生了巨大的变化。人力资源管理的数字化发展历史可以分为三个阶段。

（1）第一代人力资源管理系统出现于20世纪60年代末，除能自动计算人员薪酬外，缺乏报表生成和数据分析等功能及数据储存功能。

（2）第二代人力资源管理系统出现于20世纪70年代末，对非财务人力资源信息和薪资的历史信息都进行了设计，也具备了初级的报表生成和数据分析功能。

（3）第三代人力资源管理系统出现于20世纪90年代末，这一代人力资源管理系统的数据库将与人力资源相关的数据进行收集与管理，具备报表生成多渠道工具、数据分析多样式工具和多功能信息共享的实现。

当下是属于人力资源管理的全新阶段，数字化思维、数字化工具都将在未来的工作中承担起非常重要的作用，并在人力资源不同的职能管理中具有数据支撑的作用。

（1）在人力资源规划模块，我们可以通过数字化工具进行人力资源指标体系的构建，通过员工数量、学历、年龄、类型、关键人才储备率等各种数据来分析酒店现有的人才现状，发现相关问题。

（2）在人力资源招聘模块，发布职位数、招聘渠道简历数、关键岗位平均空缺时间、招聘渠道价值指数、内部推荐数量及比例、Offer报到率、Offer拒绝率、试用期通过率、试用期离职率等数据，均可通过可视化分析为人力资源决策提供依据。

（3）在培养和发展模块，新员工入职培训完成率、平均学习时长、培训满意度、内部讲师和外部讲师结构与数量、年度培训预算、发生总额、人均培训费用及占比等数据也对酒店培训政策的制定有显著影响。

（4）在绩效管理和薪酬模块，高绩效和低绩效员工数量及占比、离职员工的绩效分布、离职率和离职员工画像、地区行业薪酬水平、薪酬福利构成和占比、月均薪酬及增长率、年度人工成本、人均人工成本、预算执行率等数据分析结果将会对酒店整体战略产生很大的意义和价值。

## 训练题 1-1

**一、自测题**

1. 什么是人力资源管理？
2. 人力资源管理的目标是什么？
3. 人力资源管理的职能有哪些？

**二、讨论题**

1. 人力资源管理三大支柱与人力资源六大模块之间有什么联系？
2. 酒店数字化应用对酒店员工的工作将带来哪些利弊？
3. 基于人力资源当前所存在的困境和挑战，未来酒店人力资源管理应做出哪些方面的变化？

**三、实践题**

请以小组为单位进行市场调研，罗列出在人力资源六大模块内容中可以使用数字化思维和数字化工具的内容，并说明这样做的价值和意义。要求各小组对调研信息进行整理，并于下一节课进行小组汇报。

## 任务 1.2　酒店人力资源预测

### 任务概述

本任务是"酒店员工规划"项目中的第二个任务，其任务学习内容包括酒店人力资源规划概述、酒店人力资源规划的流程和方法，以及酒店人力资源供需预测和应对决策。本任务涵盖对人力资源规划的含义、方法的学习，同时融入对人力资源供需预测产生的结果应用进行分析，帮助学生快速掌握人力资源规划的意义和重要性。通过本任务的学习，学生将能阐述酒店人力资源规划的流程和方法，具备人力资源预测的分析和应对技能，提升学生的沟通能力、分析能力、解决问题能力,以及培养学生的职业意识和整体素质。

## 案例导入

某高星级酒店共有 300 间客房,2024 年平均住客率为 60%,共有 350 名员工。其中客房服务员岗位有 25 人。根据 2024 年酒店的业绩情况,酒店宾客满意度同比增长 2%,人均产值同比增加 5%,员工的满意度提升 3%,相对来说,2024 年酒店呈现了良好的运营状态。2025 年是关键业绩年,根据业绩预测,酒店的住客率将增加 10%(即住客率为 70%),但如果存在不可控的环境影响,酒店的住客率可能下降至 50%。

思考和讨论:

1. 如 2022 年住客率上升至 70%,酒店客房服务员岗位保持人数不变(25 人),将会存在哪些影响?应如何应对?

2. 如 2022 年住客率下降至 50%,酒店客房服务员岗位保持人数不变(25 人),将会存在哪些问题?应如何应对?

## 一、酒店人力资源规划概述

数字经济时代,人力资源管理的角色定位是为酒店战略目标服务,需要依据酒店发展需求对人员进行统筹规划和配置。人力资源管理过程中,受信息科技的应用及不可抗力因素的影响,人员的预测分析、人员变动、人员计划等对酒店的经营战略决策具有重要影响。

### (一)酒店人力资源规划的含义

人力资源规划是酒店根据环境变化和发展经营目标,科学地预测、分析酒店人力资源供给和需求状况,制定必要的政策、措施和实施方案,确保组织管理过程中所需人才在数量、质量和结构上实现供需平衡,使得组织和个体目标同时得以实现。人力资源的供给和需求的平衡状态对酒店战略目标的实现具有决策性意义。一般来说,人力资源供需预测是人员管理的必要环节,酒店需要定期对现有人力资源状况进行盘点,同时根据酒店的经营预测及时做出人力资源在数量或质量上的调整。因此,在酒店人力资源管理过程中,信息系统的分析或数据库资源的整合和管理对人员的预测和监控起到必不可少的支持作用,如历年人员变动率、人员离职分析、酒店住客率历史和未来预测、宾客满意度等。

### (二)酒店人力资源规划的影响因素

人力资源规划的供给保障与需求预测是人力资源规划的核心问题,人力资源的供给是实现人力资源管理和开发的重要保障,即人力资源供给是保障人力资源质量和数量有效性的重要依据。人力资源规划受到某些因素(如劳动力市场结构、战略目标、员工生产率等)的制约,进行人员预测前将要求组织开展人力资源外部和内部影响因素的分析。

1. 外在因素

外在因素包括经济发展水平、产业结构、科技发展、人口结构、劳动力结构、市场水平等。例如,当前我国将人工智能、数字化应用、互联网发展作为战略导向,促进科技的进步和发展,对生产力效率提升发挥积极的支持作用。同样,人工智能、数字化信息应用在酒店业的应用也屡见不鲜,如机器人咨询、自助入住等,数字化应用对员工的工作岗位职责带来影响,也使得酒店的人员结构和素质要求有所变化。

2. 内在因素

内在因素是指组织因素,包括组织的经营战略、员工离职率、生产效率、产品内容、服务标准与等级、人才成本控制、人均产值,以及现有人力资源的人员质量、人员类型和人员结构,该部分因素直接影响人力资源需求量的预测。例如,客房部员工的房间人均清洁数量,根据房间的大小、酒店服务等级等一般设定为10～12间/人,那么10间/人的标准自然比12间/人的标准所需员工数量更多。

### (三)酒店人力资源规划的内容

人力资源规划的目的是通过对人员的数量和质量开展有效管理,以发挥人员匹配的最大效用。人力资源规划具有先导性、战略性和指导性的作用,其内容包括对人员需求、招聘、培训、薪酬及员工职业生涯等方面的规划,具体内容如下。

1. 人员规划

人员规划与酒店的发展战略紧密相连,其目的是帮助酒店根据其经营业绩表现及未来业绩预测情况,对酒店人员结构进行调整和规划,其内容包括职位编制计划、人员补充计划、减员计划、人员流动计划。当酒店的业绩呈上升或采取扩张战略时,酒店人员数量将可能补充增加,同时对职位进行结构性调整,以满足业务的发展需要。当酒店的业绩呈下滑状态或采取紧缩战略时,酒店的人员将通过实施减员或人员调动等计划以达到成本控制的目的。

2. 招聘规划

招聘规划对酒店的人员数量、结构和质量具有指导性和支持性意义,其目的是通过所设定的岗位标准有效地进行招聘和选拔酒店所需的人才。招聘规划将具体制定用于进行人员招募和甄选的岗位标准、要求和原则,以实现人员与岗位的匹配目标。

3. 人员培训开发规划

人员培训与开发规划旨在通过有效的培训举措提升酒店的人岗效能,并为酒店中、长期发展需要进行人员的储备。人员培训与开发规划的内容包括人员技能培训、人员的潜力提升培训、长期的发展培养(如继任者需求、员工职业生涯发展等),为酒店提供所需的人才发展提供技术支持。

4. 薪酬激励规划

人力资源管理的目标要求酒店在满足自身发展需求的同时,也能满足员工的个人需要,包括物质和精神需要,这样才能平衡两者之间的可持续发展需要。薪酬激励规划是制定激励性制度及可竞争性的薪酬体系,帮助酒店营造竞争性、激励性的绿色管理环境。同时,薪酬激励计划也是作为指导和测算人员管理成本及其效益的控制和管理工具,平衡人力资源成本管理目标。

## 二、酒店人力资源规划的流程和方法

### (一)酒店人力资源规划的流程

人力资源规划的流程是人力资源规划的过程,是基于酒店内外部环境及酒店的发展战略的分析,对现有人力资源的数量、质量和结果进行调整的过程,具体步骤(见图1-7)分为:酒店发展战略与外部环境分析、盘点现有人力资源、需求与供给预测、制定人力资源规划。

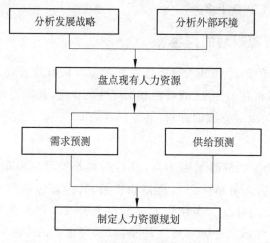

图1-7 人力资源规划流程

(1)人力资源规划应从酒店的发展战略出发,详尽分析市场环境所带来的影响。在制定酒店发展战略时应考虑酒店的住客率、利润率、宾客满意等效率和效益指标。此外,外部环境因素是人力资源规划的重点考虑内容,包括劳动力结构状况、岗位的供需现状、市场定位、竞争优势等分析。人力资源规划是基于酒店的战略发展目标进行人员需求分析。

(2)结合人力资源现有状况,盘点人力资源的人才类型、人才数量、人才标准,对人力资源存在的差距进行分析,挖掘人力资源管理存在的问题。

(3)基于酒店的业务发展需要和人员现状分析,预测人力资源的需求量和供给量,对比供需平衡所存在的数量、质量和结构性问题,为酒店确实需要解决的问题提供分析基础。

(4)结合人力资源供需预测所存在的问题,以满足酒店战略发展需要为目的,进行人员规划、招聘规划、培训发展规划和薪酬激励规划的制定。

### (二)酒店人力资源供需预测

人力资源预测是指在酒店的经营预测基础上,对未来人力资源数量、质量和结构进行预测和调整。人力资源预测分为人力资源需求预测和人力资源供给预测。人力资源需求预测是指根据酒店的业务发展预测满足业务要求所需的人员数量、质量和结构。人力资源供给预测是指基于行业和人力资源市场的外部影响因素,预测满足酒店人员数量、质量和结构需求的人员渠道和供给的过程。

**1. 人力资源供给预测的方法**

人力资源供给预测包括外部预测和内部预测,外部预测是指对人力资源市场环境变化的预测,包括人口变动、经济定位、人才类型等;内部预测是指盘点酒店内部的人员信息并预测满足未来人员需求的状况,包括人才数量、人才质量、人才类型和人才结构。

人力资源供给的预测方法包括德尔菲法、替代单法、马尔可夫模型法、目标规划法。德尔菲法和替代单法是定性方法,其预测结果具有主观性。德尔菲法是经过几轮专家组的判断估值进行对比,最终形成一致意见。替代单法是企业常用的继任者计划,岗位的变化由所培养的继任者进行替换。马尔可夫模型法和目标规划法要求公式参数的完整性,并受到数据变量的限制,实施性较差。因此,酒店日常人力资源管理中,其内部供给预测将相关预测方法进行结合,将过往人力资源数据作为参考预测变化依据,对未来内部人员的供给进行分析,如表1-1所示。

表 1-1　人员供给预测

| 岗　位 | 人数 | 2018—2021年统计 | | | 2022年预测 | | |
|---|---|---|---|---|---|---|---|
| | | 人员变动率/% | 留任率/% | 离职率/% | 人员变动预测/人 | 留任预测/人 | 离职预测/人 |
| 客房经理 | 2 | 50 | 50 | 50 | 1 | 1 | 1 |
| 客房主管 | 10 | 10 | 80 | 20 | 1 | 8 | 2 |
| 客房服务员 | 50 | 12 | 70 | 30 | 6 | 35 | 15 |
| 客房部供给预测 | 62 | — | — | — | 8 | 44 | 18 |

根据上述分析,客房部人员的供给预测基于2018—2021年的历史数据进行分析和预测,参考参数包括人员变动率(即人员晋升或人员调动到其岗位)、任职率和离职率,并以此数据作为预测的依据。如上述2022年预测数据分析,客房部的人员变动和留任人数是客房部的可能供给资源,对离职人员的数量,酒店应根据经营业绩需要进行人员增编或减编。

**2. 人力资源需求预测的方法**

人力资源需求预测将受到现有人力资源数量、未来人力资源需求预测和未来离职人员预测的影响。常用的人力资源需求预测方法包括现状规划法(对人员晋升调岗预测)、趋势分析法(基于历史数据的预测)、比率分析法(根据历史资料统计的比例关系进行预测,如管理人员与基层员工的比例)、劳动定额法(基于标准工作量的核算)、工作负荷法(员工工作总量的核算)。

由表1-1采用趋势分析法进行人员的供给预测可以看出,酒店客房部预测未来可留任人数44人,人员变动人数为8人,在此基础上,酒店应根据其经营业绩预测人员的增减情况。当预测经营业绩上升时,未来人员预测需求将会增加,预测的留任人数和人员变动人数未能满足其需求,因此需要增补离职人员达到业务经营需要。反之,当经营业绩下降时,未来人员预测需求减少,则需进行人员数量的控制。人力资源岗位需求预测的其他定量核算方法的应用将在"任务1.4 酒店员工配置"中进行讲解分析。

### 三、酒店人力资源供需预测与应对决策

人力资源管理常态下,人员的供给与需求平衡是人力资源管理的方向和目标。然而,受到市场资源内外部因素的影响,人力资源的需求与供给关系将存在不同的供需状态。

#### (一)人力资源供需预测结果

基于酒店的业务需求与发展,酒店对人力资源的需求与岗位的设置和数量的要求相联系。然而,受劳动力市场、竞争对手、服务标准等内外因素的影响,人员的供给量状况将影响人员的质量要求。因此,人力资源的预测应涵盖数量和结构上的预测,也使得人力资源供给与需求数量的预测结果存在四种状态(见图1-8):供给小于需求、供给大于需求、供给等于需求(保质保量)、供给等于需求(仅数量上)。

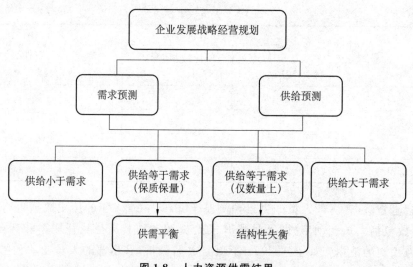

图1-8 人力资源供需结果

在酒店运作过程中,人力资源供需预测的应用基于酒店经营业务需求进行评估和评断。当酒店的住客率、接待人数、服务标准等降低,或出现人力成本控制时,酒店的用人需求与人员的供给之间将形成供给大于需求,造成人员过多或冗余。当酒店的住客率、接待人数、业务量上升时,酒店人员需求量将会增大,此时人力资源的供给会小于需求,需要增加人员数量或人员工作效率以满足酒店业务的发展需要。人力资源管理的理想状态是达到供需平衡,无论是人员的数量、质量和结构上都得到最优状态,形成人力资源最优配置。在现实工作环境中,人力资源的需求与供给绝大多数在数量上得到平衡,实际反映出持续性加班、人员流失、人均产出下降、员工工作效率值的不合格指数,从而说明人力资源供需的结构性失衡状态,如表1-2所示。

表 1-2 人员预测分析

| 岗 位 | 房间数量/间 | 2021年 住客率/% | 2021年 员工数量/人 | 2022年 住客率/% | 2022年 员工数量/人 | 人员现状 |
|---|---|---|---|---|---|---|
| 客房服务员 | 300 | 60 | 25 | 70 | 25 | 2022年至今共产生加班350天,员工离职率达30%,客人对服务标准的投诉同比增长30%,其他条件不变 |
| | 300 | 60 | 25 | 50 | 25 | 人力成本同比增长10%,人均产出值下降15%,其他条件不变 |
| | 300 | 60 | 25 | 60 | 25 | 2022年至今共产生加班150天,客人对服务标准的投诉同比增长10%,其他条件不变 |
| | 300 | 60 | 25 | 60 | 25 | 人均产值同比增长5%,人力成本同比平衡,服务标准同比持平或提升5%,其他条件不变 |

如上述示例,不同的人员数量和业绩表现状况分别反映出不同的人员配置结果:人力资源需求大于供给、人力资源需求小于供给、人力资源供需结构失衡及人力资源供需平衡。当酒店的住客率发生变化时,人员的数量和质量与其人员需求是否随之发生变化,将会对员工的满意度、客户服务标准体验、酒店收益及员工的产出值等产生较大的影响。然而,当酒店的住客率或其他经营状况不存在变化,人数保持不变,但员工的质量(包括工作效率、员工服务水平)等无法满足需求或无法呈现正常经营水平,酒店人力资源的员工配置仍无法得到平衡。人力资源供需配置对酒店的经营业绩产生实质性的影响,人力资源供需预测是实现人力资源最优配置的基础。

**扩展知识**

员工生产效率用于反映员工个人对酒店收入的贡献率,以确认人员结构的合理性。人力资源需求预测分析结果与应用结果的合理性将通过其计算结果进行衡量:

$$员工生产效率 = \frac{计划酒店营业收入}{职工平均人数}$$

$$酒店人均创利指数 = \frac{酒店净利润/工资总额}{职工平均人数/每日间夜数}$$

其中,酒店人均创利指数的参考标准如表1-3所示。

表 1-3 酒店人均创利指数的参考标准

| 指数值 | 表现等级 | 表现描述 |
|---|---|---|
| 0.76~1.00 | 优秀 | 员工平均每人所实现的净利润非常优秀,酒店利润实现较高盈利 |
| 0.41~0.75 | 良好 | 员工平均每人所实现的净利润超出预期,酒店利润实现盈利 |
| 0.26~0.40 | 可接受 | 员工平均每人所实现的净利润达标,但酒店利润可能是收支平衡或较小盈利 |
| 0.25及以下 | 差 | 员工平均每人所实现的净利润较差,酒店有可能存在亏损 |

## （二）人力资源供需状态的应对举措

由于酒店的运营具有季节性、不可储存性、产品质量的可变性等特征，人力资源供需所产生的四种应用结果，成为人力资源管理的常态性问题。在供给与需求的预测过程中，应根据酒店经营业绩的变化对人员做出及时调整，以满足人力资源管理的最优配置，实现人力资源管理的利润最大化。

### 1. 人力资源需求大于供给

人力资源需求大于供给意味着人力资源存在人员短缺的现象，即酒店需要的人力资源数量比实际供给的人员数量多，出现人手短缺或人员数量不足，此时酒店应做出相应的举措以满足酒店的业务需求。如果酒店长期存在实际人力资源的供给数量无法满意其发展需求时，将造成员工的满意度减低、离职率提高、服务水平下降，对酒店的发展存在障碍。人力资源需求大于供给时，常态化的应对方法如表1-4所示。

表1-4 人力资源需求大于供给的应对方法

| 方法 | 见效速度 | 可以撤回的程度 |
| --- | --- | --- |
| 加班加点 | 快 | 高 |
| 临时雇用 | 快 | 高 |
| 外包 | 快 | 高 |
| 增加工资 | 快 | 低 |
| 培养多面手 | 慢 | 高 |
| 降低离职率 | 慢 | 中 |
| 从外部招聘 | 慢 | 低 |
| 改进生产技术 | 慢 | 低 |

人力资源需求大于供给的应对举措应基于酒店运营状况存在的中长期或短期现象考虑，从见效速度和可撤回的程度两个角度做出正确的决策分析。如上述应对方法的示例中，加班加点、临时雇用、外包是解决短期酒店运营需要的快速见效的方法，并且在经营状况发生变化后能快速撤回的有效举措。但如果酒店的人力资源需求是中长期发展状况，该举措将会提升员工的离职率、降低客户服务标准。因此，从长期的人力资源需求分析，应采取外部招聘、改进生产技术等举措。

### 2. 人力资源需求小于供给

人力资源需求小于供给意味着人力资源存在人员过剩的现象，即酒店现有员工人数比自身的需求大，酒店应及时做出相应的举措以减少人力成本支出。人力资源需求小于供给将会造成人力成本增加、人均产值下降，人员冗余，常用的应对方法如表1-5所示。

表1-5 人力资源需求小于供给的应对方法

| 方法 | 见效速度 | 员工受伤害的程度 |
| --- | --- | --- |
| 裁员 | 快 | 高 |
| 减薪 | 快 | 高 |
| 降级 | 快 | 高 |

续表

| 方　法 | 见效速度 | 员工受伤害的程度 |
|---|---|---|
| 职位调动 | 快 | 中 |
| 缩短工作时间 | 快 | 中 |
| 停止招聘 | 慢 | 低 |
| 提前退休 | 慢 | 低 |
| 自然减员 | 慢 | 低 |

当考虑人力资源需求小于供给的有效举措时,应对两个要素进行评估,即见效速度和员工受伤害的程度。见效速度是指企业能快速解决人员过剩的方法,而员工受伤害程度是员工因为企业的决策受到伤害的程度。如项目案例所提到的因市场环境因素造成酒店业绩下滑,此时如果酒店采取裁员的方法,对于员工的生活必定造成困难;如果行业受到整体大环境的影响,使得市场失业率上升,就对区域经济具有消极的作用。同时裁员举措对酒店长期发展起到制约的作用,也能造成劳动冲突问题。由此可以看出,酒店的应对决策应考虑到员工对其变动所产生的受伤害程度,见效速度快的举措容易对员工造成重大伤害,应谨慎处理。

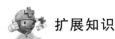 **扩展知识**

> 企业社会责任是指企业在创造利润、对股东和员工承担其法律职责的同时,还需对社会、社区和环境所承担的责任。因此,酒店在国家政策的引导下,应主动承担责任,关爱与关注员工的利益,为维护和谐社会、社区安全贡献力量。作为员工,应积极配合酒店所承担的社会责任,维护社会、社区安全。

**3. 人力资源供需结构失衡的应对举措**

人力资源供需结构失衡是指人力资源的供给和需求的数量得到平衡,但人员的产出比、工作效率却未能达到酒店预测价值。在此状态下,人力资源的供需只是表明在数量上得到满足,但在质量和结构上未能实现人力资源效益。酒店应对此状况采用的策略包括以下方面。

(1) 培训与开发计划。分析人员现状与其绩效考核结果,采用人才开发矩阵进行人才发展潜能的划分,制订相应的培训计划以开发员工的潜能,满足人员结构的发展需要(人才开发矩阵的内容将在"项目四:绩效管理"进行讲解和分析)。

(2) 人员结构优化。回顾组织结构设计、工作分析结果,重新定义人员的架构、人员的标准和岗位需求,将人员进行合理化调整。

(3) 人员增补计划。根据人员的现状,分析所存在的人员类型、人员能力需求,制订人员的替代和增补计划。

**4. 人力资源供需平衡的持续发展**

人力资源供需平衡是人力资源管理的最优状态。当人力资源供需达到平衡时,人员的数量、质量和结构呈现最优配置。但由于人力资源存在人才竞争性,其特征受到市场环境的影响,人力资源的供需平衡仅体现短期最优状态。因此,酒店应建立良性循环的人力资源配置管理系统,其举措包括以下方面。

(1) 员工的忠诚度和满意度提升。员工的忠诚度和满意度是员工离职的影响因素,离职率越高,对员工的供需条件受限越大,因此酒店应关注员工的发展和需要,形成共赢形态。

(2) 员工的激励奖励计划。员工工作被认可程度越高,员工对工作岗位的热情和奉献度越高。

(3) 员工的提升和个人发展计划。通过帮助员工制定和实施其职业生涯规划,使得人员与岗位的效能发挥最大作用,提升人力资源管理效率。

### 训练题 1-2

一、自测题

1. 什么是人力资源规划?
2. 人力资源规划的内容包括哪些?
3. 人力资源预测的方法有哪些?

二、讨论题

1. 人力资源供需预测有哪些结果?其结果对酒店运作将产生什么影响?
2. 人力资源管理的最优状态是什么?人力资源管理过程中可通过哪些途径促进最优状态的实现?

三、实践题

阅读任务 1.2 中的导入案例内容,根据本任务中关于人力资源供需预测的应对举措,为案例中的某高星级酒店制订 2025 年不同时期的人员应对规划。

## 任务 1.3 酒店组织设计和工作分析

### 任务概述

本任务是"酒店员工规划"项目中的第三个任务,在本任务中需要学习酒店组织设计和工作分析的相关知识,学生将了解酒店组织设计和组织结构对酒店战略的深远意义,了解人力资源工作如何从具体实践层面为酒店提供战略支持,同时也将学习如何进行组织设计和搭建酒店组织结构,以及如何进行工作分析,并学会撰写工作说明书,以提升学生在组织设计和工作分析方面的理论认知和实践操作水平。

### 案例导入

苏老师是一位行业内知名的服务质量和人力资源专家。某日她应邀做完一场行业公开课后,一位听课的学员——某酒店总经理李总,非常迫切地与苏老师攀谈起来。他告诉苏老师,自己酒店目前的管理情况非常糟糕,员工流动性高,服务质量不稳定,宾客投诉率高,并且一直在恶性循环,他对此一筹莫展。听了苏老师的课,他觉得受益匪浅,再三邀请苏老师去酒店现场指导工作。

拗不过李总的热情相邀,苏老师在几日后来到了李总所在的S酒店,并在李总带领下走访酒店一圈。基于前期的调研和现场走访,苏老师非常明确地告诉李总,S酒店的人力资源管理方面存在的问题:员工看起来工作热情普遍偏低,并且工作技能规范性不足,更遑论需要更高层面的服务意识要求。因此,苏老师建议李总尽快开启一轮提升员工工作积极性的培训,并逐步开展人力资源体系搭建工作,从文化、制度和激励等多维度提升组织能力。听完苏老师的话,李总连连点头,但是当苏老师向他问起本酒店人力资源组织结构情况时,李总的回答却让苏老师心里暗暗吃了一惊。S酒店房间总数达到410间,员工人数将近400人,竟然未设立人力资源部,行使人力资源相关职能的部门是综合办公室,共设有两个岗位,一个是人事专员,一个是行政专员。苏老师心里想,不知道李总是否知道目前酒店的组织结构是导致酒店陷入困境的主要原因呢?

**思考和讨论:**
1. S酒店关于人力资源部的组织结构,有什么问题?
2. 苏老师为什么认为S酒店面临的问题与组织结构有关?

## 一、酒店组织结构设计

### (一)酒店组织结构设计的意义

组织设计是将组织的各个部分进行正式筹划和编排的过程。组织设计内容包括系统任务、工作流程,以及将个性化的个体与团体连接起来的沟通渠道。由于时代发展带来的变革,酒店为了提升工作效率和核心竞争力,对组织结构的设计也变得越发重要。

提起组织结构设计,很多人的脑海里会立刻浮现出一张写着企业各个部门岗位名称、隶属关系和员工人数的架构图。组织设计的基本载体确实是组织结构图,但它并非简单的一张图,它所传递出来的内涵远比看上去要深远得多,因为组织设计反映的是企业的核心价值观。

举例来说,一家企业的组织结构中如果有专门的客户服务部门,不一定代表他们的客户服务工作做得有多好,但当你看到一个完全找不到与客户服务相关的部门或者岗位的组织结构时,无论老板怎么说很重视服务,其客户服务的工作在组织结构中并没有体现出其重要性。

正如案例导入中的S酒店的组织结构图(见图1-9),一个拥有400多间客房和近400名员工的中型酒店,竟然未设有人力资源部门,仅在综合办公室里设置了一名人事专员,主要负责员工工资的资料收集和整理工作,没有其他任何与员工招聘、绩效管理、员工培训、后备人才养成、人才发展等工作相关的专业人员,可见该酒店对人力资源工作的模式非常简单,即便是不到酒店实地考察,从组织结构图中就能判断该酒店员工人力资源工作和培训培养工作并未得到开展。且不说"人事专员"的岗位名称已然脱离行业现实,该酒店的组织配置想要支撑整个酒店的人力资源工作显然是不可行的。

组织结构反映一个企业的文化和战略,酒店进行组织结构设计时应考虑酒店的定位、发

图1-9 S酒店的组织结构图

展方向、核心业务、员工成长方向等。例如,酒店想要将来成为什么样的企业,想要重点关注什么业务,想要引导员工的成长方向,都是组织结构设计的思路。

与上述案例相反,某酒店主要对客服务部组织结构图(见图1-10)清晰地传递了酒店的企业文化。大堂经理岗位没有隶属于前厅部或是房务部,而是与房务部、餐饮部和其他部门一样,直接归酒店总经理管辖,可见酒店对大堂经理的重视程度极高,同时体现了酒店对客户的重视程度。

图1-10 某酒店主要对客服务部组织结构图

据了解,该酒店大堂经理作为一个独立部门参加每周经理例会,例会中作为核心服务部门汇报上周宾客反映的各种问题及解决情况,如需要与其他部门沟通,则直接在例会中进行协调,总经理也会对重要事宜进行直接指示。如果总经理将与宾客相关事宜放置于核心事件,该酒店其他部门对宾客的重视程度也会有所提高。

由此可见,组织设计并不仅仅是人力资源部的事情,还需要总经理给予重视,高管团队参与,人力资源部负责具体实施的战略工作。

### (二)酒店组织设计的原则

组织结构设计的原则应遵循酒店战略目标、效率与宾客满意度和动态变化的导向(见图1-11)。

**1. 组织设计必须以酒店战略为目标**

组织设计应体现公司战略发展方向,因此进行任何组织设计的前提是深入了解组织战略,将组织目标作为组织结构协同发展和支撑的基础,企业的组织设计应匹配企业的战略要求进行调整。

例如,A酒店是当地一家著名的五星级酒店,多年来在当地的酒店市场独占鳌头。但近期有一家非常知名的外资品牌B酒店开业进入到该市场领域,B酒店距离A酒店不远,而且无论是在品牌影响力还是在硬件条件上都胜出A酒店一筹,因此B酒店一开业就吸引了大批客源,包括很多A酒店的老客户。为了应对如此恶劣的竞争环境,A酒店总经理在酒店

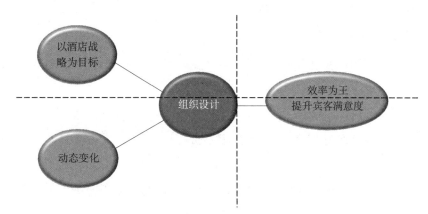

图 1-11 酒店组织设计的原则

设立两个营销部,并分别给两个部门下发了营业指标,要求他们合作并且竞争,并在年底时评估其部门对酒店的贡献度。尽管酒店很多管理者对此做法并不认同,但依旧按章执行。出乎意料的是,年底考核时,新组织结构给酒店提交了一份令人无比惊讶的答卷:短短的9个月两个部门创造了业绩神话,其业绩同比增长了3倍,酒店当年的经营业绩不仅没有因为受到竞争对手的介入而变得减少,反而得到了大幅度提升。

2. 组织设计应该以效率和宾客满意度提升为核心

由于酒店服务行业具有以服务为产品的行业属性,以及社会变化和科技发展带来的要求,酒店组织设计的要求应满足"效率为王"和"提升客户体验"两个要素。

从提升效率的角度看,由于时代进步和互联网的发展,酒店大量工作已经可以借助智能化或网络工具进行辅助和提升,因此在进行组织设计时,酒店需要考虑环境、科技应用等变化,在设置部门和岗位时充分考虑某些因素的影响而进行调配和设置。

从提升客户体验的角度来看,如果确定宾客的服务是企业获得长期发展的根源,那么应从源头上制定宾客服务工作的定位、实施的要求和标准等,在组织设计层面上给予落实宾客服务的保障和配套措施。除了考虑满足基本服务的功能,还需要考虑由于客户群的年龄变化与需求不断变化所带来的影响,并以此进行新的设置调整。比如,对于规模较大的传统型酒店,可以安排专门的客户关系主任岗位来加大宾客的现场服务力度;对于规模较小的经济型酒店,可以安排专门的管家来对接和处理宾客业务;而对于习惯于不被打扰或不需要提供面对面服务的年轻一代客户群体,应简化人员服务岗位,以科学技术取代面对面服务。

3. 组织设计是基于环境变化的动态工作

由于酒店战略会随着环境变化和客户需求的变化而变化,酒店组织设计的动态变化调整也是必然的。比如,在信息媒介迅速发展的今天,对酒店房价的动态把控需要通过有效的收益管理方法进行提升,因此酒店会通过设立收益管理监控的部门或岗位;为了配合酒店的市场宣传更加匹配新时代消费者的需求,酒店在组织结构中将会增设具有文案策划的岗位,如市场传媒专员等。

因此,人力资源工作对酒店战略发展具有支撑作用,组织设计是酒店战略发展的人员支持框架,也是转化员工行为的导图。

### (三) 酒店组织设计的步骤

组织设计具有战略支持作用,在设计过程中要求遵循一定的原则,因此,实施组织设计时则应该包含如下步骤(见图1-12)。

图1-12 酒店组织设计的步骤

(1) 确定组织目标。通过前期对酒店战略目标的信息收集及资料分析工作,明确组织要求,并确定组织目标。

(2) 划分业务工作。一个组织是由若干部门组成的有机体,明确组织目标后将根据组织的工作内容和性质,以及工作之间的联系,将组织活动组合成具体的管理单位,并确定其业务范围和工作量,进行部分的工作划分。

(3) 初步确定结构。按组织设计要求,决定组织的层次及部门结构,形成层次化的组织管理系统。

(4) 确定职责权限。明确规定各层次、各部门及每一职位的权限、责任,一般用职位说明书或岗位职责等文件形式表达。

(5) 设计运作方式。这包括管理规范的设计、流程标准的设计、工作机制和制度的设计等,目的是让部门工作有序有效地开展。

(6) 确定人员配备。根据组织结构中要求的工作职务、岗位及技能要求,选择配备恰当的管理人员和员工。

(7) 形成组织结构。对组织设计进行审查、评价及修改,并确定正式组织结构及组织运作程序,颁布实施。

(8) 调整组织结构。根据组织运行情况及内外环境的变化,对组织结构进行调整,使之不断完善。

以下述案例说明组织设计的全过程。

 **案例分析**

> F酒店是一家即将开业的新酒店,所在城市为国内南方某二线城市,该酒店定位为中高端商务型酒店,根据之前对旅游饭店星级的划分与评定的相关规定,酒店拟在开业后申请挂牌五星级。根据五星级酒店的各项硬软件要求,以及根据本地酒店市场的调研,酒店进行了组织分析,并随着时间和条件的变化,进行了一系列组织分析和架构调整,以下以该酒店人力资源部为例,具体分析流程如下。
> 
> (1) 确定组织目标
> 
> 根据酒店战略定位,确定该酒店人力资源部组织目标:人力资源部是对酒店人力资源进行有效开发、合理利用和科学管理的职能部门,主要任务是根据酒店整体发展战略,建立科学完善的人力资源管理与开发体系,实现人力资源的合理配置和有效提升,确保满足酒店正常运行和持续发展的人才需求。

(2) 划分业务工作

根据上述目标确定人力资源部的主要工作。

① 制定人力资源政策和各项管理制度,并监督实施。

② 根据运营管理目标及其发展变化,建立和调整组织机构、设置岗位和确定编制。

③ 开展招聘、培训及员工关系管理工作,不断提高员工整体素质,保证酒店用人需求。

④ 制定薪酬福利及晋升制度,组织员工薪酬调整、晋升评定等工作。

⑤ 制定绩效管理体系,组织指导各部门开展绩效管理工作。

⑥ 作为职能管理部门,人力资源部需为各部门管理者执行人力资源政策和措施提供专业支持,并与各部门协同工作,在提升酒店效益的同时,为员工创造良好的工作环境。

(3) 初步确定结构

根据人力资源部工作目标,初步确定本部门将分为招聘、薪酬、绩效、培训、员工关系等五个模块,并由专人负责。同时除了主要负责人,还需要一名副手配合主要负责人进行部门管理工作。

(4) 确定职责权限

根据上述人员结构,分别确定相关模块主要职责及权限,以培训模块为例整理如下。

## 培训模块负责人

【管理层级关系】

直接上级:人力资源部经理

直接下级:无

【岗位职责】

负责制订酒店管理人员和员工的培训需求调查、培训计划,以及培训的组织实施、培训效果的跟踪与评估,并做好与培训相关的档案管理,为酒店的可持续发展培养需要的人才。

【主要工作内容】

① 组织建立酒店培训体系,并指导各部门落实。

② 负责员工培训需求调查,组织制订各类人员培训预算与培训计划。

③ 负责建立、管理员工培训档案。

④ 负责具体安排各种培训课程和活动,做好新员工的培训和考评工作。

⑤ 负责拓展培训渠道和培训资源,选择高质量的培训机构为酒店提供培训。

⑥ 承担部分培训课程的讲授。

⑦ 负责组织落实酒店各类内部培训。

⑧ 负责组织配合安全保障部、工程设备部、信息技术部等部门,进行安全管理、设备管理、技术技能提升等专业、专题的培训。

⑨ 完成酒店领导交办的其他工作。

【任职条件】

① 自然条件:身体健康,相貌端正,性别不限,年龄25~50岁。

② 教育培训:本科以上学历;具有相关专业的教育背景。

③ 岗位素质:具有较强组织协调能力、学习能力、沟通能力,具有一定的培训管理能力和培训技巧,熟练应用相关办公、管理软件,懂得一定的酒店经营管理规律。

④ 工作经验:有2年以上相关工作经验。

**(5) 设计运作方式**

根据上述工作目标和内容，需要设计完成工作所需要的管理规范和流程标准，以让本模块工作有序有效开展进行。以员工入职流程为例，如表1-6所示。

表1-6 员工入职流程表

工作任务：员工入职

| 部门：人力资源部 | | 岗位：人事专员 |
|---|---|---|
| 工作程序 | 操作步骤 | 标准及要点 |
| 1. 发通知 | 通知用人部门，录入员工入职信息，包括员工报到日期、职位、试用期 | 提前2天发通知 |
| 2. 审核 | (1) 审验聘用员工的相关身份及学历证明；<br>(2) 个人档案；<br>(3) 社保、公积金关系转移单，事后办理相关转移手续；<br>(4) 解除劳动合同关系证明 | 资料齐全、有效 |
| 3. 登记 | (1) 请员工填写职工登记表，并签名；<br>(2) 审核员工填写的职工登记表；<br>(3) 将员工信息录入系统 | 录入准确无误 |
| 4. 签订劳动合同 | (1) 提前打印3份劳动合同；<br>(2) 在劳动合同上填写以下内容：劳动者的姓名、住址和居民身份证或其他有效身份证件信息，劳动合同期限，工作内容和工作地点，工作时间，劳动报酬；<br>(3) 请员工在合同指定位置签字 | |
| 5. 办理各类员工证件 | (1) 发放员工手册；<br>(2) 办理工作证、餐卡；<br>(3) 出具工作服领用单，发放工作服 | 请员工签收所有发放物品 |
| 6. 组织新员工入职培训 | (1) 人力资源部对新员工进行企业文化、公司制度、员工手册培训；<br>(2) 人力资源部和用人部门配合进行岗前培训 | 新员工入职1个月内必须完成 |
| 7. 员工到部门报到 | 通知部门将报到员工领到部门 | |

**(6) 确定人员配备**

考虑酒店经营及需要，拟安排7人组成人力资源部人员构成，其中人力资源部经理1人，全面负责本部门所有工作；副经理1人，配合经理完成工作；招聘、薪酬绩效、人事、培训和员工关系各1人，分别负责相关业务。

**(7) 形成组织结构**

根据上述内容，最终确定该酒店人力资源部组织结构如图1-13所示。

**(8) 调整组织结构**

酒店开业2年后，随着行业发展，酒店对人力资源部赋予了更大的使命和责任，并将人才发展和提升组织力作为本部门的核心工作任务，因此人力资源部的工作目标被修改为根据酒店的经营战略，规划、制定和实施人力资源策略，建立一系列与酒店发展相结合的人力资源制度，把控人工成本，落实人才培养计划，甄选合格人才，规避用工风险，推进酒店发展建设中人力资源工作（见图1-14）。

项目1 酒店员工规划

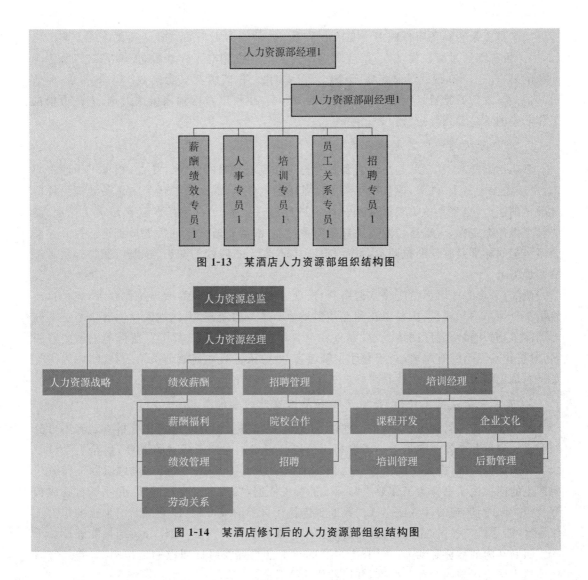

图 1-13 某酒店人力资源部组织结构图

图 1-14 某酒店修订后的人力资源部组织结构图

## 二、工作分析

### （一）工作分析的意义

工作分析是进行岗位设定的重要流程之一。工作分析是确定并报告与一项具体工作相关联的有关信息的过程，旨在确定工作所包含的任务，以及工作承担者成功完成工作所需的技能、知识、能力和责任。换言之，工作分析是通过观察和分析来确定与一项具体工作本质相关联信息的过程。工作分析是人力资源工作的基础，它对招聘、培训、绩效、评估等工作均有重要的意义。

**1. 工作分析是酒店招聘的依据**

一份合格的工作分析的载体是合格员工的工作说明书，为招聘岗位提供直接的帮助和依据。当酒店招聘员工时，工作说明书中的工作职责是员工工作内容和范畴，作为评估招聘候选人是否具备所需的工作知识、能力的直接参考依据。

一名员工是否具备工作职责上要求的各项工作的能力则是面试者必须关注的方向。比如,人力资源部通过面试发现,一位应聘者因为之前有过相应工作经验,能够完成其所应聘职位的80%的工作,说明其基本属于符合需求;如果一位应聘者只能符合60%的要求,但通过其他测试发现其具备继续学习和提升的能力,同样也可以考虑列入候选人选,未来可根据工作职责的培训和指导进行弥补。

2. 工作分析是培训需求的来源

酒店培训需求,其实就是员工自身技能与工作要求之间的差距。比如,根据工作职责要求,员工需要会做10件事,但某员工只能做其中的8件事,那么员工还尚未具备处理另外两件事情的能力,也就是该员工需要通过培训进行提升。所以,在酒店的日常培训工作中,需要员工做什么工作,未来还需要员工具备何种技能,都需要通过培训帮助员工进行提升。而合格员工的标准是胜任岗位职责,每个与自己岗位职责不匹配的知识、技能或能力都是员工的培训需求。

例如,一个餐厅服务员应该掌握斟酒、托盘、折餐巾花和上菜等四项工作要求,但是目前该员工只会斟酒和托盘,折餐巾花和上菜则是他不熟悉的领域,因此这两项内容则是员工的培训需求;而从整个餐厅的情况看,如果一个餐厅里有六名员工,其中对摆台不熟悉的有四名,对折花不熟悉的有两名,对于餐厅主管而言,他应该提升如何培训员工的技能,因为主管具有对员工培训的职责,也就是对标员工工作职责而产生的真正的培训需求。

3. 工作分析是员工评估、绩效考核和员工晋升的参考

酒店人力资源管理工作中,员工评估、绩效考核和员工晋升均与工作分析有着密不可分的关系。评价和考核一名员工是否合格不是以管理者的主观意识进行判断,而是给予科学而客观的评价标准,即员工的工作职责内容和岗位任职要求;此外,员工也可以以工作分析所产生的岗位说明书作为工作要求和标准的参考依据,发现自身存在问题,并不断自我成长和改进。同时,客观的评价比主观的判断更容易让员工信服,以工作分析的结果标准作为工作标准,能为员工提供改进方向进行思路指引。在员工晋升阶段,工作分析结果能够让员工产生明确努力的目标和动力。具有上进心的员工会去寻找目标职位的工作职责,并且努力提前达到岗位所需的要求和标准,并以此作为晋升的基础。

### (二) 工作分析的方法

1. 观察法

观察法是指根据一定的研究目的、研究提纲或观察表,用自己的感官和辅助工具直接观察被研究对象,从而获得资料的一种方法。观察法简单易操作,是一种基础的工作分析方法,它可以单独使用,也可以与其他工作分析方法一起使用。观察法的具体使用流程如图1-15所示。

图1-15 观察法的具体使用流程

(1) 确定将要分析的具体工作岗位。

(2) 确定该岗位的代表性工作人员。
(3) 在观察对象的工作岗位进行实际观察并记录。
(4) 对观察记录进行总结和要点提炼。
(5) 总结出该岗位的具体工作内容与要求。
(6) 将所有观察对象的结果进行汇总并总结。
(7) 通过合并和分析确定该岗位的工作分析结果。

在使用观察法时需要注意,观察者需要提前设计好观察提纲,并亲自到观察对象的实际工作岗位进行全面观察,在不影响观察对象工作的前提下对其工作内容进行详细的记录,如观察对象做了什么,是如何做的,用了多长时间,使用什么工具,遇到了什么突发情况,观察对象是如何处理的,等等(见表1-7)。在记录中不要掺杂个人因素,只需如实记录即可。

表1-7 实地观察记录

| 员工姓名: | 部门: | 岗位: | 观察者: | 观察时间: |
|---|---|---|---|---|
| 观察内容 | | | | |
| 实地笔记 | | | | |
| 个人笔记 | | | | |
| 发现总结 | | | | |

观察法的优势在于分析人员可以直接感受观察对象的实际工作场景,有助于其对工作内容的感知和了解。其不足之处在于,由于观察法更适合观察能够体现在行动上有所表现的长期工作,所以只是对短期和重复循环的工作比较有效,而对紧急而偶然的工作,包括脑力劳动者的工作,观察法便不适用。

2. 访谈法

访谈法是通过访谈人和受访人面对面地交谈(条件不具备时也可以采用电话或网络面谈)来了解受访人心理和行为的方法。在工作分析的过程中,分析人员可以对于需要分析的职位承担者进行访谈,并通过对方的访谈内容进行总结和提炼得到结论。访谈法可以是结构化的方式,即按照访谈者的要求提前准备好每一个访谈问题的提纲,要求访谈者完全按照提纲回答问题;访谈提纲也可以是半结构化的方式,即其中部分问题可以提前准备好并指定被访谈者必须回答,同时保留一些开放式问题供被访谈者回答。前者有助于帮助被访谈者的思路逻辑化,后者则可以深度挖掘被访谈者的思想。

访谈法应用面很广泛,并且在具体操作中,由于答案是由被访谈者提供,所以很容易得到结论;但它的弊端在于非常耗时,访谈只是开始,访谈结束后对录音的整理、提炼和输出是一个耗时耗心的过程。同时,由于考虑一个访谈者可能无法全面系统地描述本岗位内容,往往需要几个对象来阐述同一个岗位的工作内容,也会大大加重分析者的工作量。

在用访谈法进行工作分析的实际操作中,访谈者至少应该考虑向被访谈者提出的问题如下。

(1) 您知道您所在工作岗位的工作目标吗?是什么?
(2) 您觉得需要做哪些工作才能完成自己的工作目标?
(3) 在实际工作中,那些工作内容您都做到了吗?
(4) 如果有没有完成的工作内容,请问为什么?是工作内容不合适,还是工作内容太多无法完成,或者是其他的原因?

(5) 您觉得应该怎样评价您的工作质量?您眼中的评价标准是什么?
(6) 这些工作内容您一般需要多长时间才能完成?
(7) 您觉得这些工作对您的岗位合适吗?需要增加或者减少吗?为什么?
(8) 据您了解,您的工作与其他人的工作有交叉吗?是什么?
(9) 您觉得要完成这些工作,工作人员应该具备什么学历?
(10) 您觉得要完成这些工作,工作人员应该具备哪些专业知识?
(11) 您觉得要完成这些工作,工作人员应该具备哪些操作能力?
(12) 您的工作向谁汇报?
(13) 哪些员工会向您汇报他们的工作?
(14) 您有下属吗?他们的具体岗位是什么?
(15) 您在工作中还有什么困难需要解决吗?那是什么?

### 3. 问卷调查法

问卷调查法是一种非常普遍的工作分析法,是指提前根据研究目标设计好量表或问卷,采用控制式的方法对获取信息实现工作分析结果的方法。问卷调查法的步骤如下。

(1) 提前设计好科学的调查问卷。
(2) 提前选定合适的调查对象。
(3) 分发并在规定时间内回收问卷。
(4) 对问卷调查结果进行分析并总结出职位分析结果。

在酒店工作分析的实践中,问卷调查法采用的问卷往往是定性问卷而非定量问卷,目的是希望填写者能够充分提供信息,供分析者采用。问卷调查法的问卷组成一般包含以下内容。

(1) 基本信息:包含被调研者的姓名、部门、岗位、在本酒店工作时间等。
(2) 对岗位的基本认知:岗位目标、工作职能等。
(3) 岗位需要的工作内容:具体岗位活动和详细工作内容。
(4) 胜任本岗位应具备的能力:学历、专业知识和操作技能。
(5) 胜任本岗位应具备的素质:性格特征和素质要求。

以上是对工作分析的几种方法的说明,在实际酒店工作中,我们常常使用三种方式相结合的方法,即将需要访谈的内容融合进调查问卷,同时结合观察法,对需要分析的工作岗位进行系统分析,并得出相应的结果。

以酒店培训部经理的工作分析为例,为更好地对酒店现有培训工作状况进行了解,并为后续工作科学有效地开展,设计调查问卷如表1-8所示。

表1-8 设计调查问卷

各位培训部经理:
  为了更好地提高集团及酒店培训工作的效果和质量,进一步完善集团培训体系建设和本岗位工作内容,希望您能协助填写本调查问卷。谢谢您的合作!

一、个人信息

| 您的姓名: | 酒店名称: | |
|---|---|---|
| 所在部门: | 职位: | 学历: |
| 您从事酒店工作时间: | 担任本职位时间: | |
| 您的主要工作经历: | | |

续表

二、酒店培训现状
　　(1) 您所在酒店的人员总人数：_____　其中管理人员(主管以上)人数：_____
　　(2) 您所在酒店培训机构如何设置？(如果有,请详细说明培训部是独立的部门或隶属某一部门,现有人员数及岗位、主要工作内容)
　　(3) 酒店目前有培训员_____人；其中接受过培训员培训的有_____人。
　　请详细说明酒店培训员由哪些岗位的人员组成,是否有培训检查和考核。
　　(4) 酒店是否设有培训教室？
　　□有专门的培训教室
　　□有相对固定的内部会议室或营业场所某间会议室培训
　　□各部门(班组)自行找地方培训
　　(5) 酒店每年培训费用开支(不包含培训部人员工资)：_____
　　(6) 酒店是否建立了培训会议制度？如果有,请详细说明开会的时间、参加人员及会议主要议程。
　　(7) 酒店主要对员工开展哪些内容的培训？(请详细列出各项培训开展的周期、对象及培训形式)
　　(8) 酒店主要对管理人员开展哪些内容的培训？(请详细列出各项培训开展的周期、对象及培训形式)
　　(9) 酒店是否建立了新员工入职培训制度？如果有,请详细说明新员工入职培训的时间、内容及培训形式。
　　(10) 酒店是否建立了员工职业发展计划？是否有员工职业发展(晋升)培训？如果有,请详细说明培训的频率、内容、对象和形式。
　　(11) 酒店总经理对待培训：
　　□非常重视　　□比较重视　　□不太重视　　□很不重视
　　(12) 部门经理对待培训：
　　□非常积极　　□比较积极　　□不太积极　　□不积极,有抵触情绪
　　(13) 员工对待培训：
　　□认为对工作和个人发展非常有帮助,非常愿意参加
　　□认为对工作有些帮助,愿意参加
　　□无所谓,可参加可不参加
　　□培训对工作帮助不大,被动参加
　　□认为培训浪费时间,有抵触情绪
　　(14) 你在培训中最大的困难或困惑是什么？(可以多项选择)
　　□高层领导对培训不支持　　　　□部门对培训不支持
　　□员工不愿意参加培训　　　　　□缺少培训费用
　　□不知道怎样开展培训　　　　　□管理人员培训能力低
　　□培训做得很多,但效果不明显
　　其他_____

三、本职工作内容了解
　　(1) 您知道酒店培训经理的工作目标吗？是什么？
　　(2) 您觉得需要做到哪些工作才能完成自己作为培训部经理的职责？
　　(3) 在实际工作中,那些工作内容您都做到了吗？
　　(4) 如果有没有完成的工作内容,请问为什么？是工作内容不合适,还是工作内容太多无法完成,或者是其他的原因？
　　(5) 您觉得应该怎样评价您的工作质量？请说您眼中的评价标准？
　　(6) 这些工作内容您一般需要多长时间才能完成？
　　(7) 您觉得这些工作对您的岗位合适吗？需要增加或者减少吗？为什么？
　　(8) 据您了解,您的工作与其他人的工作有交叉吗？是什么？
　　(9) 您觉得想要完成这些工作,工作人员应该具备什么学历？

续表

(10) 您觉得想要完成这些工作,工作人员应该具备哪些专业知识?
(11) 您觉得想要完成这些工作,工作人员应该具备哪些操作能力?
(12) 您的工作向谁汇报?
(13) 哪些员工会向您汇报他们的工作?
(14) 您有下属吗? 他们的具体岗位是什么?
(15) 您在工作中还有什么困难需要解决吗? 那是什么?
　　　　　　对您的大力支持再次深表谢意!

在收到集团发放的上述调查问卷后,该酒店集团下属 50 家酒店的培训经理填写了该份问卷,通过对问卷的统计整理与分析,集团人力资源总监发现集团在培训管理工作中存在下列问题,并以此份工作分析结果为例,重新梳理确定培训部工作职责和培训经理工作职责如下。

(1) 酒店培训部工作职责

① 负责酒店三级培训发展系统的建立和完善。

② 负责计划、组织、督导和实施酒店人力资源的培训发展工作。

③ 结合酒店经营需要和员工素质状况,分析培训需求,制订并组织实施酒店年度发展培训工作计划、年度培训经费预算和管理制度。

④ 定期召集部门训导师研究酒店培训工作的方针,交流培训经验,探讨培训技巧,解决培训工作中存在的问题,协调各部门培训工作关系。

⑤ 指导部门制订年度培训发展工作计划,并督导落实,必要时提出意见和建议。

⑥ 定期向酒店总训导师递交酒店和部门培训发展工作报告,提出修改意见和调整方案,并根据总训导师要求调整工作。

⑦ 负责各级人员的培训和考核工作,并为他们建立培训档案。

⑧ 组织编写酒店和各部门的培训操作手册。

⑨ 结合酒店培训需求,开发培训课程,收集、编写或翻译培训教材。

⑩ 承担部分培训课程。

⑪ 根据总训导师指令,负责酒店与酒店集团之间培训发展管理信息的沟通及督导落实工作,定期向集团递交酒店培训发展工作报告,并接受集团业务指导。

⑫ 协助酒店做好集团范围的培训发展工作。

(2) 培训部经理岗位职责

① 根据酒店的经营方针制订各个时期的培训计划,并在各部门配合下组织实施,包括:

● 新员工的入职培训计划;

● 员工升职培训计划;

● 在职部门经理、主管培训计划;

● 员工再教育培训计划;

● 提高员工素质的培训计划,包括仪容仪表、礼仪礼貌、语言、业务知识、专业技术、企业目标、经营服务理念、职业道德教育等。

② 管理、统筹、辅导、配合、检查各部门培训,包括:

● 督促指导各部门制订岗位技能和个人发展方面的短、中、长期的培训计划;

● 督促各部门操作规范、专业技能及个人发展培训;

● 对各部门的培训工作进行检查和评估。
③ 制订酒店公共主题培训计划及教程,并组织各部门实施。
④ 组织管理好外派培训,包括建立制度、制订计划、提供资讯等,并负责对外派培训者进行考核检查。
⑤ 建设培训网络和管理培训员队伍,对培训员进行不断培训。
⑥ 与外部培训机构保持良好的联系,选择高质量的培训机构为酒店提供培训。
⑦ 建立图书资料室,检索、搜集有关的图书、资料及教材,编写、翻译、复印给有关部门参考使用。
⑧ 根据酒店需要,开发培训课题,编制培训教材和教案。
⑨ 摄制、购买和转录培训教学DVD、录音带等,提供本部门及其他部门使用。
⑩ 对培训部各种设备、设施进行管理。
(3) 培训部经理任职条件
① 自然条件:身体健康,相貌端正,性别不限,年龄25～40岁。
② 教育培训:本科以上学历,具有相关专业教育背景。
③ 岗位素质:具有较强组织协调能力、学习能力和沟通能力。能够承担酒店已开发课程的讲解,并能独立开发课程,熟练应用相关办公、管理软件。
④ 工作经验:5年以上酒店工作经验,3年以上培训组织与管理经验。

### (三) 编制岗位说明书

岗位说明书就是工作分析的输出结果,一般包含以下几个部分。
(1) 岗位基本信息(见表1-9)。岗位基本信息包括酒店名称、岗位名称、级别、所属部门,薪资水平,直接上司及编撰日期等。

表1-9　岗位基本信息

| ×××酒店 | 岗位职责: |
|---|---|
| 职位:机场代表 | 级别:3级 |
| 部门:礼宾部 | 隶属:前厅部 |
| 上级:礼宾部领班 | 薪资: |
| 拟稿:前厅部经理 | 批准:总经理 |

(2) 岗位概述(见表1-10)。岗位概述需要用一段话言简意赅地对本岗位是什么、为什么和怎么做有一个非常精炼的阐述,让阅读者能迅速了解该岗位的基本职能和意义。

表1-10　岗位概述

| 工作岗位 | 岗位概述 |
|---|---|
| 机场代表 | 通过为到达及离开机场的客人帮助安排行李、交通及机场相关事宜,代表酒店及市场销售部向抵店的预订客人及其他客人介绍酒店产品,从而给客人良好的第一印象,增进客我关系。 |

(3) 工作内容(见表1-11)。工作内容是岗位说明书的核心部分,即需要通过对工作内容的描述让阅读者了解该岗位需要从事的具体工作,以及为什么做和怎么做,从而起到对员工工作的指导作用。

表 1-11 工作内容

| 工作岗位 | 工作内容 |
|---|---|
| 机场代表 | (1) 负责热情、友好、彬彬有礼地欢迎/欢送抵店/离店客人,尽可能使用客人姓名<br>(2) 协助抵店/离店的客人装/卸行李<br>(3) 帮助客人预先安排酒店汽车<br>(4) 帮助丢失行李或行李较多的客人<br>(5) 了解每日和未来酒店可用的客房<br>(6) 在机场保持良好的形象<br>(7) 通知礼宾部贵宾的到达及其他重要信息<br>(8) 通知酒店礼宾部客人乘坐酒店汽车、出租车或机场交通车到达<br>(9) 与其他酒店的机场代表合作<br>(10) 与其他酒店的机场柜台和机场领导建立良好的工作关系<br>(11) 识别贵宾、优先客人、常规客人和常住客人并提供个性化服务<br>(12) 保持酒店机场柜台在任何时候都整洁有序<br>(13) 向客人提供优质服务<br>(14) 通过记录客人的评论并以此为实践,不断寻找机会对客服务<br>(15) 促销酒店的产品与服务<br>(16) 坚持酒店安全制度、紧急情况处理规定和程序<br>(17) 在工作中遵循关爱宾客计划<br>(18) 遵守酒店的工作政策及程序,商业行为规范以及员工手册 |

(4) 岗位资格(见表 1-12)。岗位资格是对于承担该岗位员工应该具备基本素质和条件的说明,包括教育水平、专业知识、工作技能和素质修养等。

表 1-12 岗位资格

| 工作岗位 | 岗 位 资 格 |
|---|---|
| 机场代表 | 教育水平:大专以上<br>专业知识:具有对酒店行业及前厅部知识的了解<br>工作技能:<br>1. 了解城市及周边地区各类相关信息<br>2. 具有一年以上同星级酒店工作经验<br>素质修养:<br>1. 良好积极的工作态度<br>2. 性格温和,乐于助人 |

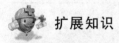
扩展知识

某酒店餐饮部经理岗位说明书见表 1-13。

表 1-13 某酒店餐饮部经理岗位说明书

职位:中餐厅经理
部门:餐饮部
职级:资深主管
直接上级:餐饮部经理/餐饮部副经理
直接下属:中餐厅主管/零点厅主管/宴会厅主管
工作职责:
1. 经营工作
(1) 确保中餐厅高效正常运作。

续表

(2) 完成中餐厅年度营业计划。
(3) 拟订中餐厅的操作流程和管理制度。
(4) 确保中餐厅能够按照标准,随时向客人提供高效的、连贯一致的、殷勤的专业服务。
(5) 在中餐厅营业期间,须到现场检查、督导各项运作及员工的操作,做到"关键的时候,出现在关键的地方,解决关键的问题"。
2. 管理工作
(1) 督查下属员工的工作表现。
(2) 实施中餐厅的年度绩效评估,公平公正,机制透明。
(3) 执行和传达上级布置的任务和文件精神,上传下达。
(4) 保持与厨房的良好沟通,确保食品的出品符合酒店及行业要求。
(5) 不断完善和更新中餐厅操作流程和管理制度,并及时将更新汇总至部门运行手册。
3. 对客服务
(1) 督导下属按标准向客人提供优质服务,满足客人的个性化要求。
(2) 换位思考,关注客人的感受,征求客人的意见和建议。
(3) 与客人保持和谐的关系,处理客人的要求和投诉。
(4) 经常亲自检验中餐厅能否向客人提供最优质的服务。
(5) 在中餐厅营业期间到现场督导,确保餐厅运作正常,按服务标准操作,达到客人期望。
4. 市场营销
(1) 将中餐厅营业计划细分到每月、每天,确保所有员工清楚餐厅的营业目标。
(2) 坚持不断寻求更好的方法,努力提高中餐厅营业收入和利润。
(3) 掌控和分析对本餐厅构成竞争的其他餐饮场所的经营活动和发展动态等。
(4) 保持中餐厅格调,确保提供的产品和服务能够满足市场需求,或引领潮流。
(5) 拟订中餐厅季度推广计划,上报餐饮部经理,并根据部门推广计划。
5. 成本控制
(1) 预算中餐厅营业费用,并实施严格控制。
(2) 严格控制生产成本,并提出有效控制的方法。
(3) 注重提高生产力水平,合理控制中餐厅人力成本。
(4) 参加餐饮部月度经营分析,研究中餐厅当月经营情况,分析原因,提出改进措施。
(5) 把中餐厅设备能耗和易耗品控制在合理范围内。
6. 人员培训
(1) 根据部门培训计划,落实中餐厅各项培训,确保培训覆盖率100%。
(2) 在培训中扮演主动角色,并向部门提出培训建议和要求,并提供培训效果反馈。
(3) 培养有潜质的下属管理员,提高其管理能力,使其胜任本职工作。
7. 日常工作
(1) 向餐饮部经理/副经理汇报中餐厅经营管理状况。
(2) 掌握当日预订信息,重点了解中餐厅当日重要宴请及来宾相关情况和特殊要求,认真组织做好各项准备工作。
(3) 根据餐饮部卫生管理制度配合开展卫生检查,确保中餐厅整洁卫生与食品安全。
(4) 与客人、同事保持良好的工作关系,在处理客人、员工的要求、询问、投诉时,态度须恭谦;如未能立即解决,须向上级请示汇报。
(5) 负责编制中餐厅员工排班表,保证服务质量,节约人力,员工休息充分。
(6) 作为中餐厅消防责任人,定期开展消防检查、消防培训,杜绝事故发生。
(7) 遵守员工手册和酒店规章制度中的内容细则,督导下属按相关规定操作。
(8) 始终保持并督导下属保持高标准的个人仪容仪表和良好的精神面貌。
任职资格:
1. 本科及以上学历,3年以上五星级酒店中餐厅经理/主管以上相关经验。
2. 精通中餐服务标准,具备娴熟的中餐服务技能,熟悉行业发展趋势。

续表

3. 有较强的计划、组织、指挥、督导和协调能力,能较好地处理人际关系。
4. 有较强的口头及书面表达能力,熟悉一门外语,并能进行日常会话。
5. 计算机运用能力,熟练操作 Office 办公软件。

### 训练题 1-3

一、自测题
1. 组织分析的定义是什么?
2. 工作分析的三种方法是哪三种?
3. 一份完整的岗位说明书应该包含哪些部分?

二、讨论题
1. 请举例说明你对"组织设计反映酒店价值观"的理解。
2. 结合实践说明"工作分析是员工招聘的依据"。

三、实践题
请自行选择酒店的某个部门和岗位,根据本项目所学习的知识,编写一份工作说明书。
要求:分小组进行市场调研,需要在下一节课进行小组汇报。

## 任务 1.4 酒店员工配置

### 任务概述

本任务是"酒店员工规划"项目中的第四个任务,学习内容包括员工配置原理、员工配置的方法及员工数量和结构的配置。本任务涵盖员工配置的误区及原理的概述,加强学生对人员效能管理的意识,同时融入酒店员工配置常用核算公式和应用方法,帮助学生快速掌握员工配置的过程,建立合理、规范的人员预测分析技能。通过本任务的学习,学生将能阐述员工配置的原理、员工配置的方法及人员合理核算的公式,具备人员分配和管理的分析和应对技能,提升学生的预测能力、沟通能力、分析能力、解决问题能力,以及培养学生的职业意识和整体素质。

### 案例导入

某酒店的定位是旅游度假区豪华五星级酒店,提供高品质的度假、会议与商务的轻松体验,开业时间为 2025 年 1 月。酒店建成后将设有 300 间客房、3 个餐厅、水疗健身中心、会议中心等设施设备。2025 年,酒店共有员工 280 人,其中酒店客房服务员共有 83 人,按照客房清洁标准为 10 间/人,共配置客房清洁服务员岗位 38 人。根据业绩预测,2026 年平均住客率为60%,酒店平均房价为1 150元,酒店收入为9 000万元,净利润为1 300万元。对比2021年酒店住客率,其增长比例达到了15%。根据酒店人力资源供需预测分析,酒店员工数量应根据住客率的提升相应增加,以提升酒店的服务标准,并实现酒店的业绩目标。因此,酒店人力资源部和客房部将共同制定客房部人员的规划。

**思考和讨论:**

1. 你认为酒店客房部是否需要增加员工数量?为什么?
2. 你认为2026年客房部服务员应配置多少人最为合理?为什么?

## 一、酒店员工配置原理

员工配置在数量、质量和结构的合理和优化是对酒店发展战略的支持。员工配置的合理性与否是员工产生效益高低的关键,直接影响酒店人力和资源的合理利用和整体效益配置的发挥,对人力资源的监控与管理具有关键的指导作用。

### (一)员工配置概述

员工配置是指组织通过对工作要求和人员素质的分析,为每一个岗位配置合适的人员以完成组织目标所需要开展的各项工作。员工配置包括员工数量的配置、能力的配置和结构的配置。员工数量的配置是基于工作要求进行人员数量的预测;能力的配置是对岗位进行人员和岗位匹配的甄别;结构的配置是对酒店发展所需人员能力的评价,保证人员与酒店发展的匹配度。员工的合理配置将有利于人力资源的充分开发、有效发挥组织结构功能,并提高员工的岗位能力效能。总而言之,员工配置的工作内容包括三个方面。

1. 确定组织中人员需求量

员工数量的配置是保证酒店工作岗位运作的前提条件。确定员工数量的多少取决于酒店的组织结构、离职率和组织的发展需要。首先,根据酒店的组织结构确定酒店的组织规模、横向部门和纵向岗位的设计,确定所需的岗位要求。其次,参考酒店岗位的流动情况,确定所需补充的岗位和人员数量。再次,基于组织发展的需要,分析酒店的等级层次、经营状况和岗位设定标准,确定所需增加或减少的人员数量要求。最后,基于组织结构设定要求、岗位流动情况和组织发展需求汇总整体人员的数量需求。

2. 选配合适的人员

能力的配置根据岗位设计和分析的内容选择相应素质的候选人,是酒店提供服务的基础。员工配置的资源可能来自酒店内部或外部社会,酒店的目标需要使用一系列科学的测试、评估和选聘方法把合适的人员安排在合适的岗位,使得人岗匹配以发挥最大人员效能。若是为新组建的酒店选配人员,需要根据酒店对人员的需求量在社会上公开招用和选聘。若是对现有机构中的人员配置进行重新调整,需要将需求量与内部现有人力资源状况进行对比找出预计缺额,并确定需要从外部选聘的人员类别和数量。

3. 人员考评

人员考评是评估人员结构和员工效能合理性的保障。员工的数量和员工的能力配置是否能满足酒店日常运作和酒店的发展,依赖于员工考核结果的呈现。通过考评可以判断整体员工配置的合理性和有效性,当员工考评结果出现高绩效时,员工的数量和能力配置达到最大化,人力资源结构合理化;但当员工的考评结构出现低绩效时,此时的人员配置将存在数量、能力或结构上的缺陷,对酒店的服务水平产生较大的影响。因此,员工配置合理性评估将要求酒店定期盘点人力资源的清单,为确定员工工作报酬、人事调整、培训提供依据。

### (二)员工配置误区

在进行员工的配置过程中,优秀的领导者会依据酒店组织结构、人员流失情况,以及酒店经营状况和发展进行人员需求的分析和核算,确保员工配置的合理性。然而,在员工配置的过程中,很多部门经理依旧存在很多误区。

(1)认为人员的能力越强越好,片面强调"高标准"。员工配置过程中,很多酒店将用人要求和标准设定极高,如客房服务员的招聘要求专科或本科毕业,英语交流能力较好,具备良好的沟通表达能力、较强的思维能力。相对于客房服务员的工作职责,员工所具备的能力与岗位职责所需的能力要求并不完全相符。片面强调"高标准"的后果将使得岗位的能效无法发挥最大作用,员工的稳定性缺失。

(2)因人设岗,只用自己"派系"的人。在恶性循环的人力资源管理过程中,"近亲繁殖"的现象现在也不乏少见。部门管理人员倾向培养和发展自己"派系"的人,因人设岗,确保建立管理的"拥护者"。因人设岗的后果将造成岗位人员流失,忽略酒店的人力资源管理体系,无法使得岗位具有创新性和创造性。

(3)"大材小用"或"小材大用",浪费人力资源。人力资源管理的目标应做到人岗匹配,即人的能力或岗位的要求相匹配的过程。比如,候选人的文化水平较低且没有能力从事脑力劳动,让他从事行政文职岗位,那么对其他候选人就显失公平;同理,如果让一个有脑力劳动能力的员工从事体力工作,则是对候选人的不尊重。这对于酒店来说,不仅造成了人员浪费,也增加了用人成本。

(4)人才过剩,人力资源成本过高。很多管理人员认为部门员工的人数越多越好,能帮助员工减轻工作压力。然而,将员工的工作能力和工作效率发挥最大化是人力资源配置和优化的目标。人力资源管理过程中,供需在数量、质量和结构上的平衡是人员配置的核心。人员过剩将使得酒店的人力资源成本增加,员工工作效率下降。

(5)不用比自己能力强的人。人才威胁是当前管理者抵制优秀员工的重要因素。很多管理者认为员工的能力过强将对自己的管理工作带来弊端,如不听管教、对工作提意见等,因此在用人过程中坚决不用比自己能力强的人,也因此使得人力资源管理体系出现闭环缺失,人才供给无法满足酒店的发展需要。

### (三)员工配置原理

**1. 要素有用原理**

人往往同时具有多面特性,而且个人能力特征受环境因素(如领导风格、工作氛围)的影响经常发生变化,其优点与缺点共存。因此,每个员工都具有可用之处,部门管理者应创造条件让员工挖掘和发挥自己的长处,如采取公开招聘、双向选择、竞争上岗及科学的测试考察等多种方法来发现人才。

2. 能位对应原理

"人岗匹配"是员工配置和优化的管理目标,根据员工不同的素质将其安排在各自最合适的岗位上,即保持员工的能力与工作岗位的同构性,从而做到"人尽其才,物尽其用"。员工的能力差异表现为能力性质和特点不同,如能力层级有高低之分,不同的人员根据不同的性格特征适合不同性质的工作,如决策层、管理层、执行层和操作层。酒店在人员配备时要按能位对应原理,充分考虑人的能力、性格等差异对职业的影响,只有如此才能提高工作效率。

3. 互补增值原理

员工各有长短,员工配置要扬长避短,形成整体优势,实现组织目标。酒店团队工作理念是要实现1+1>2的团队优势,即团队员工的性格和能力之间能够形成互相配合、优劣互补,如《西游记》里唐僧师徒四人,每个人员的性格能力不同,相互之间取长补短,相互配合,就能形成最优团队。如果"西游团队"变成与孙悟空相似性格的四人,是否还能顺利取经需要进行进一步的探究。

4. 动态适应原理

人与事的不适应不是绝对的,适应是相对的。因此,"人适其位,位得其人"是人力资源管理的工作目标。处在动态环境中的组织,酒店对其成员的要求是在不断变动的,对员工的能力和知识要求也在不断提高。因此,人与事的配合需要进行不断的协调平衡。所谓动态适应是指员工所具备的能力、知识和素质要满足酒店发展变化的需要,将能力发展充分的员工赋予更重要的工作,而能力平平、不符合职位需要的员工应进行合理的调整,最终实现人与职位、工作的动态平衡。

5. 弹性冗余原理

制定工作标准与绩效标准,既要使得员工的工作达到满负荷,又要符合人力资源的生理和心理要求,工作安排要有一定的余地。在工作任务达到满负荷的同时,要关注劳动者的生理和心理需求,以保持旺盛的精力,劳动时间和工作任务要适度,充分考虑工种、行业、环境、气候等因素影响。

## 二、酒店员工配置的方法和流程

### (一)酒店员工配置的方法

员工配置的目的是将合适数量的人员配置到合适的岗位,即岗位与员工之间相互配置。例如,某酒店现开放3个招聘岗位,共有5个候选人,面试测评结果见表1-14。因此,人员配置是采用科学的方法将不同面试结果的员工录用于不同的岗位。

表1-14 面试测评结果

| 岗位候选人 | 候选人A | 候选人B | 候选人C | 候选人D | 候选人E |
| --- | --- | --- | --- | --- | --- |
| 前台主管 | 4.5 | 3.5 | 3 | 2.5 | 2 |
| 宾客关系主管 | 3 | 3 | 4 | 3.5 | 1.5 |
| 总机主管 | 2 | 3 | 4.5 | 4 | 1 |

1. 以人员为标准进行配置

从人员的角度,按每人得分最高的一项给其安排岗位。以人员为标准的配置将每个人在各个岗位的面试评估分数进行排序,而每个人得分最高的岗位将会被录用。如表1-14所示,候选人A(4.5分)将录用为前台主管,候选人C(4.5分)为总机主管。此办法的弊端是可能出现多人在某个岗位的面试测评分数都很高,但受到主观因素的影响,如性格特征等,可能只因选择一个人而将优秀的人拒绝。

2. 以岗位为标准进行配置

从岗位的角度出发,每个岗位都挑选最好的人来做。以岗位为标准的配置将在各个岗位的面试评估分数进行排序,而每个岗位上最高分数的候选人将会被录用从事该职位。如表1-14所示,候选人A(4.5分)将录用为前台主管,候选人C(4分)为宾客关系主管(4分)或总机主管(4.5分)。此方法从岗位需求出发,为每个岗位选择最合适的人,提高酒店效率,但只有在岗位空缺的前提下才可行。

3. 以双向选择为标准进行配置

在岗位和应聘者之间进行必要的调整,以满足各个岗位人员配置的要求。上述以人员为标准和以岗位为标准的配置方法都存在欠缺,因此以双向选择为标准的方法,综合平衡了岗位和员工两个方面的综合因素考核,从整体分析满足岗位人员配置的要求。如表1-14所示,候选人A(4.5分)将录用为前台主管,候选人C(4分)为宾客关系主管,候选人D(4分)为总机主管。但对岗位而言,可能出现得分最高的员工不能被安排在本岗位上;对员工而言,可能出现不能被安排到其得分最高的岗位上。

(二)酒店员工配置的流程

员工配置是人力资源动态管理过程,基于酒店的经营状况和发展需要,合理的员工配置需要实施动态管理,根据运作需求进行人员数量和结构的动态配置。因此,酒店员工配置的流程包括以下方面(见图1-16)。

图1-16 员工配置的流程

1. 总量配置分析

员工总量配置分析是指根据酒店的运作需求,配置实际需要完成工作的员工总人数。受酒店住客率、员工产值等因素的影响,员工的总量配置随着酒店经营需要的变化而变化。如果酒店的住客率提高或员工的产值下降,则员工的总量配置就会增加;反之,酒店的住客率下降或员工的产值提升,那么员工的总量配置就会减少。如本任务案例中所提及客房部员工的配置,如果酒店的住客率不同,需要清洁房间的客房服务员的数量也有所不同。比如,酒店建成后将设有300间客房,员工配置总量如表1-15所示。

表 1-15　员工配置总量

| 配置岗位 | 酒店住客率/% | 员工产值 | 员工总量配置说明 |
| --- | --- | --- | --- |
| 客房服务员 | 60 | 10 间/人清洁标准 | 酒店每日需要清洁房间的总数量为 300×60%＝180（间）房间，如果按照每个员工每天清洁房间数量 10 间为标准，那么每天需要打扫房间的员工数量为 18 人 |
| | 60 | 12 间/人清洁标准 | 酒店每日需要清洁房间的总数量为 300×60%＝180（间）房间，如果按照每个员工每天清洁房间数量 12 间为标准，那么每天需要打扫房间的员工数量为 15 人 |
| | 70 | 12 间/人清洁标准 | 酒店每日需要清洁房间的总数量为 300×70%＝210（间）房间，如果按照每个员工每天清洁房间数量 10 间为标准，那么每天需要打扫房间的员工数量为 21 人 |

员工工作总量的配置还需要考虑到岗位的工作总量、员工工作总量，如员工每月工作的时间和休假的时间，员工特殊假期如病假、产假、婚假，员工的加班，临时人员工作量等因素的影响，具体计算将在"数字化时代员工配置"知识点中说明。

此外，员工的总量配置是动态管理的过程，其总量变化受住客率高低的影响。一般情况下，人员编制基于全年酒店经营预测和发展需要的总量进行人员总量预测，再根据时间运作进行不同阶段的人员总量控制。比如，2022 年客房部员工总量预测核算为 35 人，但根据 2022 年酒店业绩预测，1—8 月住客率为 45%，9—12 月住客率为 75%，因此酒店上半年的员工配置数量将少于下半年的员工配置数量。

2. 结构配置分析

酒店设置什么岗位、设置多少岗位是由酒店具体的工作职能划分形式和总的工作任务量所决定的。以事定岗，以岗定人，设置员工岗位既要着眼于酒店的现状，又要着眼于酒店的发展。按照酒店各部门职责划定岗位，岗位和人应是设置和配置的关系，不能颠倒。因此，员工结构的合理性既要求每个岗位的工作饱和度，还要求岗位与员工能力、素质的匹配度。酒店在进行员工结构设置时应考虑员工岗位"最低数量"和员工素质能力的不同，即以最少的职位数量来承担酒店尽可能多的工作，同时将员工的效能发挥最大作用。一方面可以最大限度地节约人力成本，降低酒店负担；另一方面还可以减少工作过程中信息传递的层次和缩短职位之间信息传递的时间。

由于酒店人工智能的应用，替代和辅助了员工工作职责，员工部分工作职责由手工化向智能化转变，节省了员工的工作时间。比如，进行餐厅服务员的配置时，应考虑餐厅收银与餐厅服务员的职责结构。由于酒店智能化设备简便了收银体系，通过手机操作就可以完成收银工作，因此在员工配置中，多数酒店不再单独设立收银岗位，将其与餐厅服务员合并，也使得员工的岗位能力和技能有所不同，人员结构发生变化。

3. 工作总量分析

员工工作量的大小是衡量员工配置合理性的指标之一，员工工作的强度和工作时间都具备临界值。比如，人力资源供需平衡预测中所提及，当员工的实际工作反映出持续性加班、人员流失、人均产出下降、员工工作效率值的不合格指数,从而说明人力资源供需的结构性失衡状态,同时也表现出实际员工数量与员工岗位工作量之间存在不平衡的状态(见表1-16)。

表1-16 员工岗位配置问题

| 岗 位 | 房间数量/间 | 2021年 | | 2022年 | | 配置问题 |
|---|---|---|---|---|---|---|
| | | 住客率/% | 员工数量/人 | 住客率/% | 员工数量/人 | |
| 客房服务员 | 300 | 60 | 25 | 70 | 25 | 工作总量增加,员工数量不变,将会加大员工的工作量,表现为持续加班量增加、员工离职率上升,服务水平下降的现象 |
| | 300 | 60 | 25 | 50 | 25 | 工作总量减少,员工数量不变,将会减少员工的工作量,表现为人力成本增长,人均产出值下降等现象 |

因此,人员配置动态管理的过程中,工作量与员工数量之间应呈现正向影响变化,当酒店业绩上升时,人员会增多,反之则减少,从而实现人力资源供需平衡的状态。

4. 配置效果分析

配置效果分析是基于对员工工作绩效结果的反馈,进行员工配置以后,还需要对配置效果进行分析。如果人员配置合理,则采用现配置方案;如果不合理,则需进行重新配置。一般情况下,人员配置效果是采取绩效结果分析和人力资源数据分析形式开展的。绩效结果分析将基于员工的绩效评估结果,将员工进行能力和绩效区间的划分,从而确定员工配置中岗位与员工能力匹配的问题。而人力资源数据分析是对人力成本、员工产值等配置结果进行描述,分析员工配置数量的合理性问题。

## 三、数字时代酒店员工配置

酒店员工配置应考虑数字化环境的影响,员工的工作效率在智能设备的辅助下,其工作重心和工作职责发生变化。比如客房服务员岗位,由于扫地机器人等设备辅助了员工清洁工作,员工人均清洁标准将由原来的10间提升为12间。因此,数字时代员工的工作将更加有效率,员工的工作产值也将有所提升。工作分析是进行员工配置的前提条件,只有以工作分析结果为基础,岗位人员的核算才具有参考依据。

### (一)员工数量配置分析

在酒店员工配置的动态管理过程中,员工的总量核算也有其核算标准,常用的核算和分析公式如表1-17所示。

表 1-17　常用的核算和分析公式

| 核算内容 | 核算公式 | 说　　明 |
|---|---|---|
| 人房比 | 员工总数÷房间总数量 | 根据酒店的服务标准预测酒店员工总数,如人房比在五星级酒店为1～1.2,四星级酒店为0.7～0.9,三星级酒店为0.3～0.5,经济型酒店为0.12～0.2 |
| 客房部人员数量 | 每日清洁房间总数÷人均清洁标准×月天数÷20.83 | (1) 每日清洁房间总数＝房间总数×住客率<br>(2) 人均清洁标准根据不同等级酒店设定标准不同,如五星级酒店为10～14间,或按照人均600平方米的清洁面积进行计算<br>(3) 20.83天是员工除去休息日和法定假期,实际上班的天数 |
| 餐饮服务人员数量 | 每日总人头数÷翻台率÷人均服务标准×月天数÷20.83 | (1) 每日总人头数是餐厅实际用餐人数,包括店内客人和店外客人<br>(2) 翻台率应该考虑餐厅的运营时间和预测翻台次数<br>(3) 人均服务标准应考虑采用用餐形式,如自助餐、围桌、零点等情况<br>(4) 20.83天是员工除去休息日和法定假期,实际上班的天数 |
| 员工生产力 | 房务部:每日总销售房间数÷员工总数(FTE)<br>餐饮部:每日总人头数÷员工总数(FTE)<br>其他部门:总房间数÷员工总数(FTE) | 员工总数(FTE)包括员工总数及员工所产生的加班小时数、员工假期、临时工工作小时数等折算的其他人数 |
| 员工生产率 | 酒店营业收入÷员工总数(FTE) | (1) 酒店营业收入是酒店的总收入,非毛利润<br>(2) 员工总数(FTE)包括员工总数及员工所产生的加班小时数、员工假期、临时工工作小时数等折算的其他人数 |
| 人力成本 | 人力成本费用÷酒店营业收入 | 人力成本费用包括薪酬、福利费用等,即用于投资员工的费用 |
| 人均创利指数(API) | 酒店净利润÷工资总额<br>员工总数(FTE)÷日销售房间数 | API值不得小于0.25,0.41以上表示业绩良好 |

如本任务案例导入所要求,酒店建成后将设有300间客房,2022年平均住客率为60%,核算2026年客房部服务员应配置多少人最为合理时,将可以采用上述公式进行核算客房部员工的合理性。

第一步,核算每日所需清洁人数。按照住客率60%核算每天需要清洁房间的总数,一般情况下度假酒店的房间清洁标准为10～14间(根据房间面积大小和服务规格决定,或按照人均600平方米的清洁面积进行计算),如此处设定为10间,则核算为18人。但此处核算的仅是每天需要清洁房间的人员数量。

第二步,核算招聘清洁客房服务员的总数。去除员工休息日,员工平均每个月的工作天数是21.75天,同时每年还需享受11天法定假期。折算后,员工每月实际工作天数为20.83天,因此需要的客房清洁员工的人数是18×30/20.83,可得出的人数在26人左右。

第三步，考虑客房部的其他员工人数，如主管、中班员工、夜班员工的人数。主管职责可按照楼层数量和房间数量划分，同时还需确定中班和夜班所需的人员，甚至要考虑计划清洁和维护的人员。

因此，根据上述案例分析，酒店 2026 年客房部的住客率为 60%，每日清洁房间数量为 180 间房，客房部服务人员应该配置的人数如表 1-18 所示。

表 1-18 客房部服务人员配置人数

| 岗 位 | 班 次 | | | | | 特别说明 |
|---|---|---|---|---|---|---|
| | 早班/人 | 中班/人 | 夜班/人 | 其他人员/人 | 人员总量/人 | |
| 客房服务主管 | 5 | 2 | 0 | 0 | 7 | 应考虑房间大小、楼层数量或房间分散情况，假设此处客房主管管理房间数量为 100 间/人进行核算 |
| 客房服务人员 | 26 | 10 | 2 | 2 | 40 | 假设此处中班人员按照人均清洁标准为 25~30 间/人进行核算 |
| 合 计 | 31 | 12 | 2 | 2 | 47 | |

员工配置的核算公式是人力资源管理工作的参考依据，但是如果只是采用单一公式来衡量员工配置的标准，将存在部门偏差，因此在日常运作过程中应对人员数量配置进行综合考虑。

 扩展知识

## 酒店员工总数（FTE）

FTE 是指 Full-time Employee，也称相当全时工作量，是指员工在某岗位上不请假、不休息、不倒班所需要的人数。比如，现在酒店有 10 个员工，按照标准工时，每位员工应工作 40 个工作小时/周，3 月员工应该工作 4~4.4 周（每个月天数不同），但如果所有员工在本月中请假了 30 小时，由于工作需要又加班了 50 小时，同时因为特殊宴会接待酒店请了临时工 3 人（共工作 24 小时），那么此时所有员工的总工作小时就已经超出 10 个员工正常工作量。基于此，核算需要多少人才能完成上述工作量的结果就是 FTE，也就是全时员工的总数。

其计算公式为

$$FTE = \frac{平均周工作小时 \times 月平均周数 \times 员工总数 + 加班小时数 - 请假小时数 + 非正式人员工作小时数}{周工作小时数 \times 52/12}$$

因此，上述所需的 FTE 数量为 $(40 \times 31/7 \times 10 + 50 - 30 + 24)/(40 \times 52/12) = 10.4$（人）。

## （二）员工结构配置分析

**1. 员工结构配置问题分析**

（1）绩效考核，发现人事不匹配

绩效考核是验证人员配置是否合理的方法之一。通过绩效考核，可以评估员工自身所具备的能力与绩效表现之间的对应关系,将员工进行分类,确定员工在酒店中的个人潜力。图 1-17 展示了员工绩效与能力的反馈结果,当员工集中在低绩效低能力的区间时,可反映出员工结构配置的问题。

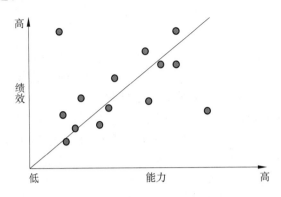

图 1-17 员工绩效表现矩阵

(2) 员工职业生涯发展需要

酒店的发展需要员工的支持和协助,在进行员工配置的过程中应考虑员工的提升发展空间。如上述绩效反馈中,在高绩效和高能力区间的人员应得到新的发展或晋升。如果此时员工的发展空间缺失或受限,将会引起员工离职率增加。因此,员工的发展则需要酒店提供新的员工规划。

(3) 职位空缺

很多酒店为控制人力成本,对空缺的岗位采取兼岗方式,或不再进行招聘,或只考虑内部招聘,容易造成员工岗位的负荷工作或缺乏工作创新。从员工配置的角度出发,职位空缺应结合岗位能力的要求,盘点人力资源状况,再进行内部或外部的招聘决策。

2. 员工再配置

员工再配置要求酒店对员工的配置进行定期回顾,对员工结构进行重新评估,并进行员工再配置和调整。根据员工绩效考核结果、酒店发展需要及员工的发展需要,当员工的工作能力与岗位的动态要求发生变化,应对员工进行调岗、轮岗或晋升,甚至淘汰,以满足员工结构的合理性。

(1) 工作轮换

工作轮换是酒店将员工安置在不同岗位进行新岗位技能学习和提升,其目的是考察员工的适应性,并开发员工多种能力以激励员工的创造性。酒店中常开展的岗位轮换分为管理工作轮换和非管理工作轮换。管理工作轮换是对部门继任者候选人或某些需要进行提升的员工所开展的项目,旨在帮助员工积累不同部门的管理经验,作为提拔的需要与前奏。非管理工作轮换是帮助员工熟悉酒店的各种业务,消除岗位工作过程的隔阂和误解,建立良好的团队协作。

(2) 晋升、辞退、降职、调岗

晋升、辞退、降职、调岗是进行员工再配置常用的管理机制。依据员工的绩效结果分析,将员工的类别进行重新归并,将合适的员工放置在合适的岗位。晋升是将每个部门、每个级别上最优秀、最有潜力的人才提升到重要职位上去,让其承担更多重要的职责,保持团队的核心竞争力。而辞退是淘汰工作岗位能力和岗位职责无法匹配的员工,让其寻找更适合自己的岗位,同时也为优秀的人才提供机会。降职和调岗是对员工工作能力和绩效之间存在一定差距但需要重新进行岗位配置的人员所采取的手段。调岗或降职是在充分评估员工的工作能力后,将其工作能力和岗位进行匹配的过程。

(3) 竞争上岗

采用竞争上岗制度,所体现的是"能者上、庸者下"的员工配置动态管理原则。酒店将空缺的职务都在公告栏统一贴出来,任何员工都可以参加应聘。竞争上岗的目的是对员工的能力进行岗位职责匹配。不同的工作岗位对任职者的素质有不同的要求,只有当任职者具备岗位要求的素质并达到规定的水平,才能最好地胜任该项工作,获得最好的绩效。因此,酒店可以通过竞争上岗方式建立一套较为完善的激励机制,包括责任激励、目标激励、荣誉激励、物质激励等,从而促进和支持员工结构配置体系的优化。

## 训练题 1-4

**一、自测题**

1. 什么是员工配置?
2. 员工配置的原则有哪些?
3. 员工配置的方法有哪些?
4. 员工配置流程有哪些步骤?

**二、讨论题**

1. 酒店员工配置应该因人设岗还是因岗设人?为什么?
2. 人员配置过程中是不是员工数量越少越好?为什么?
3. 员工结构配置出现问题将会带来哪些后果?

**三、实践题**

某五星级酒店海鲜餐厅将于 2025 年 10 月开业,运营时间为下午 5 点至晚上 10 点,客座位为 180 人,预计平均接待率为 70%,目前酒店无法从其他部门抽调人员,因此需要进行外部招聘,你认为餐厅应配置多少人?

## 项目实训 1-1　酒店员工需求的核算

**【任务概述】**

本实训任务基于对人力资源规划项目中对人力资源供需预测、工作分析、人员配置等任务的知识要点,要求学生将其理论知识点向技能应用进行转化,帮助学生更深层次掌握人力资源规划应用技巧,提升学生在学习过程的沟通能力、分析能力、解决问题能力,以及提高学生的职业意识和整体素质。

**【实训任务内容】**

现某一高端五星级酒店共设 350 间客房,2021 全年住客率为 70%,酒店员工数量为 385 人,其中客房部楼层员工数量为 58 人,具体岗位人数分布如下。

客房部经理 1 人,副经理 1 人,客房主管 8 人,文员 3 人,客房清洁服务员 45 人。

2022年1月开始,由于市场环境的影响,酒店住客率情况见表1-19。

表1-19 酒店住客率

| 月份 | 住客率/% | 月份 | 住客率/% |
|---|---|---|---|
| 1 | 30 | 7 | 48 |
| 2 | 30 | 8 | 50 |
| 3 | 35 | 9 | 50 |
| 4 | 35 | 10 | 55 |
| 5 | 35 | 11 | 55 |
| 6 | 48 | 12 | 60 |

**【实训任务要求】**

(1) 请根据结合本项目中所学习的人力资源供需预测、工作分析和员工配置的应用方法和技巧,制订2022年不同月份客房部所需要的人员数量计划,填入表1-20。

表1-20 客房部2022年不同月份所需人员数量

| 岗 位 | 现有数量 | 2022年 | | | | | | | | | | | |
|---|---|---|---|---|---|---|---|---|---|---|---|---|---|
| | | 1月 | 2月 | 3月 | 4月 | 5月 | 6月 | 7月 | 8月 | 9月 | 10月 | 11月 | 12月 |
| 客房经理 | 2 | | | | | | | | | | | | |
| 客房主管 | 8 | | | | | | | | | | | | |
| 文员 | 3 | | | | | | | | | | | | |
| 清洁服务员 | 45 | | | | | | | | | | | | |
| 总 数 | 58 | | | | | | | | | | | | |

注:客房部员工每周工作40小时,客房人均清洁标准为10间。

(2) 基于上述人员需求预测,对现有客房部所存在的员工数量差异提出有效的规划建议及解决举措。

# 项目 2　酒店员工招聘

 **项目描述**

　　本项目是酒店人力资源管理实务中的第二个项目,学生在学习完酒店员工规划后,对酒店人力资源管理的定位与预测、组织结构设计和员工配置有了清晰认知,需要进一步了解和掌握酒店员工招聘的知识与技能。本项目包括三个学习任务。通过本项目的学习,学生能清晰地认知招聘工作在人力资源管理工作中的重要性和必要性,了解及掌握员工招聘的基本原则、招聘之旅的演变过程、招聘的主要渠道和流程、招聘广告设计、面试结构的组成要素、行为能力面试的技巧及实际应用、企业核心价值观及胜任力模型在招聘面试中的应用、背景调查、招聘评估等知识;掌握招聘的原则,清楚招聘的流程,理解行为能力面试技巧的关键内容,深刻认知招聘评估的重要作用。通过本项目的学习,不仅使学生具备行为能力面试、甄选适合人选、进行招聘评估的专业意识和技能,同时培养学生在招聘管理工作中能主动发现问题,具备分析问题及解决问题的能力。

 **项目目标**

　　本项目目标是通过分析酒店常见的招聘案例,使学生不仅了解招聘工作的重要性,而且掌握招聘的流程和专业技巧,从而能帮助酒店有效避开招聘中的陷阱,逐步缓解或解决酒店在招聘管理中所面临的招不来、选不准、用不好、长不快的问题。具体目标如下。

知识目标:
- 描述员工招聘的基本原则与正确流程;
- 列举员工选拔的科学方法与选才标准;
- 阐明招聘评估的数据分析与实际应用。

能力目标:
- 运用员工招聘的基本原则与流程,开展并管理员工招聘工作;
- 通过科学有效地开展面试,甄选出符合标准的最佳合适人选;

● 开展招聘评估数据分析,提升招聘质量和效率,提升专业度。

**素养目标:**

通过本项目的学习,帮助学生理解正确的道德观、价值观对员工职业生涯的重要影响,培养学生在招聘实践中能坚持理性客观、坚持原则、关爱他人、坚持公平公正的工作作风;在提升学生专业水平的同时提升不惧困难、勇于钻研业务、直面挑战、不断进取、追求卓越的职业精神。

 **知识导图**

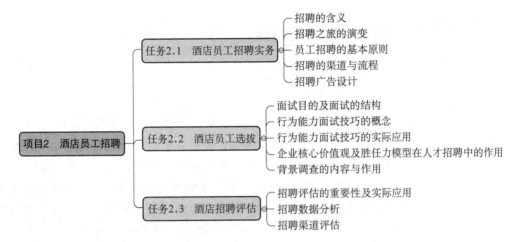

【学习重点和学习难点】

学习重点:招聘的基本原则、招聘渠道和流程、行为能力面试技巧及应用、招聘评估。

学习难点:行为能力面试的技巧及应用、招聘数据分析。

 **项目引入案例**

A酒店是坐落在一线城市的一家典型的会展酒店,毗邻著名的国际会展中心,酒店全年平均住房率在85%以上。然而酒店生意越忙,人力资源部的压力越是陡增,因为酒店员工的流失率持续攀升,特别是运营部门的基层员工缺口较大。用人部门会抱怨人手不足,抱怨人力资源部招聘的速度和招聘的质量无法满足正常的运营需要,虽然他们能理解当今酒店招聘的难度,但还是不能理解人力资源部招基层员工怎么也这么慢,这么难,他们希望人力资源部能全面提升招聘的效率和质量。与此同时,人力资源部更是心急如焚,他们不停地加班加点发布职位空缺、筛选简历、安排面试、进行背景调查、办理新员工入职,梦想着能尽快帮助运营部门补齐人手。遗憾的是,这家酒店招人的速度赶不上员工离职的速度,人力资源部陷入更加繁忙的招聘之中。

为了能及时补充人手,特别是在旺季酒店生意繁忙人员紧缺时,人力资源部或用人部门会采取相对降低招聘标准的方法,候选人基本合格就先给予录用,因为酒店确实需要足够的人手来完成任务。但是,这种做法也给后续的员工管理埋下了不少隐患。

人力资源部认为,如果酒店员工流失率不能得到有效的控制或减少,不仅会影响酒店的服务与产品的质量,更会影响招聘的质量,因为人力资源部整日忙于招聘,很少能有时间去细致地研究员工离职原因,深入分析招聘工作中的各种关键数据,认真地进行招聘工作评估与优化,进而提升招聘质量和效果。他们是多么期盼用人部门能有一套系统的方法留住员工,抑或是能够有效地降低员工的流失率,这样才能使得招聘工作良性循环起来,才能有效提升招聘的质量。该如何解决这些问题呢?

**思考和讨论:**
1. 为什么这家酒店人力资源部加班加点进行招聘,但效果依旧没有达到预期?
2. 造成这家酒店在招聘中出现问题的根本原因有哪些?

## 任务2.1 酒店员工招聘实务

### 任务概述

本任务是"酒店员工招聘"项目的第一个任务,本任务需要学习的内容包括员工招聘的含义、招聘的基本原则、招聘之旅的变化过程、招聘渠道和流程及如何设计招聘广告。学生通过本任务的学习能够清晰地了解招聘的基本原则及掌握招聘原则的重要性,具备灵活发现并使用招聘渠道、把握招聘流程的能力,同时了解设计招聘广告时的要求及招聘广告所应该涵盖的内容。本任务中不仅涵盖了理论知识,同时还包括实操方法,学生通过本任务的学习可以快速提升招聘的专业技能,以及提升在招聘中发现问题、分析问题及解决问题的能力。

### 案例导入

杨光是一家五星级酒店的招聘主管,工作努力,勤勤恳恳。无论哪个部门提出招聘申请,她都会快速行动,通过各种招聘渠道快速收集候选人简历,筛选面试后,杨光会迅速将基本符合条件的候选人推荐给用人部门进行面试。

杨光的努力并没有得到上级的认可,为此她郁闷无比。事情的起因还要从杨光与财务总监之间由于员工招聘产生的分歧说起。这家酒店财务部员工的流失率一直居高不下,财务总监不断地催促杨光快点招人,否则财务部的工作将受到严重的影响。实际上,杨光时刻没有停止过给财务部招人的步伐。她每天都会面试众多的财务候选人,并将基本符合要求的人选推荐给财务总监进行二次面试,但最终能被财务总监选中的候选人凤毛麟角,从几十位候选人中也只能勉强被财务部挑选出两至三位他们认可的合适的人选。之后,这两三名候选人入职后不到半年,就有人离职了。

据杨光私下了解到,这些新员工离职的主要原因是受不了财务部高强度的工作量及工作压力。而那些没有被选中的候选人,即使业务技能合格,也会因为不愿意接受经常性的加班而被拒绝。据杨光的观察,财务部在面试候选人时,首先会直接询问是否愿意接受经常性的加班,只要候选人回答"偶尔加班没问题,但如果每天都要加班,不太能接受",财务部则一概拒绝录用。

杨光不能理解为什么财务部一面急需招人，一面又简单得用一句话就将她千辛万苦找到的候选人拒之门外。杨光为此主动找到财务总监进行沟通、交换意见，并建议财务部是否能在面试时不要询问候选人加班这个问题，是否可以先把人招进来，如果合格的员工数量增多，加班自然也就减少了，慢慢地就会良性循环了。财务总监给杨光的回答是："财务部加班是事实。我们不能回避，不能欺骗应聘者。我们询问这个问题是在考察应聘者的工作态度，如果他们没有加班的意愿，入职后一旦发现需要加班，那么这些员工很快会辞职，反而会加大招聘成本，更影响工作，影响团队士气。"

为了解决财务部招人难的这个问题，杨光又向财务总监提出了另外的一个建议，可否在酒店内部进行招聘，只要是对财务工作感兴趣的员工均可以申请应聘。财务总监回答："作为招聘主管，你应该比我还清楚目前咱们酒店缺人的状况，酒店现在几乎每个部门都缺人，特别是运营部门，如果我们把运营部门为数不多的、有经验的员工调往财务部，我们今后还怎么跟其他部门合作？这不是釜底抽薪吗？所以现在唯一的方法就是人力资源部要加快从社会上招聘新人，并且提高招聘的质量。"

当杨光询问财务总监是否还有其他解决之道时，财务总监说："我这里目前有一位候选人，看简历不错，随后我会将她的简历发给你，你先约她过来面试，但只有一位候选人远远不够，你还是要加快招人的速度。"

离开财务总监办公室，杨光更加困惑，一连串的问题在这位招聘主管头脑中盘旋。财务部招聘的问题该如何解决？财务总监推荐的这位候选人又是何许人也？既然是财务总监推荐并看好的候选人，还需要人力资源部面试吗？如果先请这位候选人填写职位申请表，再请财务部面试不是更加高效吗？

**思考和讨论：**

1. 为加快招聘的速度，杨光将基本符合招聘条件的候选人推荐给用人部门存在哪些隐患？
2. 由于这家酒店各部门人手紧缺，财务总监拒绝内部招聘的做法是否正确？为什么？
3. 财务总监推荐并看好的候选人，人力资源部还需要进行筛选面试吗？为什么？

## 一、招聘的含义

员工招聘不仅是人力资源工作中一项重要的工作内容，更重要的是，这项工作还决定着企业的生存与发展，决定着企业战略与目标的实现。我们能否在企业需要的时候及时招聘到最适合的人，至关重要。我们需要清晰地认知员工招聘工作实际上包含三部分的内容，分别是招募、甄选及录用。

招募是指酒店通过各种宣传渠道，采取多种宣传措施，吸引候选人来申请酒店空缺职位的过程。例如，在适合的社交媒体或招聘渠道投放符合品牌标准的招聘广告、在合适的网站发布酒店空缺职务、在酒店或酒店集团内部发布招聘计划。另外，校园宣讲，拜访当地的大学、学院或职业学校，以建立和保持校企合作关系，并定期宣传酒店或酒店集团的文化，宣传管理培训生计划，宣传酒店员工职业生涯规划，等等。

甄选是指酒店采用特定的方法对候选人进行面试、评估以挑选最合适人选的过程。甄选过程又称员工选拔。挑选合适人选的主要考量要素是依据应聘岗位的工作职责描述、酒店应聘岗位的胜任力模型(或胜任力标准)及酒店核心价值观。

录用是指酒店确定最佳候选人并做出录用的决策。酒店决定录用之后,候选人进入办理入职手续、签署劳动合同或协议,进入适用、转正录用的过程。

当我们清楚地认知了员工招聘工作包括招募、甄选、录用三部分内容并将这三部分工作认真做到位,我们是否就可以解决企业招聘难的问题?答案显然没有那么简单。本项目开篇案例中,A酒店的人力资源部为满足用人部门不断增加的用人需求,加班加点,不停地进行员工招聘,不停地发布空缺职位、筛选简历,安排面试、办理入职,但最终还是没能及时招聘到酒店需要的合格人选。由此我们发现,当今的员工招聘工作已经悄然发生了变化,我们不仅仅是要以科学的方法、专业的步骤完成员工招聘中的招募、甄选及录用三部分工作,我们更要注重开展员工招募前与录用后的工作,即对员工招聘中三部分工作进行前置与延展,这样才有助于提高招聘工作的效果,提升招聘的质量。这是招聘之旅的演变带给我们的启示。

## 二、招聘之旅的演变

### (一)招聘之旅的演变过程

我们已经了解到,员工招聘工作包括招聘、甄选及录用三部分内容。录用之后,酒店将为员工提供不同种类的培训活动,帮助员工提升技能,助力员工职业发展。同时鼓励员工充分发挥其潜能参与酒店的各项经营与发展活动,酒店还会通过采取不同的激励措施与方法,促使员工敬业、乐业并和酒店一道发展成长,如图2-1所示。

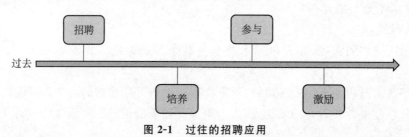

图2-1　过往的招聘应用

这也是时至今日,大部分酒店在员工招聘过程中所采取的常用管理步骤与方法。这些方法在过去的管理实践中被充分证明是行之有效的方法,然而随着时代的变迁,随着新生代应聘者群体需求的改变,随着应聘群体个性与行为特点的不同,如果我们机械地延续过去在员工招聘时所采取的步骤与方法,显然无法及时招聘到酒店所需的合适人选,无法满足酒店用人之需,因此也会造成招聘工作异常艰难。究其原因,我们发现,不是招聘艰难,而是在招募之前,我们并不了解候选人群体的职业发展需求,我们不知道他们在哪里,也没有与他们建立必要的情感联结。因此,在酒店需要招聘人员的时候,很难及时招聘到这些适合的人选。为此,招聘的应对策略应该是将招聘工作前置到从倾听目标候选人群体的需求,提前与他们建立联系,最大限度地让他们提前了解酒店并吸引他们加入(见图2-2)。当员工离职后,酒店需要继续做好与离职员工的关系维护与管理的工作,以最大限度地争取招聘资源,提升招聘的效果。

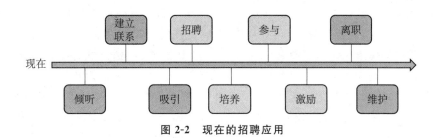

图 2-2 现在的招聘应用

## （二）招聘的应对策略

"工欲善其事，必先利其器。"从招聘之旅的演变我们清晰地发现，员工招聘不是仅仅从发布空缺职位开始，然后坐等候选人投递简历这么简单，而是在此之前就要提前做好了解目标候选人群体的职业发展需求，提前与他们建立情感连接，最大限度地弘扬酒店文化，使用雇主品牌及酒店文化的强大力量吸引候选人。这种做法目前被许多国际品牌酒店和国内著名连锁品牌酒店使用。酒店或酒店集团会与国内外许多大专院校或职业学校合作，采用定向培养、联合办校、成立英才学院、品牌冠名班等多种形式，将酒店招聘工作前置到院校，前置到酒店目标候选人群体之中。除此之外，人才离职后的管理也已经成为当今招聘工作的重要组成部分。而这部分的工作往往容易被酒店忽视。有些酒店误认为，招聘工作在员工办理入职后随即结束，如若员工离职，则没有必要再继续维护与离职员工的关系。酒店对于保持与离职员工的关系没有给予足够的重视，忽视了这种关系对于酒店所产生的巨大作用。如果酒店能定期维护好、管理好与离职员工的关系，这些员工可能会非常乐意并主动地介绍原酒店的职务空缺给其他适合的候选人，他们可以帮助原酒店推荐合适的候选人，甚至说服候选人，他们可以主动地帮助原酒店宣传酒店文化、帮助原来酒店树立良好的品牌形象，甚至他们可能会再次重返原酒店就职，这些无疑可以助力酒店更加顺利地完成招聘工作。反之，如果员工离职后的关系没有维护好，酒店的招聘工作将失去这部分重要的支持力量。

由于各行各业包括酒店业对人才的渴求越来越强烈，人才争夺战愈演愈烈。这场人才之战的结果，取决于我们如何在开展招聘工作时充分了解新生代应聘者群体的特点，了解他们的职业发展需求，提前与他们建立关系，从而能吸引他们加入组织，以及如何在工作场所满足他们的需求，激励他们充分发挥出自身的潜能和价值，使他们能和酒店共同成长和发展。同时，重视维护和管理与离职员工的关系，与他们形成互惠的战略联盟关系。只有这样，才能从不同的角度减少招聘的难度。

招聘之旅过程中重要的管理行为注释如下。

**倾听** 了解目标候选人加入组织并愿意与团队成员一起并肩作战的理由是什么，了解他们的职业发展需求是什么，了解他们的行为特点有哪些，了解目标候选人在哪里。同时观察、了解应聘酒店的员工管理举措是否践行了健康的雇主品牌文化，这种文化是否备受目标候选人的青睐。如果这种文化还不足以吸引到他们，或者酒店的员工管理措施并没有完全体现出雇主品牌文化，那么酒店是否需要重塑品牌文化并在员工管理的过程中以行动诠释这种健康的文化。简而言之，就是了解目标候选人群体他们在想什么，倾听他们想要什么，观察应聘酒店听到了吗，做到了吗。

**建立联系** 通过各种可能的宣传渠道、招聘渠道,最大范围地不断宣传酒店文化,宣传雇主品牌,强化酒店形象,公布招聘信息,沟通员工团队的福利与专享等。换言之,如果酒店目标候选人群体想要的正是本酒店所拥有的,一定要及时地通过各种方式和渠道告诉候选人并时刻与其保持联系。

**吸引** 酒店的招聘宣传力度、推广力度是否落实有声,宣传内容是否连贯一致,酒店仅仅拥有优质的文化、宣传酒店的文化是不够的,还需要让目标候选人看到其文化在酒店日常运营管理中的运用和践行,因为候选人的"选购"模式,正在从单纯的薪资转向酒店的愿景、使命、价值观。这关联到员工个人的价值观是否能与酒店的价值观相匹配,关联到员工加入酒店是否愿意和团队成员一起并肩作战。因此,酒店在吸引候选人时,使用员工在职业生涯中真实的成功案例来吸引目标候选人是有效的方式之一。

**离职** 尽管酒店在选人、育人、用人、留人工作中不断使用新的方法,尝试新的举措去发现并满足员工职业发展需求,依然会出现正常的员工流动,特别是数字化时代的到来会加快员工流动的速度,员工的离职就不仅仅是简单的办理离职手续。酒店了解到员工离职后会将酒店的企业文化带到其他的地方,这些员工对本酒店企业文化的切身体验将决定他们是否会帮助本酒店维护或发展这种文化,是为本酒店的文化添砖加瓦,还是会由于不良的体验去为本酒店的文化采取釜底抽薪的行为。因此,酒店人力资源部及用人部门应在员工离职时做好离职面谈,提升员工的离职体验度,汇总并深入细致地分析员工离职的原因,及时解决酒店中出现的管理不足或员工关爱不到位的现象。

**维护** 员工离职后,酒店需要继续保持和维护与离职员工的关系。通过建立诸如"老友会""精英荟"等方式与离职员工保持联系,定期组织相关活动,联络感情,使离职员工愿意推荐他们的朋友加入酒店团队,或离职员工有可能愿意再次加入酒店。因此,酒店应与离职员工形成战略联盟的关系。

当我们认知了招聘的含义之后,我们还了解到招聘工作不是机械地执行招募、甄选及录用,还要根据目标候选人群体的特点及职业发展需求的变化,对招聘工作进行前置和延展。接下来,我们在招聘过程中还需要时刻牢记招聘的基本原则,这样才能有利于招聘工作的顺利开展。

## 三、员工招聘的基本原则

员工招聘的根本目的是满足酒店持续、健康发展的需要和经营的需要,利用科学的招聘方法为酒店招到最佳适合的人员。有效的员工招聘不仅有助于酒店短期运营目标的达成,还能加快促进酒店或酒店集团长期发展战略的实现。优质高效的招聘能有效提升酒店团队的凝聚力,提升酒店的核心竞争力,加快人才培养的速度,最终实现酒店或酒店集团良性、可持续发展的宏伟目标,因此招聘工作的质量和成效至关重要。招聘工作的成效决定着酒店是否能吸引到最优秀的人员,是否能招聘到最佳的合适人选,是否能以最高效的方式和方法令新员工融入团队,充分发挥其价值与作用。为达到其预期,酒店在招聘时首先需要恪守招聘的基本原则。

1. 遵纪守法原则

酒店的所有招聘行为包括广告宣传、面试过程、合同签署等均须严格遵守国家和本地区的相关法律法规、政策要求。

2. 公平一致原则

酒店一旦确认职位空缺,应向所有应聘者提供均等的工作机会,不应该因为应聘者的性别、年龄、民族、宗教信仰和推荐人不同而给予不同的考虑。

3. 内部优先原则

酒店或酒店集团为认可员工优秀的表现行为,提升员工士气,增强员工的自信心,加速员工发展,在出现岗位空缺时,应当优先考虑从酒店或酒店集团内部挖掘人才,将空缺信息优先在酒店内部或酒店集团进行发布。所有在职员工均可提出应聘申请,员工按规定程序应聘,人力资源部对所有应聘者进行选拔、考核录用。酒店人才发掘的优先原则是:酒店内部、酒店集团内部、外部本地资源、国际资源。

4. 宁缺毋滥原则

酒店招聘的人员质量直接关系到酒店服务与产品的质量,关系到酒店可持续发展的战略。招聘的目标是招到最佳合适人才,因此在挑选合适人选时必须将应聘岗位的工作职责描述、应聘岗位胜任力模型(或胜任力标准)及酒店核心价值观作为面试评价基础。特别是酒店亟须招聘人员时,坚持本原则尤为重要,否则将为后续控制人员流失率、提升服务质量、凝聚团队士气等管理工作埋下伏笔,平添难度。

## 四、招聘的渠道与流程

### (一)招聘的渠道

招聘渠道是酒店吸引、获取候选人信息的方法和路径。针对不同的目标候选人群,酒店常用的招聘渠道主要分为线上及线下两种,如表2-1所示。

表2-1 招聘渠道的应用

| 渠道名称 | 作　　　用 | 主要目标候选人群 |
| --- | --- | --- |
| 线　　上 | | |
| 网络招聘 | 可以提供给候选人投递简历及允许酒店有效投放招聘广告的招聘网站 | 员工及中基层管理者 |
| 酒店网站 | 本酒店或者本酒店集团的官网 | 员工及中基层管理者 |
| 社交网站 | 主要社交招聘网站 | 中高层管理者 |
| 线　　下 | | |
| 关系网络 | 本行业或其他相关行业组织的成员,他们可以提供潜在候选人的信息 | 中高层管理者及市场稀缺人才 |
| 校园招聘 | 大学、院校或职业院校是招聘应届毕业生或实习生的主要渠道 | 实习生、管理培训生 |
| 现场招聘 | 本地区或异地专业或综合性人才招聘会 | 员工及基层管理者 |
| 内部招聘 | 酒店内部员工符合应聘条件,愿意并有能力从事其他岗位工作,申请内部招聘的职位 | 员工级别为主 |

续表

| 渠道名称 | 作用 | 主要目标候选人群 |
|---|---|---|
| 内部推荐 | 由酒店或酒店集团内部员工推荐招聘岗位的合适候选人 | 员工及中基层管理者 |
| 猎头公司 | 用来招聘高级别人才的途径 | 总经理及以上级别或市场稀缺人才 |
| 纸媒招聘 | 根据空缺职位的特点，本地或全国性的纸媒渠道可能是最合适的 | 员工级别为主 |

## （二）招聘的流程

（1）酒店财政年初，各部门总监/经理需要协同酒店人力资源部根据酒店财政年度的实际运营需要及酒店人员预算，对各部门的年度人员编制、人员预算、招聘计划进行沟通与确认，并将共同确认后的部门人员编制、人员预算、招聘计划上报酒店管理部门审核批准。

（2）财年中每月固定日期前（例如，每月20日前），部门总监/经理根据实际运营需要，明确本部门1~2个月周期内计划招聘的职位，并将招聘需求向人力资源部提交（包括填写人员申请表，见表2-2）。

表2-2 人员申请表

Department　　　　　　　　　　Position　　　　　　　　　　　　Band
部门：_____　　　职位：_____　　　职级：_____
Commencement Date　　　　　　Gender　　　　　　　　　　　　Salary
入职日期：_____　　　性别：_____　　　薪金：_____

Type of Position
职位类别：
☐New Position　　　　☐Replacement　　　　☐Internal Transfer　　　　☐Others
　职位新增　　　　　　　补充空缺　　　　　　　内部调转　　　　　　　　其他变更请说明：_____

Type of Staff
申请员工类别：
☐Permanent Staff　　　☐Trainee　　　　　☐Casual Labor　　　　☐Others
　正式员工　　　　　　　实习生　　　　　　　劳务工　　　　　　　　其他_____

Budgeted Manning　　　　　　　Actual Manning　　　　　　　　Number of Manning Required
人员编制：_____　　　现有人数：_____　　　本次申请人数：_____

Justification
解释说明：_____
_____

Qualification Required
聘用人员资历要求：
_____

续表

Experience
工作经验：_____
_____

Language
语言：_____

Others
其他要求：_____
_____

| Department Heads | Human Resources Director | Financial Controller | General Manager |
| 部门总监/经理 | 人力资源总监 | 财务总监 | 总经理 |

Original：Human Resources　　　　　　　　　　Blue：Department Concerned
原件：人力资源部　　　　　　　　　　　　　　蓝色：相关部门

（3）酒店人力资源部在收到部门的招聘需求后，将其与年度人员预算、招聘计划进行核对（原则上新增职位必须于年初时已编入年度人员预算和招聘计划中），核对无误后确定招聘渠道、招聘职位的级别和薪资范围（原则上补缺职位将延续原先的级别和薪资范围），与用人部门总监或经理沟通一致并将相关申请文件准备齐全后，于每月固定日期前（例如，每月 22 日）提交酒店管理部门审批（审批人通常包括人力资源总监/财务总监/总经理/业主代表等）。

（4）酒店人力资源部在收到审批结果后，将通过审批的职位纳入招聘流程，包括：通过已确定的招聘渠道发布招聘信息并筛选简历；人力资源部对应聘简历资料进行收集、分类、归档，按照应聘岗位的工作职责描述、任职要求进行筛选。

（5）人力资源部按照本酒店不同级别的招聘面试指南表对筛选合格的候选人进行面试预约及初次面试。候选人在参加面试之前需要填写酒店职位申请表。

（6）酒店人力资源部将符合任职要求并通过初次面试的候选人简历及初次面试结果推荐给用人部门，用人部门根据人力资源部的推荐意见及有关简历材料，对初次面试合格的候选人选进行二次面试和业务水平测试。用人部门负责人不得给予应聘者任何聘任承诺，包括薪资、职务、级别等。所有的聘任决定均由人力资源部处理。人力资源部在完成所有招聘手续并经酒店管理部门批准后，将会通知合格的应聘者。

（7）通常情况下，候选人需经过二次或三次面试，根据不同的应聘职位决定面试次数（见表 2-3）。

表 2-3　面试筛选轮数

| 面试环节 | 面试岗位 ||
| --- | --- | --- |
|  | 员工/主管 | 经理 |
| 第一次面试 | 招聘经理/直接经理 | 人力资源总监 |
| 第二次面试 | 部门经理/部门总监 | 部门总监/总经理 |
| 第三次面试 | 总经理（视必要性） | 总经理及业主代表（视必要性） |

（8）候选人经过最终面试合格后，人力资源部将对候选人进行至少两次不同工作经历的背景调查。

（9）背景调查合格后，人力资源部将候选人职位申请表、背景调查表、面试指南表转用人部门签署最终聘用意见并确认薪酬。用人部门同意聘用后，不同职位、不同级别的人员按不同的审批权限进行批准。

（10）人力资源部获得最终审批的职位申请表后，向候选人发放聘任函，招聘流程完成并进入入职流程（见表2-2）。

## 五、招聘广告设计

应聘者初次了解应聘酒店或应聘酒店所属酒店集团的情况时，往往是通过酒店发布的在线招聘广告，因此招聘广告的吸引力和准确性至关重要。为了使招聘广告兼具一致性和吸引力，酒店需要使用符合酒店品牌标准的招聘广告模板，通常招聘广告需要涵盖如下内容：酒店名称、酒店及品牌标识、招聘职位、职位描述、岗位要求、酒店提供的专享福利及发展机会、酒店或酒店集团官网链接（涵盖酒店或酒店品牌介绍、酒店或酒店集团核心文化、所获殊荣、招聘信息等）、酒店地址、联系人员、联系方式（电话、邮箱）、职位申请二维码，如图2-3所示。

图 2-3  招聘广告范例

在设计招聘广告时，需要符合如下要求。

1. 内容真实、合规合法

不得发布任何虚假广告信息，如酒店所提供的专享福利及发展机会真实准确等。广告所含信息均符合国家及当地的劳动法律法规及规范性文件，不得出现招聘歧视等内容。

2. 简洁规范、语言生动

广告编写用词精准,引发兴趣,突出重点,突出企业优势及岗位成长优越性。

3. 排版新颖、图文并茂

版面简洁,引人注意,针对招聘职位及目标群体特点选择图片、搭配色彩。

4. 点燃激情、激发行动

根据目标群体的职业发展需求,运用充满激情的语言渲染该职业或职位吸引人的优势,促使其投递简历,申请职位。

 **扩展知识**

内部员工推荐奖励计划:旨在认可和奖励在职员工成功向酒店推荐潜在人才的政策,是通过在职酒店员工向候选人宣传酒店的工作环境、氛围、工作内容等,展现在职员工践行企业价值观、协作共赢的职业精神,以帮助酒店开拓招聘渠道,提升招聘质量和效率,以及宣传酒店的品牌。

在职员工根据酒店发布的招聘信息,填写候选人推荐表。员工推荐的人才一旦被录用,顺利通过试用期评估并服务期满3个月以上的,酒店将给予推荐人一定金额奖励;被推荐人才服务期满6个月以上的,推荐人将另外获得一定金额奖励。

人力资源部每月通过邮件、员工文化廊或是其他内部沟通渠道公布成功推荐的信息,以及时沟通和鼓励各部门之间相互学习和借鉴,共同持续促进酒店招聘工作的开展。此外,人力资源部必须向财务部提交每月成功推荐报表,以便及时根据酒店具体奖励政策发放奖励,奖励将与工资一起发放。人力资源部需要每月对奖励计划政策进行跟踪评估并提交跟踪报告。

【主要术语】

1. 胜任力模型:酒店针对特定岗位或级别人员的技能、态度、知识及职业素养提出要求,并将这些能力要求应用到人才管理系统中。

2. 背景调查:指通过特定方式核查候选人背景资料及过往工作表现、能力表现等的真实性和有效性。

3. 入职顾问:指具有良好沟通能力,了解并践行酒店核心价值观,有丰富的工作经验,指导新同事顺利进入新角色,融入新团队的员工。

**训练题 2-1**

一、自测题

1. 酒店是否可以在招聘广告上限定招聘对象的年龄、性别?为什么?
2. 为了提高招聘效率,酒店是否可以在招聘基层员工时不做背景调查?为什么?
3. 如果用人部门已经做过员工离职面谈,人力资源部是否可以不用再做离职面谈?为什么?
4. 用人部门负责人是否可以在面试时给予应聘者薪资的承诺?为什么?

二、讨论题

1. 本项目案例中,财务总监所说的由于酒店各部门都面临人员紧缺的情况,因此拒绝酒店内部招聘的做法正确吗？为什么？

2. 如果酒店没有实施新员工入职计划的相关措施，将会给酒店带来哪些风险？

三、实践题

以小组为单位，调研本市一家四星或五星级酒店员工入职后 3 个月内的流失率情况，对比所了解到的该酒店从源头开始关爱员工的相关措施，浅析酒店新员工入职计划的重要性。

## 项目实训 2-1　酒店招聘广告设计

### 【任务概述】

本实训任务基于对员工招聘的学习任务中招聘的含义、招聘之旅的演变、招聘渠道与流程中的相关知识要点，要求学生将其理论知识点转化为实际操作技能，帮助学生更深层次掌握在招聘过程中如何有效倾听、建立与目标候选人的联系，以及如何有效吸引目标候选人群体的技巧，提升学生在学习过程中主动思考的能力及实际操作的能力。

### 【实训任务内容】

A＋酒店坐落于某二线城市的市中心位置。酒店共有 290 间可售房，5 个充满东西方文化色彩、聚集南北美食、风格迥异的中西餐厅，酒店年平均出租率 80％。该酒店是所在城市第一家五星级酒店商务酒店。自 2000 年 1 月份开业以来曾多次荣获所在城市旅游服务行业最佳企业、最佳雇主、最佳服务、最佳品牌等多项大奖。该酒店的核心价值观是诚实、热情、卓越、共赢。酒店员工编制为 240 人，实有正式员工 190 人。目前酒店急需招聘下列岗位人员，具体招聘空缺信息见表 2-4。

表 2-4　空缺信息

| 部门 | 职位 | 空缺名额 |
| --- | --- | --- |
| 餐饮部 | 彩蝶轩餐厅服务员（中餐厅） | 3 |

### 【实训任务要求】

请根据该酒店背景信息及空缺岗位信息，设计制作酒店招聘渠道的招聘宣传广告。要求该招聘广告具有吸引力，文字简洁清晰，突出招聘岗位优势，能够激发应聘者应聘愿望。针对空缺岗位招聘目标群体的特点，广告排版新颖，体现酒店的核心价值观。该招聘广告需要包括酒店名称、地址、招聘联系人员、联系方式、招聘职位、职位描述、职位要求、酒店提供的福利待遇或特殊专享，应聘者申请方式等。

## 任务 2.2　酒店员工选拔

### 任务概述

本任务是"酒店员工招聘"项目的第二个任务，本任务学习内容包括面试目的与面试结构、行为能力面试技巧的概念、行为能力面试技巧的实际应用、企业核心价值观及胜任力模型在人才招聘中的重要性、背景调查的内容与作用。通过本任务的学习,学生将能了解面试的目的、阐述面试结构的四大组成部分,阐述STAR提问技巧所涵盖的四个要素、清楚行为能力面试技巧的实际应用、认知企业核心价值观及胜任力模型在面试中的重要作用、清楚了解背景调查原因与内容,使学生具备招聘面试时所需要的基础知识和相关技能,具备应对在员工面试过程中发现问题、分析问题和解决问题的能力。

## 案例导入

张诚是一家国际品牌酒店的招聘经理,和其他招聘经理一样,她不仅面临招人难的挑战,还一直被招聘中的另一大难题所困扰,那就是如何提升面试选人的准确度。换言之,就是如何减少选错人的失误,从而有效提升人岗匹配率。

张诚发现在员工面试时,往往有一部分沟通能力强、思路清晰、善于表达的候选人给面试官的印象非常好,因此这部分人面试的成功率很高。但他们其中一部分人在入职后的实际工作表现与面试时的表现大相径庭,甚至一部分人入职后未能通过试用期。另一部分员工入职后不超过3个月就会主动提出辞职,主要是因无法融入团队或其能力不匹配岗位的需求,为此给用人部门的工作带来了诸多的不利。张诚还发现面试时有一部分不善言谈,甚至是少言寡语的候选人却在入职后的工作中表现很出色,令人意想不到。但遗憾的是,在面试时不善言谈的候选人通常会在第一次筛选面试时不被看好,他们被选中的概率远远低于那些在面试时沟通能力强的人,偶尔有个别不善言谈的候选人被选择留下来办理入职,也是凭借着面试官"押宝"式的冒险和"矬子里拔将军"式的无奈勉强留下来的。

张诚还清楚地记得她最近一次给餐厅经理候选人面试时的经历,她像往常一样提问一位餐厅经理候选人"你觉得自己最大的优点是什么?"候选人面带微笑,几乎脱口而出地回答道:积极乐观,不畏艰难,敢于突破,追求卓越,乐于助人,甘于奉献,团结同事,大局为重。张诚觉得这位候选人有团队意识,有大局观念,能带领团队克服困难,具备积极乐观的精神和精益求精的工作态度,这正是酒店所寻找的人。由于这位候选人给张诚的第一印象很阳光,后面的面试问题回答得也都很到位,很有逻辑性,加之他也有餐厅经理的工作经验,于是这位候选人顺利地通过了初筛面试。在部门的第二次面试中,这位候选人也顺利过关。遗憾的是,这位候选人在入职后不到三个月就由于"个人原因"提出了辞职。据用人部门反映,该部门经过两个多月的观察,发现该经理入职后未能快速融入团队,在下属需要帮助的时候缺少必要的耐心,平时与下属的沟通不足。员工对这位经理的信任度不高,并且有部分员工不愿意配合其工作,该经理的工作推进受阻,感觉压力很大。用人部门觉得这可能是该经理提出辞职的主要原因。

张诚得到用人部门的反馈后更加困惑不解,为什么这位经理在面试时,如此清晰表达的积极乐观、不畏艰难的工作精神和态度到现实工作中那么不堪一击?为什么面试时的"乐于助人,团结同事"的慷慨陈词到工作岗位上就快速荡然无存?到底应该如何选人?在面试时该如何询问?该询问哪些问题?怎样才能甄别出最佳的、适合的候选人呢?

**思考和讨论:**
1. 案例中出现的现象对面试官来说是哪个环节出现了问题?

2. 面试时应该依据什么要素去判断候选人是否合适？如何在面试时有效区分"找工作能力强的人"和"干工作能力强的人"从而能有效提升面试选人的准确度？

3. 你认为面试时应该询问哪些问题才有助于提升面试选人的精准度？

## 一、面试目的及面试的结构

面试目的是让酒店有机会更好地了解应聘者，向应聘者提供展现自我的机会；评估应聘者的专业技能和知识水平是否符合应聘岗位的要求，考查应聘者的行为特征是否契合酒店应聘岗位的胜任力模型（或胜任力标准），甄别应聘者的组织匹配度（即个人价值观与酒店的核心价值观是否一致），最终挑选出最合适的人员；同时宣传、推广酒店或酒店集团，扩大酒店的知名度和美誉度。

面试的质量和准确度决定着酒店服务及产品的品质、酒店品牌的实力、酒店市场的竞争力、员工队伍的稳定性及员工团队的士气、员工招聘成本及酒店可持续性发展战略的实现。

面试结构是根据应聘职位的胜任特征要求，遵循固定的程序，采用预先设计的面试问题、评价标准和评价方法，通过专业的行为能力面试提问方式，提问并评价应聘者是否符合应聘岗位要求的面试方法。

面试结构由四部分组成，如图2-4所示。

图 2-4　面试结构

在学习面试技巧之前需要清楚地了解面试的目的及面试的结构，了解面试结构中每个组成部分的具体内容及其结构之间的逻辑关系，更有效地把握行为能力面试的每个步骤及掌握面试的核心技巧，全面提升面试的质量和精准度。

## 二、行为能力面试技巧的概念

行为能力面试技巧是当今数字化时代在面试中广泛使用的"基于行为的面试技巧"，与应聘岗位的职责描述、胜任力标准及企业核心价值观相结合，通过向候选人提出合适的问题考察、评估、判断其过往的行为倾向及决定行为的态度、个性特征、动机和价值观，有效预测候选人未来在企业的绩效表现及对该企业核心价值观的适应度、契合度，避免面试官在面试时仅凭个人经验或感情用事所产生的误判，减少或避免面试中以偏概全或一叶障目的情况。

行为能力面试技巧的成功率和准确率大大高于传统的面试方法，其核心内容包括以下方面。

（1）根据应聘岗位所对应的职能、胜任力标准及企业核心价值观，通过面试官专业的提问，要求候选人按照STAR模式描述其在过去工作中的"具体行为事例"。依据候选人展现出来的过往工作方式、技能、态度、个性特质、行为动机进行评估和判断。候选人过去的工作的行为能最好地显现将来的行为表现。例如,在本任务的案例中,我们发现,由于招聘经理张诚没有使用行为能力面试技巧,没有遵循 STAR 提问模式,而只是使用了传统的面试提问方式,因此她所获得的餐厅经理候选人关于"个人优点"的回答听上去非常契合所应聘企业的需求度,好像正是张诚所寻找的合适人选。但事实证明,这位候选人并不是合适的人选,这次的面试显然是失误的。造成失误的原因正是张诚在面试时所使用的提问方式。这种传统式的直接询问"你觉得自己最大的优点是什么"无法测量出候选人过往的工作方式、技能及行为动机等重要特征,因此也就无法有效预测和判断该候选人入职后的行为表现(该如何使用 STAR 提问模型,请详见本项内容第(3)点)。

(2) 严格控制面试的过程,确保面试中有明确的评分标准,有预先设计的面试问题和针对面试问题预先确定的"可接受"行为指标。

(3) STAR 提问模式,为了获得候选人真实完整的回答,在面试时应使用 STAR 提问技巧。当候选人对过往经历或工作中某一事件的描述能够涵盖 S(Situation)情形、T(Task)任务、A(Action)行为、R(Result)结果四个要素时,这个回答则是完整并具有较高可信度的,面试官通过有针对性的提问来提示候选人做出符合要求的回答(见表 2-5)。

表 2-5　STAR 面试模式

| STAR | 情形(Situation) | 任务(Task) | 行为(Action) | 结果(Result) |
| --- | --- | --- | --- | --- |
| 定义 | 候选人是在何种情形下取得的工作业绩或完成任务的 | 候选人为取得业绩或完成任务而承担的角色或任务 | 候选人为完成任务而采取的行动 | 候选人最终取得的工作业绩或感悟、收获 |
| 问题范例 | • 当时您遇到什么样的情况<br>• 为什么要推出这项新的服务项目<br>• 这个项目能获得多少预算<br>• 您有多少时间完成这个项目<br>• 请描述项目团队里同事的情况 | • 为实现目标您需要做什么<br>• 这项服务新举措的范围涉及哪些部门<br>• 您必须克服的困难是哪些<br>• 您在这个项目中担任什么角色 | • 为解决问题您都做了什么<br>• 请说明您行动的步骤<br>• 在此期间您有没有修正自己的行动<br>• 当您发现××部门合作不顺畅后,您做了什么 | • 最终您取得了什么结果<br>• 您的客人、上级或同事是如何评价这个结果的<br>• 您从这样的结果中获得了什么经验教训 |
| 提问举例 | 例如,甄别餐厅经理候选人积极主动的态度:<br>请讲述一次您通过有效的团队合作成功满足客人/同事需求的经历 | | | |
| | • 当时是什么情况<br>• 为什么团队合作很重要 | 当时您承担了什么角色 | • 您是如何让其他人参与其中的<br>• 他们是如何提供帮助的 | • 结果如何<br>• 您如何知道对方的需求得到了满足<br>• 您从这件事中获得的感悟是什么 |

## 三、行为能力面试技巧的实际应用

我们已经了解了面试的结构是由"找出关键需求、准备面试、进行面试、评估选择"四部分组成,下面我们来学习如何在实际招聘工作中具体应用这些技巧。

1. 找出关键需求

(1) 用人部门经理和招聘负责人根据应聘职位的岗位职责描述和任职要求,分析并确认胜任该职位所需的岗位关键技术能力要素、职位胜任力要素、企业核心价值观要素。

在本任务案例中,张诚招聘了一位餐厅经理。遵循面试结构,在进行面试前,张诚首先要和餐饮部负责人一起根据该酒店餐厅经理的岗位职责描述、任职要求、应聘职位的胜任力模型及本企业核心价值观进行讨论并从中确认出最关键能力要素。

① 岗位关键技术能力要素。例如,从该酒店餐厅经理岗位职责描述的若干项技术能力要求中,确定该职务候选人的关键技术能力要素是具备餐厅运营管理能力,有效监测和控制成本,确保准确的盈亏预测,以满足业务目标的能力、市场推广及业务开发能力。

② 胜任力要素。依据该酒店管理者胜任力模型,从多项胜任力中确定候选人应该具备的胜任力是驱动结果的能力、发展员工的能力、全面协作的能力。

③ 核心价值观要素。依据该酒店核心价值观,确定候选人个人价值观应该在追求卓越、体现关爱、宾客至上三方面与企业核心价值观高度契合。

(2) 对岗位职责描述和任职要求、胜任力及价值观进行分析确认时,可以考虑以下问题。

① 应聘岗位最重要的职责和需要交付的工作成果是什么?(例如,餐厅运营管理职责和有效控制成本及实现业务目标的工作结果)

② 需要解决的问题和面临的挑战是什么?(例如,解决员工的培养与发展问题,面临市场推广及业务开发的挑战)

③ 服务的内、外部客人的期望是什么?(例如,内部期望是有效培养员工并与其他团队全面协作;外部期望是产品创新并提供超期望值的优质服务)

④ 哪些特质和技能是能够逐步培养的?哪些是开始时就必须具备的?(例如,餐厅经理候选人的价值观、胜任力及基本管理技能是在入职开始时就需要具备的)

2. 准备面试

(1) 准备合适的问题

当确定应聘职位所需的岗位关键技术能力要素、胜任力要素及企业核心价值观要素后,在既定面试指南的问题题库中选择合适的相关面试问题。一般针对每种能力要素需要进行不少于2~3项能力考察,而针对其中每项能力需要准备提问2~3个问题。

例如,在考察餐厅经理胜任力这种能力要素时,提前确定考察的内容为驱动结果、发展员工、全面协作三项能力。针对这三项能力中的每项能力,需要提前按照STAR模型准备好不少于2~3个合适的问题。例如,针对驱动结果能力,可以准备如下提问。

① 请讲述一次你为了实现业务目标,必须克服一个很大困难的经历。当时的情形是怎么样的?你的业务目标是什么?你采取了哪些措施?结果如何?

② 请描述一次你认识到继续尝试也无助于实现目标的经历。当时发现了什么?你在其中的角色是什么?你做了哪些尝试?最终结果如何?你从这次经历中获得的感悟是什么?

③ 请谈一谈你去年的三项最重要的工作目标。目标是什么?为了实现这些工作目标,

你采取了哪些步骤？你是如何衡量每个步骤的？结果怎样？

（2）掌握能力要素指标及评分标准

掌握面试指南中既定的各项能力要素的指标及评分标准，当候选人在回答面试问题时，面试官视情况在面试指南中备注好相关所描述的行为证明。

比如，成效结果指标：设定挑战性的目标并不断超越；即使在困难或变化的情况下仍然取得成绩，承担完成目标的责任；持续激发个人及团队的责任感以有效推动长远目标的实现；明确各项业绩期望，通过行动及正确决策，成功地带领团队成员努力超越目标。

比如，评分标准：1分，不适合/不符合指标；2分，不太适合/在某些方面符合指标，但在一些重要方面存在不足；3分，可以接受/与指标基本一致，但在某几个方面表现不佳；4分，比较适合/非常符合指标，只在一些细小的地方不符；5分，非常适合/完全符合指标。

（3）仔细阅读并识别候选人简历

确定主面试官和其他面试官，多个面试官参与面试的效果往往更好，因为可以获得不同的见解。准备合适的面试场地，以及准备面试所需相关资料。识别简历注意事项如下。

① 简历通常包括基本信息、教育及培训经历、工作经历、个人成就、自我评价、求职意向及其他信息。

② 关注年龄，考虑候选人职业发展阶段及与所应聘团队成员年龄契合度。

③ 关注教育及培训经历，考察与应聘岗位工作的相关性及有效性。

④ 关注工作经历，考察候选人职业生涯的发展趋向及成长性，考虑其工作经验及过去专业的高度、广度、深度对所应聘岗位专业度的影响。

⑤ 如果工作经历中出现中断期，分析并澄清离职原因。

⑥ 参照个人成就及自我评价考察候选人个性特征、能力与应聘岗位的匹配度、逻辑思维能力、文字表达能力。

⑦ 参照求职意向及期待薪资，了解候选人期望与应聘企业需求的匹配度。

⑧ 认真、全面识别简历的真实性。

3. 进行面试

（1）进行面试前的准备（面试前），包括打印并回顾候选人简历内容，准备候选人职位申请表及面试指南，检查面试房间及环境。

（2）欢迎、问候候选人，面试官做自我介绍。亲切友好地欢迎候选人可以缓解紧张气氛，有利于在面试中获得真实信息；不要让候选人久等，并提供茶或咖啡等饮品。

（3）介绍面试目的和流程，阐明面试目的是了解候选人履历情况，面试持续时间一般约为50分钟；候选人有机会提问。面试官提前告知候选人将会对谈话有所记录。

（4）开始面试主体（面试中），仔细阅读职位申请表，根据预先准备的问题，对教育及培训经历、详细履历、工作职责、对应的知识、技能、工作业绩和离职动机等提问并做好面试笔记；为获得真实完整的回答，使用STAR技巧来提问。注意谈话的比例，面试是双向交流（请让候选人多说，并注意把控他/她不要离题）。

（5）了解候选人现在的薪资福利情况及其对未来薪资福利的期望，包括基本工资、奖金、商业医疗保险、社保和公积金缴纳、带薪假期、离职通知期等。

(6)面试结束(面试后),澄清尚未了解的问题并请候选人提问,说明下一步的安排并对候选人表示感谢,同时送别候选人。

4. 评估选择

(1)整理面试资料。面试资料包括候选人的简历、职位申请表、面试笔记,并填写招聘指南中的"总体信息",以及面试评分表。

(2)组织面试团队评估候选人。组织面试团队对候选人的情况进行综合评估,包括给对应的能力行为及汇总评估打分。

(3)确定最终人选。总结面试团队成员对候选人的评价,确定下一步的行动,确保录用最合适而非最优秀的候选人。

## 四、企业核心价值观及胜任力模型在人才招聘中的作用

为了有效避开面试时的"陷阱",减少选人时的误判,我们不仅需要使用专业的STAR提问技巧对其所应聘职务的专业职能能力进行询问及考察,我们还需要对其个人价值观及其胜任力进行考察,原因是人的行为是受其深层次个性、动机、价值观影响和决定的。依据美国著名心理学家麦克利兰于1973年提出的冰山模型,将人员个体素质的不同表现划分为"冰山以上部分"和"冰山以下部分"(见图2-5)。"冰山以上部分"包括个体基本信息、专业知识、技能,是外在表现,容易被了解与测量的,是可以通过培训来改变和提升的。而"冰山以下部分"包括态度、个性、动机和价值观,是人内在的、难以测量的部分。它们不容易通过外界的影响而得到改变,但对人员的行为与表现起着关键性的作用。我们在面试选人时需要更加关注和着重考察"冰山以下部分",因为这部分素质很难改变。酒店人才的质量从选人的源头就需要严格把关,选对人很重要。

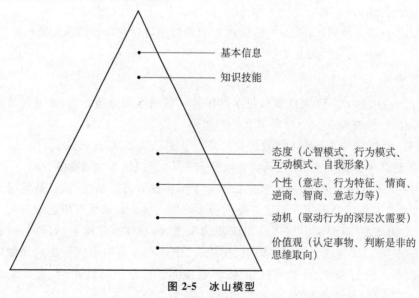

图2-5 冰山模型

为此酒店在面试候选人时,利用STAR行为能力面试法,根据应聘岗位的职责描述甄别其专业知识和技能,利用应聘岗位对应的胜任力标准评估其深层次的个性特质、行为特

征及动机,根据企业核心价值观判断其个人价值观与组织的匹配度,从而筛选出德才兼备,与企业核心价值观一致的合适人才。如果在面试时未能参照酒店的核心价值观及胜任力模型甄别候选人深层次的行为素质,将会大幅降低招聘的精准度,降低人岗匹配度,不仅会造成招聘成本上的损失,而且可能会造成团队士气涣散、拉帮结派、结党营私、企业文化被污染等不可估量的损失。因此企业核心价值观及胜任力模型在人才招聘中起着至关重要的作用。

## 五、背景调查的内容与作用

当候选人经过最终面试合格后,人力资源部将对候选人进行至少两次不同工作经历的背景调查。背景调查的目的是企业在录用候选人之前不仅核实个人履历信息的真实性,包括职位、薪资水平、具体职责、雇用日期、教育或培训经历、离职原因、工作表现、性格特征、不良记录、优势与不足等,同时也是对候选人诚实性的考察。

背景调查的作用是降低酒店用工风险,提高招聘准确率,是保证招聘质量的重要手段之一。为了更全面地调查候选人相关信息,做背景调查时需要使用结构化的背景调查表格(见表2-6),以防遗漏重要信息,并做好书面记录以作为录用或拒绝候选人的相关依据。

**表2-6 背景调查表**

| |
|---|
| 在正式聘用任何新员工前应对其进行至少2次背景调查,并将背景调查报告存放于该员工个人档案中。 |
| **核实**<br>核实工作汇报关系(如提供背景调查信息者非候选人直接汇报工作的对象,则不继续进行背景调查)。<br>核实候选人职位、具体职责、工作表现、能力表现、性格特征、行为风格等。<br>核实候选人基本信息(可以向人力资源部进行核实)。核实候选人职位、薪资水平、雇用日期、教育或培训经历、离职原因、奖惩记录、出勤记录等。 |
| **总体**<br>询问一些关于候选人的性格特征、行为风格、诚信和声誉、遵守纪律、出勤记录等情况。请使用开放式问题。(例如,您能否评价一下候选人的整体性格?请描述一个具体事例。他/她的奖惩记录是怎么样的?您如何评价他/她的个人诚信表现,请描述具体事例。) |
| **强项**<br>确定候选人最明显的优势。(例如,您能否评价一下候选人的显著优势,请描述一个具体事例。) |
| **发展领域**<br>使用开放式问题询问个人发展领域的情况。(例如,当开展工作时,哪些方面是候选者需要加强或提升的?请描述一个具体事例。)<br>深入了解候选人是否有设法克服这些方面不足的情况。(例如,在你的记忆里,他/她是否有被给予机会发展或加强哪些方面呢?例如,通过辅导或培训的机会,等等。您觉得他/她成功了吗?如果没有,是什么原因造成的?请描述具体事例。) |
| **适用于应聘酒店职位的能力评价**<br>参照工作中所需的能力要素,了解候选人的表现,得到反馈信息。(例如,您如何评价候选人在工作中以下方面的表现,请描述具体事例。)<br>• 专业技术能力;管理技巧;客户服务技巧。<br>• 添加任何其他你想要调查的关键技能。(例如,计划能力、沟通能力、合作能力、组织能力、执行能力等。) |

续表

**适用于应聘酒店的企业文化评价**
参照企业文化的行为准则,深入了解候选人的行为表现。(例如,您如何评价候选人在工作中关爱他人的能力?请描述具体事例。)

**离职原因**
确认终止合同或辞职的主要原因。(您是否能回忆一下候选人离职的主要原因?如果再给您一次机会,您愿意再次聘用候选人吗?为什么愿意/为什么不愿意?)

**结束**
感谢背景调查协助者给予的时间和评述,并知会对方,酒店对候选人遵循一个全面的筛选过程,而此次背景调查只是诸多考虑因素中的一项。

**记录(随附表格)**
简洁地填写背景调查记录,签字并标注日期,将其附在面试记录后。

背景调查——记录

候选人姓名:
被询问者姓名:
被询问者与候选人关系:

候选人职位/职责/雇用日期/薪酬说明:
受雇历史:
职务:
工作期间:
酒店名称:

对方了解候选人的以下信息。
- 性格特征:
- 行为风格:
- 诚信:
- 声誉:
- 出勤记录:
- 奖惩记录:

向对方了解候选人最显著的强项。
·
·

向对方了解候选人表现不足的方面。
·
·

向对方了解候选人能力方面的评价。
- 专业技术能力:
- 管理技巧:
- 客户服务技巧:

向对方了解候选人体现应聘酒店企业文化的行为评价。
·
·

离职原因/是否愿意再次雇用他/她?
·
·

进行背景调查人员姓名(日期):
其他评价:

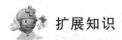 扩展知识

> 面试中的陷阱：在任何形式的面试中，面试官都应该对应聘者进行客观、公正、理性、公平地考察及评估。由于面试官的主观偏见，面试过程往往会受到个人偏好、价值观、个性、行为风格、歧视等因素的影响，使面试结果的客观性大打折扣，这些是面试中的陷阱，需要高度警觉并给予避免，特别是避免光环效应和草叉效应及歧视性。

1. 光环效应和草叉效应

光环效应是指在面试过程中，由于面试官的偏见，会对与自己拥有相似优势、背景或性格的应聘者产生先入为主的好感并在面试中产生连锁反应，持续向偏爱的应聘者提出简单问题来强化对其的肯定。即使应聘者在面试过程中表现出有些技能不理想或能力缺失，面试官也认为事出有因，可以接受。

草叉效应是指在面试过程中，由于面试官的偏见，当对应聘者产生不好的感受时，无论应聘者在面试时通过过往的行为展现出来的技能多么高强、素质多么优秀，面试官都认为应聘者是不合格的，即使过往有过对企业的特殊贡献或出色的业绩表现，也会被面试官认为是凑巧而已。

2. 歧视性

面试过程中，由于面试官的偏见，会因为应聘者与下列某种因素有关而产生歧视，并因此对应聘者产生非理性、不客观、偏离实际的看法或结论。例如，种族、宗教、性别、年龄、国籍、地域、工作背景、婚姻状况/家庭状况、智力、肢体状况等。

【主要术语】

岗位职责描述：通常简称 JD(job description)，是工作岗位的具体说明书，它包括该工作岗位的名称、工作目标、工作职责、任职资格及要求、工作所需的技能等。

## 训练题 2-2

一、自测题

1. 面试结构的四部分内容是什么？
2. STAR 提问技巧所涵盖的四个要素是什么？

二、讨论题

1. 面试时为什么要采用 STAR 提问技巧？这种提问技巧会给酒店招聘工作带来哪些益处？
2. 面试提问时为什么要涉及企业核心价值观和胜任力标准的相关问题？如果没有进行这两方面能力素质的测评与考察会给酒店带来哪些风险？

三、实践题

以小组为单位，调研本市两家同等星级酒店的员工招聘工作，对比这两家酒店招聘指南中的面试问题，浅析所列面试问题是否符合 STAR 提问法则？是否涉及对候选人应聘职位所需胜任力及企业核心价值观契合度的考察？该酒店面试问题的设计对酒店员工招聘工作可能产生的利弊是什么？

## 任务 2.3 酒店招聘评估

### 任务概述

本任务是"酒店员工招聘"项目的第三个任务,本任务学习内容包括招聘评估的重要性、招聘评估的标准、招聘评估所涵盖的主要内容及相关计算公式、招聘评估方法的实际应用及招聘数据分析。通过本任务的学习,学生将能描述招聘评估的定义及重要性,阐述招聘评估的主要内容及核算指标,了解判断招聘工作时效性的方法,掌握招聘评估的基本技能,使学生具备招聘工作的管理意识,具备招聘的成本意识、结果意识、质量意识,具备系统总结并评估招聘过程的意识,提升招聘过程中发现问题、分析问题和解决问题的能力。

### 案例导入

成明是一家城市商务酒店的人力资源经理,全面负责酒店的招聘工作。工作中,他不仅严谨认真、高效务实,更可贵的是他善于钻研、迎难而上、锐意进取。在他的带领下,酒店的招聘工作做得可谓成绩超群、非同一般,不仅能帮助酒店快速招聘到高质量、合适的人才,同时还大幅降低了员工的流失率,稳定了员工队伍,降低了员工招聘的成本。成明出色的工作表现不仅得到了酒店管理层的高度认可,还受到了业界同行们的钦佩与关注。

许多同行急切地向成明取经,询问他做好招聘工作的制胜法宝。成明认真地总结他这两年做招聘工作的经验,他深切地体会到,成功没有捷径,做招聘工作同样如此,需要将招聘工作的每一步做扎实、做到位,特别是招聘评估工作是必不可少的关键步骤。他谦虚地与同行交流并讲述了自从他开始认真按照招聘评估的标准和流程,细致评估招聘的每项工作后,整体的招聘工作逐步得到了全面的提升。因此成明认为,如果说他们团队的招聘工作取得了一点成绩,大部分原因是得益于招聘评估工作做到位了。那么成明他们的团队是怎么做的招聘评估呢?

思考和讨论:
1. 招聘评估的标准是什么?
2. 招聘数据分析通常包含哪些方面的数据?

### 一、招聘评估的重要性及实际应用

#### (一)招聘评估的含义

招聘评估是在完成招聘流程中各阶段工作的基础上,对整个招聘过程及结果进行检查、总结和评定。通过检查招聘目标完成率,总结招聘经验,发现招聘中的问题,持续优化招聘步骤,改进招聘方法和提高招聘水平。招聘评估是招聘工作中最重要的环节之一。

## （二）招聘评估的重要性

（1）有利于持续提升招聘工作的效率与效果。通过对招聘评估中招聘信度和效度的评估，清楚地了解招聘过程中所使用的方法是否正确有效，从而不断总结招聘经验、优化招聘方法和及时解决招聘过程中出现的问题，全面提升招聘工作的质量。

（2）有利于科学控制及有效节约招聘成本。通过对招聘过程中成本与效益的核算，正确分析招聘费用的各项支出。同时，通过对招聘工作成效性的客观分析与评估，根据招聘工作的实际需要对招聘成本进行科学的管理与有效控制。

（3）有利于系统提升人力资源管理工作。通过对招聘过程的评估与总结，不仅能提升招聘的质量和效率，同时为降低员工流失率、提升员工士气、凝聚团队力量、加速员工培养等一系列人力资源工作提供强而有力的支撑。

## （三）招聘评估的标准

（1）有效性。招聘面试时所选择的测试题目或测试项目应围绕应聘职务、应聘岗位的要求拟定测试题目或测试项目，测试内容必须与企业核心价值观相符合、与岗位所需胜任力要求一致、与工作性质相吻合。

（2）可靠性。招聘测试评判结果能客观反映应聘者的实际情况，测试成绩能表示应聘者在受试科目/内容方面的认知水平、个人价值观、行为特征、专业知识和技能等，这主要取决于选拔方法的效度。

（3）客观性。招聘者对应聘者进行客观的评价，不受主观因素的影响，如个人的偏见、偏好、价值观、个性、背景文化等因素的影响。

（4）广博性。招聘测试的内容需要综合全面，能测试出应聘岗位所要承担的综合能力；应注意测评内容是否具有完整性，能否全面反映应聘岗位所需的各项要求。

（5）经济性。评估招聘成本是否在预算范围之内，是否达到了招聘收益目标。

# 二、招聘数据分析

招聘数据分析主要是指通过对招聘结果成效、招聘方法成效及招聘渠道三个维度进行全过程相关数据收集、汇总、对比、分析和评估，三个维度也是招聘评估所包含的三项重要内容。通过数据分析与评估，发现招聘过程中存在的关键问题及薄弱环节，以便于有的放矢地解决问题，最终做到持续、高效、全面地提升招聘的质量与效率。

## （一）招聘结果成效评估

招聘结果成效评估是指对所招聘的员工数量、员工质量进行评估，同时对招聘中的费用进行统计、核实、分析并对照招聘计划和招聘预算进行评估的过程，也是鉴定招聘成效的重要指标。

### 1. 员工招聘数量评估的四项指标

（1）录用比

录用比是录用人数和应聘人数的比值，是最终产出率。该比率越小，对企业来说可供选择的人员越多,实际录用者的素质就可能越高,但同时也加大了企业的招聘成本;反之,则可能出现"矬子里面拔将军"的情况。

(2) 职位选择率

职位选择率是指某职位计划招聘人数与申请该职位人数的比值。选择率低于1.00的程度越大,组织挑选的余地就越大。

(3) 招聘完成比

招聘完成比是指录用人数和计划招聘人数的比值,是反映招聘完成情况的一个指标。如果招聘完成比大于或等于100%,则说明在数量上全面或超额完成招聘任务。比率越小,说明招聘员工数量越不足。

(4) 应聘比

应聘比是指应聘人数和计划招聘人数的比值,反映的是招聘宣传的力度和招聘广告的吸引力。该比率越大,说明组织的招聘信息发布得越广,发布的渠道越正确,越有效,组织的挑选余地越大,录用人员的素质可能会越高;反之,该比率越小,说明招聘信息发布不当或无效,组织的挑选余地越小。

员工招聘数量评估四项指标公式汇总如表2-7所示。

表2-7 员工招聘数量评估四项指标公式汇总

| 序号 | 指标 | 计算公式 |
| --- | --- | --- |
| 1 | 录用比 | $\frac{录用人数}{应聘人数} \times 100\%$ |
| 2 | 职位选择率 | $\frac{某职位计划招聘的人数}{申请该职务的人数} \times 100\%$ |
| 3 | 招聘完成比 | $\frac{录用人数}{计划招聘人数} \times 100\%$ |
| 4 | 应聘比 | $\frac{应聘人数}{计划招聘人数} \times 100\%$ |

2. 员工招聘质量评估的五项指标

(1) 录用合格率

录用合格率可以用来衡量胜任工作的录用人员人数占实际录用人数的比例。录用合格率高,说明招聘人员对企业的适合度高。

(2) 录用员工的稳定性

录用员工的稳定性可以用新员工离职率来衡量。新员工离职率高,说明新录用员工的稳定性低。

(3) 录用员工的成长性

录用员工的成长性是指新员工在入职后一定时间内的职务晋升、技能晋级。录用员工的成长性可以用新员工一年内晋升的人数占所有当期新员工人数的比率来衡量。

(4) 录用员工的业绩

录用员工的业绩是反映录用员工质量的指标之一,可以由人力资源部门或所在用人部门进行月度、季度或年度绩效考核来衡量录用员工的业绩。

### (5) 员工录用质量比

员工录用质量比是衡量员工招聘质量的指标之一。计算公式如下：

$$QH = \frac{PR + HP + HR}{N}$$

① $QH$，员工录用质量比。
② $PR$，新员工工作绩效的百分比。
③ $HP$，新员工一年内晋升的人数占所有当期新员工人数的比。
④ $HR$，新员工入职后一年后仍留在本企业的数量占原招聘的新员工总数的百分比。
⑤ $N$，指标的个数。

员工招聘质量评估五项指标公式汇总如表 2-8 所示。

表 2-8　员工招聘质量评估五项指标公式汇总

| 序号 | 指标 | 计算公式 |
| --- | --- | --- |
| 1 | 录用合格率 | $\frac{合格录用人数}{录用总人数} \times 100\%$ |
| 2 | 新员工离职率 | $\frac{新录用人员在一定时间内的离职数}{当期新录用人员的总数} \times 100\%$ |
| 3 | 录用员工的成长性 | $\frac{新录用人员在一定时间内的晋升人数}{当期新录用人员的总数} \times 100\%$ |
| 4 | 录用员工的业绩 | 由人力资源部门或所在用人部门进行月度、季度或年度绩效考核来衡量录用员工的业绩 |
| 5 | 员工录用质量比 | $QH = \frac{PR + HP + HR}{N}$ |

**3. 招聘费用评估包括招聘总成本评估及招聘成本效益评估**

(1) 招聘总成本评估

招聘总成本包括招募、甄选、录用、安置、离职、重置环节中的费用之和。招聘总成本评估是对招聘工作中所发生的所有费用进行调查、核实、统计，并参照一定的标准进行分析评价的活动。

招聘总成本＝招募成本＋甄选成本＋录用成本＋安置成本＋离职成本＋重置成本

(2) 招聘成本效益评估

招聘成本效益评估是对招聘成本所产生的效果进行分析，主要包括招聘总成本效用分析、招募成本效用分析、甄选成本效用分析和录用成本效用分析等。

① 招聘总成本效用分析。招聘总成本效用是指全部招聘费用对实际录用人数的效用，用录用人数除以招聘总成本来表示。

② 招募成本效用分析。招募成本效用是指招募工作的费用支出对吸引应聘者的效用，用应聘人数除以招募期间的费用来表示。

③ 甄选成本效用分析。甄选成本效用是指甄选所花费的费用支出对挑选应聘者的效用，用被选中人数除以甄选期间的费用来表示。

④ 录用成本效用分析。录用成本效用是指在录用过程中所发生的费用对正式录用应聘者的效用，用正式录用的人数除以录用期间的费用来表示。

## （二）招聘方法成效评估

招聘中甄选方法是否正确、有效、客观并具有一致性直接关系到招聘的质量和效果，因此在进行招聘方法成效评估时，主要是通过对招聘信度和效度进行评估。

### 1. 招聘信度

招聘信度是指招聘的可靠性程度，具体指通过某项测试所得的结果的稳定性和一致性。它包括稳定系数、等值系数和内部一致性信度。

（1）稳定系数是指同一种测试方法对一组应聘者在两个不同时间进行测试的结果的一致性，一致性可用两次结果之间的相关系数来测定。

（2）等值系数是指对同一应聘者使用两种内容、结构、难度等方面相当的测试题所得结构之间的一致性。

（3）内部一致性信度主要测验内部题目之间的关系，考查测验的各个题目是否测量了相同的内容或特质，即把同一（组）应聘者进行的同一测试分为若干部分，考查各部分所得结果之间的一致性。

### 2. 招聘效度

招聘效度是指招聘的有效性，具体指用人单位对应聘者真正测试到的品质、特点与其想要测试的品质、特点的符合程度，因此意向测试必须具备真正测定的功能才算有效。它包括预测效度、内容效度及同测效度。

（1）预测效度反映了测试用来预测将来行为的有效性。

（2）内容效度测试方法能测出想测的内容的程度，即测试所选择的题目或项目是否符合测试的目的和要求。

（3）同测效度对现有员工实施某种测试，然后将测试结果与员工的实际工作绩效考核得分进行比较。

## 三、招聘渠道评估

企业招聘通常会使用线上、线下多渠道进行招聘，如何判断哪种招聘渠道是最佳渠道，哪种渠道是低效，甚至是无效渠道，则需要对招聘渠道进行评估。换言之，企业想了解某一既定岗位空缺，到底哪一种招募来源的应聘者质量更好，这时它可以比较每个招募来源的产出率，据此确定最有效率的招募来源。

$$渠道录用比 = \frac{渠道实际录用人员}{收到简历总数} \times 100\%$$

$$岗位有效比 = \frac{岗位简历数}{渠道简历总数} \times 100\%$$

$$渠道招聘成本 = \frac{渠道成本}{渠道录用人数}$$

例如，某酒店某一既定岗位招聘相关数据统计，如表2-9所示。

表 2-9 某酒店招聘数据

| 项　　目 | 最佳东方 | 58同城 | 智联 | 员工推荐 | 酒店官网 | 本地招聘会 |
|---|---|---|---|---|---|---|
| 投递简历数量 | 35 | 50 | 50 | 20 | 30 | 65 |
| 接受面试人数 | 28 | 26 | 30 | 18 | 18 | 40 |
| 合格应聘人数 | 8 | 12 | 16 | 16 | 10 | 15 |
| 录用人数 | 3 | 5 | 9 | 14 | 4 | 5 |
| 成本 | 5 000 | 4 000 | 4 500 | 4 900 | 400 | 1 200 |
| 计划招聘人数 | 40 | | | | | |
| 招聘预算 | 20 000 | | | | | |

　　上述举例显示该酒店针对某一既定岗位空缺，计划招聘 40 人，通过 6 种不同的招聘渠道进行的招聘，我们可以通过比较各种不同招聘渠道的产出率评估每种渠道的优劣势，进而判断出最佳招聘渠道。

　　从表 2-10 的不同渠道产出率数据中可以清晰地发现，相对于某酒店所招聘的既定岗位，员工推荐和智联招聘渠道产出率最高。本地招聘会吸引了最多的应聘者投递简历，但其产出率及录用比最低。58 同城虽然吸引了较多的应聘者投递简历，但其录用比较低，单位雇用成本相对较高。最佳东方录用比不高，单位雇用成本最高。酒店官网录用比仅次于智联，但其成本最低，如果所招聘职位不紧急，可以充分发挥酒店官网的招聘作用。通过数据评估，可以判断对于所招聘的既定岗位而言，员工推荐为最佳招聘渠道，其次为酒店官网及智联。

表 2-10 某酒店招聘渠道分析结果

| 项　　目 | 最佳东方 | 58同城 | 智联 | 员工推荐 | 酒店官网 | 本地招聘会 |
|---|---|---|---|---|---|---|
| 投递简历数量 | 35 | 50 | 50 | 20 | 30 | 65 |
| 接受面试人数 | 28 | 26 | 30 | 18 | 18 | 40 |
| 产出率 | 80% | 52% | 60% | 90% | 60% | 62% |
| 合格应聘人数 | 8 | 12 | 16 | 16 | 10 | 15 |
| 产出率 | 29% | 46% | 53% | 89% | 56% | 38% |
| 录用人数 | 3 | 5 | 9 | 14 | 4 | 5 |
| 产出率 | 38% | 42% | 56% | 88% | 40% | 33% |
| 录用比 | 9% | 10% | 18% | 70% | 13% | 8% |
| 成本 | 5 000 | 4 000 | 4 500 | 4 900 | 400 | 1 200 |
| 单位雇用成本 | 1 667 | 800 | 500 | 350 | 100 | 240 |
| 计划招聘人数 | 40 | | | | | |
| 招聘完成比 | 100% | | | | | |
| 招聘预算 | 20 000 | | | | | |

【主要术语】

　　1. 招聘预算：每年的招聘预算应该是全年人力资源部门总预算的一部分。招聘预算主要包括招聘广告预算、招聘面试/测试预算、体检预算及其他预算，一般来说，各部分按 4∶3∶2∶1 的比例分配较为合理。

　　2. 招聘核算：招聘核算是指对招聘的经费使用情况进行度量、审计、计算、记录等。

## 训练题 2-3

**一、自测题**

1. 什么是招聘评估？
2. 招聘评估的标准有哪些？
3. 招聘评估所包含的三项重要内容是什么？
4. 什么是招聘信度和招聘效度？

**二、讨论题**

1. 酒店为什么需要进行招聘评估？如果不做招聘评估会给酒店带来哪些风险？
2. 为什么需要进行招聘渠道评估？可以使用哪些指标来进行招聘渠道评估？

**三、实践题**

请以小组为单位，根据下列某酒店招聘相关数据对该酒店进行招聘数量分析、评估（见表 2-11）。

表 2-11 某酒店招聘数量分析、评估

| 部门 | 计划招聘人数 | 简历投递人数 | 职位选择率 | 合格面试人数 | 推荐部门面试人数 | 部门录用 人数 | 部门录用 录用比 | 部门待定 人数 | 部门待定 待定比 | 部门拒绝 人数 | 部门拒绝 拒绝比 | 招聘完成比 |
|---|---|---|---|---|---|---|---|---|---|---|---|---|
| 前厅部 | 7 | 16 |  | 10 | 7 | 4 |  | 1 | 14% | 2 | 29% |  |
| 餐饮服务 | 22 | 32 |  | 28 | 22 | 16 |  | 0 | 0% | 6 | 27% |  |
| 财务部 | 5 | 8 |  | 5 | 5 | 0 |  | 0 | 0% | 5 | 100% |  |
| 市场营销部 | 6 | 11 |  | 7 | 6 | 1 |  | 1 | 17% | 4 | 67% |  |
| 总计 | 40 | 67 |  | 51 | 40 | 21 |  | 2 | 5% | 17 | 43% |  |

1. 根据招聘数量评估中的相关计算公式，请计算出该酒店职位选择率、录用比及招聘完成比。
2. 根据计算出的相关数据，从招聘数量的角度分析并评估该酒店招聘现状给所述四个部门的招聘工作可能带来哪些优劣势并据此提出相关建议。

# 项目实训 2-2　酒店招聘数据分析

**【任务概述】**

本实训任务基于对员工招聘项目中招聘评估、招聘数据分析等任务的知识要点，要求学生将其理论知识点转化为实际操作技能，帮助学生更深层次掌握招聘数据计算、分析及招聘评估的技巧与实际应用技能，提升学生在学习过程中发现问题、分析问题、解决问题的能力，同时提升学生的职业敏感度、职业意识和专业技能。

**【实训任务内容】**

某一线城市的一家五星级酒店共有可卖房 600 间，酒店员工编制 420 人，实有正式员工

310人。酒店员工年度流失率为50.6%，特别是酒店运营部门缺编严重。酒店为应对所面临的招聘挑战，采取了多项措施，其中包括增加了招聘的渠道，为此该酒店需要及时进行招聘渠道评估，以验证该措施的有效性及提升招聘的质量和效果。请根据下列招聘相关数据，按要求完成下列实训任务。

某酒店某一既定岗位招聘相关数据统计，见表2-12。

表2-12 某酒店某一既定岗位招聘相关统计数据

| 项目 | 门墩 | 最佳东方 | 赶集网 | 员工推荐 | 酒店官网 | 招聘会 |
| --- | --- | --- | --- | --- | --- | --- |
| 投递简历数量 | 28 | 16 | 55 | 9 | 16 | 70 |
| 接受面试人数 | 18 | 12 | 16 | 8 | 7 | 32 |
| 产出率 | | | | | | |
| 合格应聘人数 | 10 | 7 | 9 | 8 | 5 | 15 |
| 产出率 | | | | | | |
| 录用人数 | 3 | 5 | 4 | 7 | 2 | 4 |
| 产出率 | | | | | | |
| 录用比 | | | | | | |
| 成本 | 3 500 | 4 000 | 3 500 | 4 800 | 500 | 2 500 |
| 单位雇用成本 | | | | | | |
| 计划招聘人数 | 25 | | | | | |
| 招聘完成比 | | | | | | |
| 招聘预算 | 20 000 | | | | | |

**【实训任务要求】**

1. 请根据该酒店某既定岗位空缺的招聘相关数据统计，结合本项目中所学的员工招聘评估、招聘渠道评估的相关内容，计算出该酒店不同招聘渠道的录用产出率、不同招聘渠道的录用比、不同招聘渠道的单位雇用成本及招聘完成比。

2. 根据该酒店招聘相关数据统计，分析、评估每种招聘渠道的优劣势。

3. 根据该招聘相关数据统计，评估并确定哪种招聘渠道为该酒店最佳招聘渠道？为什么？

# 项目 3　酒店员工发展

## 📝 项目描述

本项目是《酒店人力资源管理实务》的第三个项目,学生需要在本项目完成三个任务。通过本项目的学习,学生总体上需要掌握酒店人才盘点、人才梯队建设,以及员工培训的概念、实施流程及步骤的相关知识,具备组织开展酒店人才盘点工作、制订人才梯队培养计划及跟进实施、酒店或部门培训实施和管理的初步能力。

人力资源部需要根据盘点的结果制订相应的人才增补计划、人才异动计划、人才发展计划以及人才激励计划,真正将人才盘点的结果应用到人力资源管理工作中。理想的人才梯队要在数量、结构、质量、流动性四个维度上处于良好水平,即有足够数量可供调用的胜任人才。人力资源部要掌握实施员工培训的要点,具备开展培训需求分析、组织经验萃取、搭建线上学习平台等方面的能力。

## 项目目标

**知识目标:**
- 描述酒店人才盘点的基本概念和实施流程;
- 列举酒店人才梯队建设的基本概念和实施步骤;
- 阐述酒店员工培训的基本知识和工作流程。

**能力目标:**
- 分析和运用人才盘点的结果;
- 开展人才梯队建设工作;
- 组织和实施员工培训。

**素养目标:**
- 提升学生对自身发展的职业要求;
- 提升学生精益求精的工匠精神。

## 知识导图

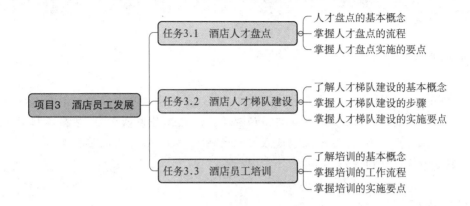

【学习重点和学习难点】

学习重点：人才盘点的实施，人才梯队建设的实施，员工培训的实施。

学习难点：人才矩阵的应用，实施后备人才发展计划，萃取组织经验。

## 项目引入案例

这段时间，某五星级酒店人力资源部经理于一星非常苦恼。前几天，市场营销总监找于经理沟通，由于今年上半年这位总监带领团队超额完成经营指标，因此要求酒店给予加薪，如果不加薪，他就要跳槽，还拿出了一份薪水更高的另一家酒店的录用通知书。于经理很为难，这位市场营销总监确实能力很强，但是去年年底酒店已经给他涨过薪了，如果今年年中再次给他涨薪，势必会引起其他部门负责人的不满；如果不给他涨薪，他离职之后内部也没有合适的人选可以接任这个岗位，外部招聘的话需要时间，也存在入职后"水土不服"的风险，这样势必会影响酒店的经营业绩。

昨天，酒店房务总监向她反映刚晋升到前厅部经理岗位3个月的新经理工作能力不足，很多事情无法落实，很多工作不能按时完成，严重影响了房务部的工作进度和服务品质。房务总监想从酒店外部招聘一名前厅部经理。于经理随后就约谈了前厅部经理，了解其近3个月的工作情况。前厅部经理说自从她从前台主管升职到前厅经理后，每天上班都很忙碌，很多事情下属都不能保质保量完成，所以她不得不亲自去做；还有些不太会处理的事情，房务总监也很忙，没有时间指导她，因此她每天都要加班。

就在刚才，于经理的下属招聘主管小杨对她说，迫于家庭压力，决定辞职回老家结婚。而招聘主管是她的得力助手，她难以想象接下来失去左膀右臂的工作状态。

思考和讨论：

1. 于经理如何挖掘胜任内部岗位的人才？
2. 于经理如何确保不同岗位中人才与岗位的需求相匹配？
3. 于经理应该通过哪些方法和渠道来培养和发展员工？

## 任务 3.1　酒店人才盘点

### 任务概述

本任务是"酒店员工发展"项目中的第一个任务，其任务学习内容包括酒店人才盘点的概述、人才盘点的流程，以及人才盘点实施的要点。通过本任务的学习，学生不但能了解酒店人才盘点的概念、类型、价值及人才盘点实施的四个步骤，同时还能掌握实施人才盘点的要点，特别是盘点结果的应用。

### 案例导入

王真真是一家老牌五星级酒店的人力资源部负责人，有一天酒店总经理找她，希望在酒店开展一次人才盘点，因为次年董事长想成立酒店管理集团，外拓项目进行管理输出。

这是酒店第一次开展人才盘点，王真真上网查了很多人才盘点的相关知识和评估表，经过认真筛选和比较后，决定采用两张评估表，一张是发展潜力测评问卷，还有一张是360度评估问卷。接着，她就将这些问卷发给了各部门负责人，让他们组织部门的员工限期填写并汇总上交。

但是在推进的过程中，总经理没有时间逐个给直接下级测评，就向王真真口述了对他们的综合评价；有的部门负责人觉得自己需要填好几份问卷，太麻烦了，自己的下属自己还能不了解，哪里用得着填这么多问卷；有的负责人眼里只看到业绩，仅根据业绩这一项指标打分数，只要是业绩好的下属，评分都很高，而业绩不好的下属分数都很低；有的部门负责人担心自己部门的精兵强将被选中外派，影响自己部门的日常运营和绩效，特意在测评时有所保留；有的部门员工不知道这个测评的结果会如何，担心影响自己的发展，自评分数都很高……她不得不和这些部门逐个去解释。终于，经过近半个多月的沟通，各部门的测评分数终于统计出来了。看到测评分数统计表，王真真根据管理输出团队的岗位设置，挑选了相应岗位得分最高的两位作为候选人，报给了总经理。

等到次年，酒店成功签约接管一个新酒店后，之前盘点出来的名单中，有一些不愿意接受外派，有几位已经离职，还有几位王真真觉得不一定能胜任新岗位，真正能够去新酒店项目的候选人寥寥无几。王真真又在为新项目的人员招聘苦恼着。

思考和讨论：
1. 你能帮王真真经理找出她在人才盘点中需要改进的方面吗？
2. 王真真经理如何做才可以避免次年面临新项目人员招聘的困境？

### 一、人才盘点的基本概念

人、财、物是酒店的核心资源，也是酒店管理者开展经营管理工作的重要抓手。酒店财务部会定期牵头盘点酒店的财和物,同理,酒店人力资源部也应该定期牵头盘点酒店的人。

### (一) 了解人才盘点

人才盘点是在酒店发展战略的指导下,由人力资源部牵头组织实施,运用盘点工具全面分析酒店内部人才的优势、下一步待发展领域、职业发展的可能路径、职位空缺的风险及现在和未来的继任者,以便酒店管理者可以全方位了解酒店人才的数量、质量和结构,并基于员工能力透明化、数据化和结构化,加强员工自我认知,提升员工能力,撬动酒店业务战略与决策。人才盘点是酒店人才管理的第一步,也是员工发展的重要工作之一。

人才盘点的目的并不是给员工"贴标签",而是从战略和业务出发,更好地开展人才选拔、岗位优化、绩效提升、员工培训等工作,并通过有针对性的系统措施提升人才管理对战略执行的推动力度。

### (二) 人才盘点的类型

根据人才盘点涉及的范围、结果运用的要求等因素,人才盘点主要有两种类型,即关门盘点和开门盘点。

1. 关门盘点

关门盘点即盘点过程非公开,由人力资源部主导,其他部门负责人或关键岗位人员不参与或较少参与,其结果只有酒店总经理和人力资源部负责人知道。对结果的应用重在快速发现、准确识别高潜力人才,以便选拔和晋升,而非后续的人才培养和发展。

该类型的盘点周期短、效率高、保密性高。比如,个别关键岗位的专项人才盘点工作,往往是由人力资源部负责人主导完成,仅高层管理者知道盘点结果。

2. 开门盘点

开门盘点是指在人力资源部提供方法和工具的前提下,由各部门负责人主导,人力资源部配合推动,用圆桌会议的形式在中高层管理人员的范围内针对各部门内部的关键人才进行盘点。盘点结果的应用侧重于对人才的发展、激励和保留,同时可以培养管理者识人用人的能力。

该类型是目前普遍使用的一种类型,一般而言每年组织一次。其优势是盘点的过程有利于提升核心管理团队的组织发展意识、识人用人能力,以及人力资源部向战略伙伴角色的转变。比如,某些酒店每年年底例行开展年度人才盘点工作,为次年的人力资源工作计划提供依据。

这两种盘点方式各有所长,因此需要酒店根据自身情况,如不同发展阶段、不同盘点目的等,灵活选择合适自己的盘点类型。

### (三) 人才盘点的价值

人才盘点的价值主要体现在以下三个方面。

1. 对酒店的价值

对酒店而言,人才盘点有利于清晰地梳理酒店的发展战略、战略分解和战略的推动实施,明确推动战略实施需要的人才要求和标准。同时有利于了解酒店人才的现状,便于提高酒店的用工效率,保证人岗匹配及人才流动的透明性和公正性。

### 2. 对管理者的价值

对管理者而言,人才盘点有利于进一步明确自己在战略实施中的角色和需要协同的责任,同时了解所辖员工的能力现状和差距,有利于从战略推进的视角培养员工、提升自我,从而提升所辖团队的绩效。

### 3. 对员工的价值

对员工而言,人才盘点有利于清晰认知酒店发展需要的人才、客观认识自己的优势和短板,有利于获得针对性的培训,加速能力提升,匹配更明确、更丰富、更适合的职业发展路径。

## 二、掌握人才盘点的流程

如图 3-1 所示,人才盘点的流程主要有以下四步。

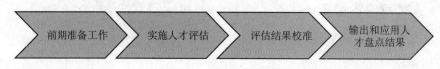

图 3-1 人才盘点的流程

### (一)前期准备工作

#### 1. 明确人才盘点的目的

酒店在不同的发展阶段对于人才有不同的需求,明确人才盘点的目的有利于进一步确定人才盘点开展的周期、时段、方式、工具等要素,以确保盘点结果的应用能够解决酒店发展中的人才痛点问题。例如,一家酒店管理集团来年计划有数个成员酒店筹备开业,需要为这些酒店提前准备管理团队。集团人力资源部组织运营中的成员酒店开展人才盘点的目的是为筹备开业的酒店甄选管理团队相关岗位的意向人选,在新酒店筹备开业时,经过一段时间培养后的后备管理人员可以组成新酒店筹备开业的团队。同时使得相关管理人员的调离,不但不会影响在营酒店的正常运营,还为酒店工作人员提供了职业发展空间。

#### 2. 确认人才盘点对象

由于酒店资源有限,所以不能针对所有人员开展人才盘点,而应根据人才盘点的目的,确定盘点的对象是中高层管理人员、中基层管理人员、关键岗位的工作人员或是战略性储备人员等。其中,关键岗位是指直接影响酒店发展及绩效达成的、起到了至关重要作用的管理及业务类岗位的总和。人才盘点的对象不同,盘点的工具、参与人员等也相应不同。以之前提及的酒店管理集团人才盘点为例,根据此次盘点的目的,集团人力资源部梳理的盘点对象只涉及运营中成员酒店的部门助理及以上管理人员。

#### 3. 成立人才盘点专项工作组

人才盘点专项工作组通常由酒店总经理担任组长,以示对该项工作的重视;人力资源部负责人任副组长,便于从专业的角度指导和推动该项工作;如果盘点目的有需要,各部门经理任组员,积极配合和落实相关工作。在开展人才盘点工作之前应召开启动会,会上应阐明人才盘点工作的意义和重要性,使小组成员在积极配合、客观翔实地提供相关资料数据等方面达成共识。以之前提及的酒店管理集团人才盘点为例,此次人才盘点专项小组的组长是酒店管理集团副总经理,副组长是人力资源总监,组员是所涉及成员酒店的人力资源部负责人和总经理。

4. 选择人才盘点的评估工具

人才盘点的评估工具有很多种,如人员结构分析、绩效考核、360度评估、人才矩阵、人才地图、线上测评、人才评价中心、管理沙盘等。综合考虑预算、易操作性等因素,酒店常用的人才盘点的评估工具主要有以下几种。

(1) 人员结构分析

酒店人力资源部每年都会针对酒店在职人员的基本情况进行统计和分析,包括但不限于年龄结构、工龄结构、司龄结构、教育背景、职位结构、人员流动等,为酒店将来人员结构优化提供数据支撑,为管理决策提供依据。

(2) 绩效考核

绩效考核是酒店绩效管理中的一个环节,是指酒店人力资源部每季度、每半年或每年会对照各部门工作目标和绩效标准,采用科学的考核方式评定被考评者的工作任务完成情况、工作职责履行程度和被考评者的发展情况,并将评定结果反馈给被考评者的过程。常见的绩效考核方法包括平衡计分卡、关键业绩指标考核法等。

该部分内容在本书的绩效管理部分会做详细阐述,在此不再赘述。

(3) 360度评估

360度评估又称全视角考评方法,是指由被考评者的上级、同事、下级和(或)客户(包括内部客户、外部客户)及被考评者本人担任考评者,从多个角度对被考评者进行360度的全方位评价,再通过反馈程序,达到改变行为、提高绩效等目的的考评方法。

在实际评估过程中,通过对考评者开展访谈或问卷调查,让其对被考评者的专业能力、组织协调能力、工作结果、团队建设能力、换位思考能力、分析能力、发展潜力等维度进行评分。

(4) 人才矩阵

人才矩阵是来源于数学中的工具,横轴和纵轴分别代表两个不同的评价维度。评价的维度体现了酒店对人才评估的侧重点,主要涉及知识、技能、经验、绩效、潜能、价值观、工作态度等方面,每个酒店可以根据盘点的目的、被考评者的层级等特点选择两个强相关的维度。比较常用的人才矩阵称之为人才九宫格,顾名思义,即将矩阵的两个维度分别设置三档,矩阵被划分成九个格子,以绩效表现和发展潜能为两个维度绘制的九宫格(见图3-2)。酒店根据所筛选的两个维度分别对被评估者实施评估,根据评估结果,可以将被评估者分别对标放入以下的九个格子中,再针对不同格子中的被评估者实施不同的培养计划或留存、升降职计划。通用电气、阿里巴巴、京东等知名企业都用这个工具进行人才盘点,只是在评价维度上各有千秋。

(5) 人才地图

人才地图不能仅仅是一堆带有数据的表格,而是要转化为具体、可操作的行动计划,才会得到高层管理者的重视与认可,而高层管理者的重视是决定人才地图是否有效的关键因素之一。

人才地图可以帮助酒店管理人员确定员工任职水平、识别人岗差距、发掘员工潜能、明确新的岗位需求和变化,将人才地图的结果作为人力资源配置和发展的重要参考依据,并由此进行有针对性的调整和规划。同时,通过人才地图,还可以发现高潜人才,结合组织需求和岗位特点,打造关键岗位的人才梯队,建立关键岗位人才储备库及继任计划。

|  | 低 | 中 | 高 |
|---|---|---|---|
| 优秀 | 3 | 6 | 9 |
| 合格 | 2 | 5 | 8 |
| 待改进 | 1 | 4 | 7 |

纵轴：绩效表现；横轴：发展潜能

**图 3-2　人才九宫格**

资料来源：北森人才管理研究院.人才盘点完全应用手册[M].北京：机械工业出版社,2019.

人才地图有不同的形式,如表格型、九宫格型、组织结构型等,其内容的侧重点也会根据盘点的目的而变化,如侧重于体现继任者的、团队健康度的、岗位匹配情况的,等等。

随着数字化的发展,人才盘点工具更加丰富,同时通过人工智能、大数据等新技术提高效率、减少事务性工作、提升人才决策成功的可能性。市面上有不少线上人才盘点工具,填写相关数据后,直接生成图文并茂的报告,甚至还有通过游戏化行为测评发展潜力维度的软件,针对被考评者在游戏过程中的应激反应数据点做综合分析,最终生成潜能报告。

对于多种人才盘点工具,酒店需要根据人才盘点的预算、目的、适用性、易操作性等方面综合考量,选取一种或几种工具实施人才盘点。

### （二）实施人才评估

做好以上准备工作之后,人才盘点专项工作组应制订切实可行的实施计划,由人力资源部牵头,相关部门和人员配合完成。

**1. 开展测评**

在该阶段,运用选中的评估工具对被考评者进行测评。测评的过程中,可能需要财务部或人力资源部提供相关数据,或者需要被考评者的直接上级、平级或是下属参与打分,甚至盘点工作组或专家与被考评者、被考评者的直接上级和直接下级进行深度访谈,以便对其综合素质、培养潜力作出更为精准的判断。

**2. 汇总统计**

人力资源部针对测评阶段的打分情况进行汇总统计,将被考评者根据综合得分情况,按照前一阶段确定的工具模型进行分类。

### （三）评估结果校准

评估结果校准是人才盘点中重要的流程,通过开校准会议或访谈形式对被考评者各方面进行深度沟通和讨论,对被考评者未来的能力发展、职业规划、公司用人及人才数量、质量规划方面提供科学、客观、量化的人才数据与依据,并形成共识。

评估结果校准可以通过校准会议或单独访谈的形式实现。被考评者的职级会影响会议或访谈的参与人员,通常参与人员可能会涉及酒店总经理、被考评者的直接上级、隔级上级、平行或上下游部门负责人、人力资源部等。首先,人力资源部在组织会议之前,需要提前准备会议PPT、各团队的人才矩阵、个人盘点表等资料;其次,人力资源部在与访谈者沟通之前,需要结合评估的维度及关键因素提前设计好不同访谈人员的沟通提纲,聚焦访谈目的;最后,结合沟通结果对盘点的预分析结果进行校准,以确定盘点的结果准确性和公正性。另外,访谈中要特别落实保密原则。

### (四) 输出和应用人才盘点结果

在测评结果的基础之上,结合校准访谈的讨论结果,更新人才地图、个人校准报告及人才决策,如关键岗位被考评者个人发展计划、人力资源规划等,以便开展后续工作。以之前提及的酒店管理集团人才盘点为例,经过此次盘点,梳理出新酒店筹开的初步人选,及其后继在职培养计划,还有初步人选所涉及的酒店相关岗位的继任者培养计划。

在人才盘点工作告一段落之后,人力资源部除了需要跟踪人才盘点结果的落地实施,还需要对此次人才盘点工作及其输出结果进行复盘,找出需要改进的地方,以便不断优化人才盘点的流程和输出结果。

## 三、掌握人才盘点实施的要点

### (一) 人才盘点评估工具的选择和使用

综上所述,人才盘点的评估工具有很多种,各有利弊,如果将人才盘点外包给第三方公司来做,测评体系和工具会更加系统和完善,但成本很高;如果考虑预算因素,酒店的人才盘点多数情况下由人力资源部牵头完成,评估工具的选择偏向于简单、实用和易操作的工具。

在实际盘点工作中,评估的维度往往会选择绩效表现和发展潜能两个,其中绩效表现会以酒店每年年底制定的各部门绩效指标及其分解为基础进行打分,发展潜能会通过360度评估问卷进行调查打分。同时让被测评者本人、被测评者的直接上级及财务部和人力资源部参与绩效考评的打分;让被测评者本人、被测评者的直接上级、全部直接下属和高频接触的平行或上下游部门的相关人员填写360度评估问卷。同时,需提前设置绩效指标在九宫格中的维度划分,根据分数区间分为三档,即待改进、合格和优秀;同时设置360度评估问卷参评者的评分权重及其在九宫格中的维度划分,最终所有被测评者的测评结果会填入九宫格中。

以之前提及的酒店管理集团的人才盘点为例,评估的维度是绩效表现和发展潜能两个方面,集团人力资源部设计了一份绩效评估表和一份360度评估问卷。在360度问卷评分中,自评得分占比20%;直接上级评分占比40%;直接下属评分占比20%;平行或上下游部门评分占比20%。这家酒店管理集团的人才矩阵比较特殊,因为集团高层要求所有绩效待改进的人员不列入此次盘点之内,所以人才矩阵仅有六格。以被测评者——一位酒店房务总监为例,他本人和所在酒店总经理分别填写了绩效评估表;他本人、酒店总经理、前厅部主管、客房部主管、市场营销部负责人、餐饮部负责人、人力资源部负责人、工程安全部负责人、劳动外包公司负责人(该酒店客房清扫是外包的)填写了360度评估问卷,将他的绩效评估和360度评估的得分分别计算出来填入六宫格。

## （二）人才盘点评估结果校准

评估结果校准的形式有校准会议形式和单独访谈两种，考虑到酒店人员习惯换位思考、更多考虑他人的感受，他们在会议场合下不一定会坦诚地反馈被测评人的实际情况；结合笔者自身的工作经验，在此环节，推荐使用单独访谈的形式。再次强调一下，一定要提前梳理和不同层级访谈的提纲，侧重于团队管理、沟通配合、解决问题等未来发展方向所需的潜能，并要求对方列举实例，如实反馈。单独访谈还是比较耗时的，如果盘点的层级、岗位、涉及人员很多，则需要考虑换种形式或按需抽取一定比例的人员进行访谈。

以之前提及的酒店管理集团的人才盘点为例，由于涉及的被测评层级、人员不多，因此评估结果校准环节采取了单独访谈的形式。访谈的提纲紧扣与被测评人未来发展的目标岗位的能力要求相关的因素。为了提高访谈效率，直接下属较多的被测评人，会根据每位下属的360度评估打分结果筛选出分数悬殊较大的下属，进行单独访谈，了解原因，作出公正的判断。对于评估结果在两个格子交界的被测评人会重点分析绩效评估和360度评估中分值差距较大的得分项，再进行针对性访谈。

## （三）人才盘点输出结果的应用

人才盘点不是为了完成盘点这项既定工作而盘点，而是要将盘点后的输出结果有效落地，并且后续持续追踪，真正做到盘点结果指导人力资源规划工作，以及招聘、培训、员工关系、薪酬激励等模块的工作，真正赋能酒店的战略发展。通过人才盘点，可以清晰地梳理出酒店现有人员的排列位置和分布情况，以及缺失的人员，据此制定相应的措施，开展人才的分类管理。所以人才盘点工作结束不是终点而是起点，人才盘点输出的人才矩阵，针对处于不同格子的人才，需要采用不同的管理方式，如图3-3所示。

（1）1号人才不是简单粗暴地开除或者不续签合同，而是要具体分析绩效待改进的原因，之后有的放矢，力争将1号人才转为2号人才，让其继续为酒店发挥价值；如果不成功，则可能会面临着调岗，甚至是离岗，因此需要在员工关系方面妥善处理，制订相关的人力资源异动计划。

（2）2号人才需要分析其绩效待改进的原因，结合短板进行有针对性的培训和辅导，帮助其改善绩效；如果不成功，则可考虑根据其职业兴趣进行调岗。

（3）3号人才需要分析其绩效待改进的原因，设定观察期，制订绩效改进计划；如果不成功，可能是岗位不适合或缺乏职业兴趣，可考虑尝试调岗。

（4）4号人才需要制订提升现有岗位知识和技能的培养计划，帮助其更胜任现有岗位；同时还需要设置具有挑战性的绩效目标，鼓励其努力完成。

（5）5号人才通常是盘点后人数占比比较多的，是酒店需要重点保留的稳定贡献者，针对这类人才，需要通过培训或辅导的方式，使其更胜任现在的岗位；同时设置绩效挑战目标，帮助其提升绩效。

（6）6号人才需要制定有吸引力的激励制度，激励其完成更高的挑战目标，同时制订发展性的培养计划，有针对性地帮助其往更高的岗位晋升。

（7）7号人才需要制定合理的激励制度，激励其在原有的岗位上继续创造高绩效；同时可以培养其成为酒店的内训师，将其高绩效的工作经验沉淀下来，传承给更多的新人，提高

绩效表现 ↑

| | 低 | 中 | 高 |
|---|---|---|---|
| 优秀 | 7号人才<br>绩效优秀，发展潜力低<br>制定合理的激励制度，激励其在原有的岗位上继续创造高绩效；培养其成为酒店的内训师，提高团队基绩效 | 8号人才<br>绩效优秀，有一定发展潜力<br>合理地进行激励；<br>为其制订个人发展计划，为下一步的晋升做好准备 | 9号人才<br>绩效优秀，发展潜力大<br>激励制度应该向他们倾斜；<br>为其制订晋升计划，晋升至更有挑战性的岗位 |
| 合格 | 4号人才<br>绩效合格，发展潜力低<br>设置有挑战的绩效目标；<br>制订提升现有岗位专业知识和技能的培养计划 | 5号人才<br>绩效合格，有一定发展潜力<br>通过培训或辅导的方式，使其更胜任现有的岗位；设置绩效挑战目标，帮助其提升绩效 | 6号人才<br>绩效合格，发展潜力大<br>制定有吸引力的激励制度，激励其完成更高的挑战目标；制订发展性的培养计划，有针对性地帮助其往更高的岗位晋升 |
| 待改进 | 1号人才<br>绩效待改进，发展潜力低<br>了解绩效待改进的原因，帮助提升绩效；<br>根据职业兴趣调岗；<br>离岗 | 2号人才<br>绩效待改进，有一定发展潜力<br>了解绩效待改进的原因，制订培训和辅导计划，帮助其改善绩效；根据职业兴趣调岗 | 3号人才<br>绩效待改进，发展潜力大<br>了解绩效待改进的原因，设定观察期，制订绩效改进计划；<br>根据职业兴趣调岗 |

→ 发展潜能

**图3-3 人才九宫格的使用策略**

资料来源：北森人才管理研究院.人才盘点完全应用手册[M].北京：机械工业出版社，2019.

团队绩效。

（8）8号人才仍然需要合理地进行激励，使其在保持较高绩效水平的前提下，根据为其制订的个人发展计划，在一定的培养周期内，以晋升为目的培养其目标岗位所需的专业知识和能力。

（9）9号人才是酒店需要高度重视的人才，激励制度应该向他们倾斜，同时需要为其制订晋升计划，晋升至更有挑战性的岗位。

人力资源部需要根据盘点的结果制订相应的人才增补计划、人才异动计划、人才发展计划及人才激励计划，真正将人才盘点的结果应用到人力资源管理工作中。当然，人才九宫格中的人才不是一成不变的，随着以上这些计划的实施，酒店的人才在九宫格中的位置也会发生变化，所以我们要用发展的眼光来看待人才九宫格中的人才。

## 训练题 3-1

**一、自测题**

1. 什么是人才盘点？
2. 人才盘点的价值是什么？
3. 人才盘点的流程是什么？

**二、讨论题**

1. 人才盘点的评估工具该如何选择？

2. 人才九宫格该如何应用?
### 三、实践题
目的:让学生深入了解人才盘点的实施和结果应用。
要求:小组全员参与,提交一份小组作业。
步骤:
(1) 按学号进行分组,并选出组长。
(2) 组长组织小组成员选择一家企业,了解其如何实施人才盘点和结果应用;确保小组中的每一位成员都参与其中。
(3) 下节课每个小组以PPT形式汇报所收集的信息。
评价:
(1) 教师点评各小组的作业。
(2) 教师给小组作业打分,计入平时分。

## 任务 3.2 酒店人才梯队建设

### 任务概述

本任务是"酒店员工发展"项目中的第二个任务,其任务学习内容包括人才梯队建设的基本概念、人才梯队建设的步骤,以及人才梯队建设的实施要点。通过本任务的学习,学生不但能了解人才梯队建设的概念、组织系统及其职责、必要性及人才梯队建设的五个步骤,同时还能掌握人才梯队建设的实施要点,具备制订后备人才发展计划、阶段性评估后备人才等方面的能力。

### 案例导入

张诚是一家五星级酒店人力资源部的部门经理。这家酒店是已开业二十多年的有国企背景的酒店,酒店在当地知名度和认可度较高,经营业绩比较稳定,员工福利待遇在当地的酒店中也是数一数二的,因此员工比较稳定,流动率低,特别是酒店中高层管理人员非常稳定,有近十年几乎没有变化。

不过上个月,酒店斜对面有一家中高端外资品牌的酒店即将开业,正在进行大型招聘,张经理听闻酒店有不少人都去参加了面试。在接下来的一个月内,张经理陆续收到三位部门经理和五位核心岗位主管的辞职申请,如果一个月后他们都离职的话,对酒店的日常运转会产生较大影响。

于是张经理就和这几位中基层管理人员一一面谈,了解到他们离职的主要原因是多年在一个岗位工作,工作缺乏挑战性和晋升空间,职业发展受阻;另外,外资酒店给予的薪资也比较有吸引力。张经理立即向酒店总经理做了专题汇报,总经理亲自出面,挽留了两位核心部门经理和两位主管,这次的危机总算是缓解了。

接下来张经理又要思考离职的一位部门经理和三位主管的替代人选,到底是对外招聘还是内部晋升,如果是内部晋升,候选人是哪些,如何甄选,等等。另外,半年后,距离酒店三公里的地方,另外一家外资酒店也要开业了。张经理难以想象,下次该如何应对。

**思考和讨论:**
1. 你能帮张经理找出内部晋升的候选人吗?
2. 张经理如何应对接下来酒店人才流失的困境?

## 一、了解人才梯队建设的基本概念

### (一)人才梯队建设

人才梯队建设是在酒店现有人才发挥作用时未雨绸缪,根据酒店发展的需要,针对每个岗位,特别是关键岗位的后备人才,订制个人发展计划,重点培养,提升个人能力;同时加强过程管理和阶段性评估,保障酒店内部人才供给的连续性。

人才梯队建设是一项相当复杂的系统工程,与企业人力资源战略规划、人才招聘(包括内部招聘和外部招聘)、人才培养、培训管理、职业发展管理、晋升管理、薪酬激励、绩效考核等息息相关。

如表3-1所示,理想的人才梯队要在数量、结构、质量、流动性四个维度上处于良好水平,即有足够数量可供调用的胜任人才。

表3-1 人才梯队的维度

| | |
|---|---|
| 数量合理 | 储备人才的数量是否充足,是否有足够数量应对流失等风险 |
| 结构合理 | 储备人才的年龄、知识、性别结构等是否符合企业需求 |
| 质量合理 | 储备人才的胜任水平如何,是否能在适当周期内接任目标岗位 |
| 流动合理 | 储备人才是否保有合理的流动性,是否有恰当的出入池管理 |

资料来源:红一叶.如何高效构建人才梯队.让组织的"腰"硬起来,https://zhuanlan.zhihu.com/p/197828832,2020-08-25.

酒店需要制定人才梯队建设管理制度,明确职责分工,规范人才梯队建设过程,确定人才梯队建设的工作内容和范围,通过有效管理,才能保证人才梯队建设工作高效、顺利进行。

### (二)人才梯队建设的组织系统及其职责

酒店发展所需的人才主要来源于两个渠道,即外部招聘和内部培养,人才梯队建设就是通过内部培养的方式为酒店提供源源不断的人才。这项工作仅依靠人力资源部一个部门是无法完成的,它是一项酒店从上到下通力合作的系统性工作,从酒店总经理到人力资源部负责人、后备人才及其直接上级和间接上级等均是该组织系统中不可或缺的部分,必须各司其职,才能将人才梯队建设工作有效完成,详见表3-2。

表3-2 人才梯队建设的相关人员职责

| 相关人员 | 职 责 |
|---|---|
| 酒店总经理 | (1)顶层设计<br>(2)确定人才梯队建设的工作思路<br>(3)确定人才梯队建设工作的指导方向<br>(4)监督、指导人才梯队建设工作 |

续表

| 相关人员 | 职　　责 |
|---|---|
| 酒店人力资源部 | (1) 牵头推进、跟进人才梯队建设工作<br>(2) 组织实施后备人才的测评、甄选、培养、评估、调整及任用<br>(3) 定期向总经理、后备人才直接上级和间接上级反馈后备人才的评估结果 |
| 后备人才直接上级和间接上级 | (1) 物色、推荐后备人才<br>(2) 参与培养、评估后备人才 |
| 后备人才 | (1) 配合完成酒店制订的培养计划<br>(2) 配合完成测评、评估等相关工作 |

### （三）人才梯队建设的必要性

酒店进行人才梯队建设的必要性主要有以下两个方面。

(1) 对于酒店而言，有针对性地培养相关人员既有利于激励酒店现有人才、减少人才流失，也有利于当某个职位由于前任晋升、离职、退休或业务变动等某种原因出现空缺时，保证有合适的人选接替相关工作，为酒店的运营管理提供源源不断的人才供给；同时，有利于形成酒店爱才、惜才的公众形象和口碑，便于吸引优秀人才加入。

(2) 对于员工而言，可以明确个人职业发展方向和实现路径，以及获得定制化的培养，不但有利于提升个人关键能力、职场竞争力，还有利于提升员工满意度和归属感。

## 二、掌握人才梯队建设的步骤

如图3-4所示，人才梯队建设一般可分为五个步骤。

图3-4　人才梯队建设的步骤

### （一）甄选后备人才

甄选后备人才是人才梯队建设的起点。在结合酒店发展战略，制定后备人才的选拔标准后，酒店人力资源部会借助多维度测评工具，牵头开展人才盘点工作。人才盘点的有效成果之一便是可以筛选出一批符合酒店需要的优秀人才，并把他们作为后备人才重点培养。

### （二）制订后备人才发展计划

人才梯队建设不是罗列一份各岗位或空缺岗位的候选人名单，而是帮助后备人才快速弥补其知识和能力的现状与拟发展的职位所需知识和能力的差距,以满足酒店发展的需要,所以需要制订切实有效的发展计划,这直接关系着梯队建设的质量,因此尤为关键。如表3-3所示,不同层级的后备人才培养的内容、周期和方式等方面均存在明显差异。

表 3-3　不同层级的后备人才培养的内容、周期及方式

| 后备人才 | 内训师 | 培养内容 | 培养周期 | 培养方式 |
|---|---|---|---|---|
| 高层管理者 | 酒店总经理 | 组织战略管理、组织行为管理、品牌管理、风险管控、危机公关管理及压力管理等 | 6~12个月 | 有挑战的任务<br>委外进修<br>研讨<br>学历及职称提升 |
| 中基层管理者 | 高层管理者 | 团队管理、时间管理、员工激励、员工配置、冲突管理、非人力资源经理的人力资源管理、非财务经理的财务管理等 | 6~9个月 | 交叉培训<br>有挑战的任务<br>内外部培训<br>学历及职称提升 |
| 基层人员 | 中基层管理者 | 企业文化、排班技能、会议管理、培训技能、沟通技能、解决问题、执行力、岗位知识和岗位技能等 | 3~6个月 | 内外部培训<br>交叉培训<br>线上培训<br>有挑战的任务<br>学历及职称提升 |

另外,在制订发展计划时,除了人力资源部需要考虑针对某一类或某一层级后备人才的统一培养计划外,还需要和相关内训师沟通,针对其所负责的每一位后备人才的知识和技能短板,在工作中予以持续指导和关注。

### (三)实施后备人才发展计划

制订了后备人才发展计划之后,如果不能推进落实,那计划就是一纸空文。酒店人力资源部在整个计划的实施过程中扮演着非常重要的角色。

首先,人力资源部需要在酒店建立内训师体系,组建内训师团队,确保每个层级都有经过认证的合格内训师,掌握有效开展培训的专业知识和技能;同时还需要关注内训师自身培训能力的持续提升。其次,人力资源部需主导搭建基于人才梯队建设的各层级通用能力、岗位能力及管理能力的课程体系,同时为后备人才指定内训师,结合每位后备人才的自身情况,辅导制订后备人才个性化发展计划。最后,制订后备人才发展计划并不是一件一劳永逸的事情,人力资源部需要定期回顾计划执行中存在的问题,并根据计划推进过程中的实际情况适时调整,使得最终能达到培养目的。同时需要加强与后备人才、指导后备人才的内训师及相关部门负责人的沟通,特别是指定内训师与后备人才是跨部门的合作关系时,就更需要人力资源部的协调。

在发展计划实施过程中也会出现一些情况,影响计划的推进。例如,在根据发展计划实施后备人才培养的过程中,如出现后备人才离职的情况,培养计划只能中断;或者预计培养周期6~12个月,但是由于后备人才的思维习惯或工作习惯的改变需要更长时间,因此有可能导致培养周期的延长等。

### (四) 跟踪评估后备人才

在后备人才的培养过程中,人力资源部需要持续跟踪发展计划的执行情况,并定期评估培养的进度和成果,以便能够达到培养目标。在开展这项工作之前,人力资源部需要选定评估的内容、评估人、评估周期,并针对评估人进行培训,统一对评估内容的认知、评估尺度的把握,以及与被评估人进行面谈的技巧等,以保证评估结果的客观公平性。

一般而言,通用的评估后备人才的内容除了包括后备人才的个人品质、工作中的行为态度、工作中的专业能力和工作绩效,还应包括人才发展计划的实施进度及阶段性结果。评估人主要涉及后备人才本人、人力资源部及后备人才的直接上级和指定内训师。评估周期根据后备人才的情况不同分别为1~12个月不等,一般和酒店绩效考核周期匹配。人力资源部需要就来自各评估人的评估结果牵头召开校准会,最终形成对后备人才的阶段性评估报告,由后备人才的直接上级或指定内训师反馈给后备人才,并商讨下一步发展计划的执行。

以之前提及的酒店管理集团的人才盘点为例,结合集团按季度开展绩效考评的要求,对后备人才的评估周期每季度一次。就总经理助理候选人之一的房务总监而言,酒店总经理作为其指定内训师,会对其每季度的工作态度、工作表现、工作绩效,以及一些挑战性工作任务的完成情况进行评估。如果评估期间该房务总监参与了人力资源部组织的通用领导力提升的内训、外派参加行业或院校组织的酒店总经理培训班培训,人力资源部会就其课堂表现、作业质量和结课答辩情况进行评估。如果评估期间该房务总监接受了来自内训师餐饮总监的交叉培训,则餐饮总监需对房务总监受训期间的学习和掌握情况进行评估。同时,后备人才也需要针对本季度个人发展计划执行情况和自身成长情况进行评估和总结。随后,人力资源部召集总经理及相关内训师就各方评估结果进行分析汇总,同时修订下季度该房务总监的个人发展计划,总经理和该房务总监沟通评估反馈并商定下季度个人发展计划。

### (五) 后备人才的晋升任用与后期评估

首先,通过跟踪评估,可以衡量人才发展计划的培养效果,同时也可以评估后备人才是否符合拟晋升岗位的要求,评估合格者方可进入下一阶段的培养;评估不合格者,需重新调整培养计划;多次考核不合格者将退出后备人才梯队,不再接受培养,以保障后备人才的优胜劣汰,滚动进出。

其次,对于顺利完成个人发展计划和评估优秀的后备人才,一定要予以及时晋升任用,如果只培养不提拔的话,人才梯队建设将毫无意义,甚至对于酒店人才发展起到负面作用。此外,对优秀后备人才的晋升任用并不是人才梯队建设的结束,而是要持续对晋升后的后备人才的工作绩效情况进行跟踪评估,一方面可以检验人才梯队建设标准的有效性,另一方面也为后期相关岗位的后备人才发展计划的制订提供依据。

最后,还需要定期对人才梯队建设的制度、流程、操作环节及实际结果进行评估,分析、总结人才梯队建设过程中的经验和教训,持续优化人才梯队建设机制和实施环节,确保人才梯队建设能够为酒店的长期发展有效供给人才,推动后备人才持续成长,形成一个与酒店业务规划完全一致的人才选拔和培养流程。

## 三、掌握人才梯队建设的实施要点

### （一）制订后备人才发展计划

因为每个人对自己的职业期望、诉求，以及对职业发展和转换理解的全面性存在差异，所以在制订后备人才的培养计划前，一定要和相关后备人才进行充分沟通，了解他们的职业期望是成为高级别的管理人才，还是优秀的专业人才，或是合格的从业人员。因此，在制订人才发展计划时不能仅考虑酒店发展的需要，还需要与后备人才个人的职业期望和诉求达成一致，这样才能保证人才发展计划在执行的过程中激发后备人才的内在动力和潜力，以提升人才培养的效率和效果。

以之前提及的酒店管理集团的人才盘点结果为例，人力资源部针对每一位后备人才，开展了一对一深入沟通。其中有的候选人希望能晋升到更高的职位，有的候选人希望在自己的专业领域深耕，有的候选人不能接受外派到其他城市工作，有的候选人目前的重心在家庭和孩子方面，还有的候选人希望尝试不同岗位，不断拥有新的技能。以酒店总经理助理后备人才之一的房务总监为例，他目前的学历是大专，希望经过培养可以晋升到更高的职位，愿意接受集团的外派。人力资源部和总经理根据他的现状，制定了以外派总经理助理岗位为目标晋升岗位的房务总监个人发展计划，其中包括去餐饮部、市场营销部等部门进行交叉培训，外派参加某旅游院校举办的酒店总经理培训班，以及需要其利用业余时间参加的学历提升教育等。

而另一位财务部负责人也是总经理助理的后备人选，她目前的学历是本科，专业能力和发展潜力在后备人才中都比较突出。但是她现阶段需要将更多的时间和精力用于照顾家庭，三年之内不能接受集团外派的工作安排。不过她有信心在一年之内把她部门的主办会计重点培养成合格的财务部负责人。人力资源部和总经理协商后，把她列入财务部负责人及其他总经理助理后备人才培养的指定内训师，同时为她制订了三年的个人发展计划。

因此，在制订个人发展计划时，人力资源部需要和后备人才的直接及间接上级协商，将后备人才的个人意愿和诉求与酒店的发展需要有机结合。

### （二）打造酒店内训师团队

在实施人才发展计划时，人力资源部仅能承担部分通用类培训的实施，而发展计划中的部门专业知识和技能的传授却要依靠分布在各部门各层级的内训师。因此，打造一支训练有素的内训师团队是人才发展计划有效实施的保证。

1. 酒店内训师的角色和素质要求

（1）酒店内训师的角色

韩愈在《师说》中写道："师者，所以传道授业解惑也。"也就是说，老师是传授道理，教授学业，解决疑难问题的人。内训师和老师在教学目的、教学对象等方面存在差异，但在提高学员的素质、知识和技能方面也有诸多共同点。

酒店内训师不但需要传授相关知识和理念、方法和技巧，还需要完成培训的准备、沟通、协调、实施及评估,是一个对培训全流程把控的角色。为了更清晰地解释内训师的角色,在此借用影视制作行业的三个核心角色来阐述。

① 编,即编剧。内训师需要做好培训的准备工作,包括但不限于:培训需求调查,准备培训资料,开发和设计培训课程,安排培训场地,发布培训通知,调试培训设备等。

② 导,即导演。内训师在培训现场需要组织各项培训活动,包括但不限于:组织学员完成课堂发言、讨论、游戏、角色扮演、现场演练、案例分析、练习和考试等。

③ 演,即演员。内训师对于培训内容的现场演绎,包括但不限于:讲授的语音、语速、音量、表情、眼神、手势、对现场的控制及突发状况的处理等。

(2) 酒店内训师的素质要求

酒店内训师虽然只负责本酒店、本部门或本班组的培训工作,但是也需要了解酒店业及培训行业中的发展现状和前沿知识,甚至一些跨界、数字化转型等方面的知识,从而借他山之石,赋能内部培训。

由此可见,酒店内训师的素质要求还是比较高的,具体可以细化成以下内容。

① 丰富的专业知识和技能。内训师需要对所辖专业的知识和技能精通,同时具备培训的专业知识和技能。

② 有效的展示能力。内训师要能娴熟地掌握和应用培训现场的展示技巧,例如,站姿、语音、语速、音量、表情、眼神、手势,以及敏锐的洞察力和对现场把控能力等。

③ 清晰的表达能力。内训师需要有较强的逻辑思考能力和沟通技巧,能将培训内容以学员能接受和理解的方式有效传递。

④ 良好的组织能力。内训师在培训前、培训中及培训结束后都需要注重时间的把控,例如,培训前要做好培训时间、场地的沟通协调,以及培训通知的发布等工作;培训中需要营造课堂轻松、活跃的气氛,引导学员进入学习状态及参加课堂活动等;培训后进行培训评估,包括口试、笔试、培训满意度调查、工作现场检查或员工绩效评估等。

⑤ 身心健康。内训师需要有健康的体魄、正直的品行、积极乐观的心态,这些是形成良好的亲和力、影响力和内驱力的基础。

2. 内训师团队打造步骤

一般而言,打造内训师团队需要经过以下几个步骤。

(1) 内训师候选人的甄选

为了保证酒店服务标准、岗位知识和技能培训及人才梯队培养能够有效开展,原则上,酒店的每个层级均应设置兼职内训师。当然,甄选每个层级的内训师时既需要考虑其在现有岗位上的专业知识和技能、培训技能,同时也需要顾及个人意愿。因此,内训师候选人的甄选条件主要包括以下几点。

① 积极乐观,对培训工作有意愿。

② 有丰富的岗位实战经验,工作态度端正,业绩良好。

③ 熟练掌握本部门专业知识、技能和工作流程。

④ 具有良好的归纳总结和沟通表达能力。

(2) 内训师认证培训

对于甄选出的内训师需要进行内训师认证培训,也就是培训技能培训。通常酒店人力资源部负责人或培训负责人应该具备讲授培训技能培训课程的能力和资格。考虑到内训师候选人不能长时间脱离工作岗位参加培训,因此培训技能培训一般会压缩到 2~3 天,完成培训并通过认证的内训师可以正式开始从事内训工作。培训内容主要包括以下四个部分。

① 培训相关理论知识,包括培训的基本概念、培训类型、培训的益处、培训方法、内训师的素质要求及成人学习的特点等。

② 培训工作流程,包括培训需求调查和分析、制订培训计划、组织实施培训和培训评估。

③ 培训技巧,包括培训开场技巧、克服紧张的技巧、提问技巧、控场技巧、处理问题学员的技巧、应对突发事件的技巧及评估技巧等。

④ 培训实操演练。如果课堂时间充足,建议每一位学员都走上讲台试讲一节课;如果时间不够,以小组为单位实施试讲演练环节。

(3) 内训师的修炼提升

通过内训师认证的内训师在日常工作中需要不断修炼,不但要持续精进自身所在岗位的专业知识和技能,同时还需提升自己的培训专业知识、能力和技巧。一方面,人力资源部培训管理相关人员每天均需要抽出时间,根据各部门的月度培训计划,去各部门检查培训的开展情况和质量,同时也需要针对内训师的不足予以指出,帮助其提升。另一方面,人力资源部需要定期组织内训师专项培训,持续助力内训师的修炼提升。

### (三)阶段性评估后备人才

只有准确评估后备人才的能力和创造的价值后,才能根据评估结果采用晋升、加薪、培训发展、轮岗、调岗、淘汰等方式将其价值充分发挥。但是在评估后备人才的工作中,经常会出现评估者受主观情绪或喜好影响,导致不能对后备人才作出公正的评估。为避免这样的情况出现,人力资源部有必要要求评估人提供具体的实例,来佐证其作出的评价;还需要使用多维度评估工具、内外部评估相结合等方法,尽量避免评估出现偏颇,以保证评估结果能够比较真实、准确地反映后备人才发展计划的实施情况、后备人才的成长情况及与目标发展能力的差距等。

以之前提及的开展人才盘点的酒店集团为例,在后备人才发展计划实施的过程中,每个季度均会对后备人才进行评估,在采用绩效评估法与 360 度评估法之余,还会通过与后备人才本人及其直接上级、指定内训师等相关人员就后备人才在工作中的相关具体事件及行为表现进行深度沟通,以评价后备人才发展计划是否有效和可行,后备人才是否在某些方面获得成长、与继任岗位要求的差距,后续发展计划是否需要调整,以及后备人才是应该晋升、继续培养或是淘汰等。

因此,人力资源部在牵头开展后备人才阶段性评估工作时,既要使用定量的评估工具,使得评估的结果能够用数字直观呈现,同时也要结合其在实际工作中的行为表现这样的定性评估结果,综合考量,反复探讨,最终形成相对客观、准确的评估结果。

### 训练题 3-2

一、自测题

1. 简述人才梯队建设的必要性。
2. 简述人才梯队建设的步骤。

3. 简述内训师的素质要求。

二、讨论题

1. 制订后备人才发展计划应考虑哪些因素？
2. 如何打造酒店内训师团队？
3. 如何评估后备人才？

三、实践题

目的：让学生深入了解人才梯队建设的实战知识。

要求：小组全员参与，提交一份小组作业。

步骤：

（1）按学号进行分组，并选出组长。

（2）组长组织小组成员收集某公司或酒店人才梯队建设的实战案例并分析其成功的经验或失败的教训；确保小组中的每一位成员都参与其中。

（3）下节课每个小组以PPT形式汇报所收集的信息。

评价：

（1）教师点评各小组的作业。

（2）教师给小组作业打分，计入平时分。

## 任务 3.3　酒店员工培训

### 任务概述

本任务是"酒店员工发展"项目中的第三个任务，其任务学习内容包括培训的基本概念、培训的工作流程，以及培训的实施要点。通过本任务的学习，学生不但能了解培训的概念、类型、时机、益处及培训工作开展的流程，而且能掌握实施员工培训的要点，具备开展培训需求分析、组织经验萃取、搭建线上学习平台等方面的能力。

### 案例导入

今年5月中旬，陈冬冬刚入职一家高星级酒店任职培训经理，根据酒店的培训计划，一周后将安排为期两天的新员工入职培训，她提前与相关授课内训师沟通协调授课时间和课程内容，重新梳理了入职培训的课程安排，并提前四天给各部门发培训通知邮件，通知相关新入职员工参加培训。在培训前一天，她还和餐饮部预订了简单的茶歇，并用气球等装饰品布置了培训教室。培训当天，通知来参加培训的员工没有到齐，小陈逐个打电话通知相关部门，有的部门说今天客情忙，相关员工需要上班，没法参加培训；有的部门说已通知相关员工，不知道为何缺勤；有的部门说相关员工今天请假，忘记和小陈说了……结果，精心准备的两天培训，参加的人寥寥无几。培训结束后，小陈发邮件向各部门反馈培训参训和考核情况，邮件石沉大海，也没有得到各部门的回复。

5月下旬,按照计划各部门应当提交次月培训计划,但仍然有几个部门没有按时上交。于是,小陈打电话去相关部门催交,交上来的计划很敷衍,有的缺少部门负责人的签名,有的缺少具体培训时间和时长,甚至还有一个部门交了一张有部门负责人签名的空白计划表。小陈只能一一打电话核实。

6月开始,小陈每天都会对照各部门的培训计划去进行检查。有的时候,她根据培训的时间到达培训地点时发现空无一人,了解情况后得知该培训因故临时取消;或者被告知培训已经结束了;或者打电话喊来内训师之后,内训师现场打电话通知员工来参加培训;还有的情况是培训正在进行,但是内训师只是照本宣章,受训员工也心不在焉。这些状况,小陈看在眼里,急在心里。

**思考和讨论:**
1. 陈经理接下来该如何组织和管理酒店的培训?
2. 陈经理该如何提升酒店员工参加培训的积极性?

# 一、了解培训的基本概念

## (一) 什么是培训

培训是培训师通过授课及之后的培训评估,使学员在知识、技能和工作态度三方面达到预期要求的过程。也有人把培训定义为参加培训后能够将所学习信息加以应用的过程。例如,调制鸡尾酒课程可以帮助学员学习和掌握鸡尾酒相关的知识、调制方法和技能,通过该课程的学习,学员可以学会鸡尾酒的基本调制方法并独立完成常见鸡尾酒的调制。

## (二) 了解培训的类型

培训的分类标准不同,培训的种类就不同。在此主要介绍两种分类方法。

1. 按照培训的场所分

按照培训的场所不同,培训可以分为职外培训和在职培训两类。所谓职外培训,是指在工作场所之外对员工开展的培训,这是当员工人数较多或是课程内容需要时所进行的教授知识和技能的一种有效方法,例如,酒店人力资源部组织的新员工入职培训或消防设施操作员培训等。而在职培训是指培训师、经理或主管在特定的工作现场通过实际工作,将某一工作技能教授给员工的一种系统培训方法,通常是针对某一人或某一小组展开,例如,鱼汤馄饨烹饪培训,客房清洁培训等;由于该类培训具有一定的劳动生产率,因此这种培训方式被企业普遍采用。

2. 按照培训的内容分

按照培训的内容不同,培训可以分为知识培训、技能培训和态度培训。所谓知识培训,是指对事物的基本认识和理论的抽象化内容的教授。例如,酒店应知应会培训,仪容仪表规范培训等。技能培训是指教授培训对象解决具体问题的技术和技巧,例如,干粉灭火器的使用,铜器的擦拭等培训。态度培训是为了正确引导培训对象达到符合预期的待人处事的精神面貌,例如,服务意识类培训,工作责任心方面的培训,以及职业道德方面的培训等。

如图3-5所示,酒店通过培训使员工增加工作中需要的知识和能力,改变员工对于工作和酒店的态度,使之更好地融入酒店的文化中,从而能以更少的失误、更高的效率完成任务,提高工作绩效。

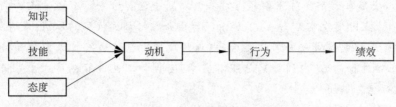

图3-5 培训的内容

### (三)了解培训的时机

无论是从员工的专业知识和技能提升方面考虑,还是从员工的职业发展方面考虑,酒店的新老员工、不同层级的员工都需要相应的培训,但是酒店的培训预算和培训资源是有限的,而有限的资源应该用在"刀刃"上,因此把握恰当的培训时机十分必要。当酒店面临以下情况时,相关的员工最需要培训。

(1)酒店开业。
(2)员工流动率高。
(3)员工工作不符合酒店质量和数量标准。
(4)工作事故或失误经常发生。
(5)成本特别高。
(6)宾客投诉率特别高。
(7)工作程序有变动。
(8)服务态度差。
(9)启用新设备、新系统、新程序、新政策。

不过,当工作或服务中出现一些问题时,管理人员也要具体情况具体分析,判断该问题是否通过培训可以杜绝或减少其发生,或者这种情况的发生是因为别的原因导致,应该用培训之外的方法解决。例如,主管遇到员工在工作岗位上频频发生不符合酒店服务质量要求的情况,如果是一位新员工,应考虑通过培训使其能胜任本职工作;如果是一位经验丰富、专业技能过硬的老员工,那很显然,给员工实施相关培训并不能解决问题,因为员工可能是因为缺乏激励、职业倦怠、班组内人力配备极不足或者是该工作程序本身有问题等原因导致的服务质量问题。因此,主管需要和员工做深层沟通,了解出现问题的根本原因,然后才能对症下药,有效解决问题。

### (四)理解培训的益处

随着时代的发展,越来越多的酒店和个人意识到培训是一件可以带来多赢局面的事情,对员工、对管理者、对顾客和对酒店均有益。表3-4列出了培训对员工、管理者、顾客和酒店的益处。

表 3-4 培训的益处

| 受益方 | 受益项 |
| --- | --- |
| 员工 | (1) 减少学习时间,加快学习进度<br>(2) 学会正确的方法<br>(3) 减少紧张与压力<br>(4) 提高了技能,扩大了知识面<br>(5) 提高了工作效率和效能<br>(6) 增强职业安全感和职业竞争力<br>(7) 为个人的发展和提升做了准备<br>(8) 增强自信心、满足感和工作积极性<br>(9) 增强自尊心和工作自豪感 |
| 管理者 | (1) 体验做管理工作的新角色<br>(2) 提高培训工作的质量和效率<br>(3) 提升了管理者的技术水平和能力<br>(4) 解放了管理者自己<br>(5) 便于多角度了解员工<br>(6) 提高团队素质,提升团队士气<br>(7) 提高管理者的影响力和部门的声誉 |
| 顾客 | (1) 享受高品质的产品<br>(2) 体验高品质的服务<br>(3) 物有所值<br>(4) 旅居更愉快<br>(5) 提升对酒店的满意度和忠诚度 |
| 酒店 | (1) 提升标准<br>(2) 提高员工整体素质,提高劳动生产率<br>(3) 降低各项成本<br>(4) 减少安全隐患<br>(5) 提高员工归属感,吸引潜在员工加入<br>(6) 树立良好的品牌形象和社会形象<br>(7) 提高投资回报率<br>(8) 打造核心竞争力 |

## 二、掌握培训的工作流程

### (一) 培训需求分析

培训需求分析是酒店培训工作的开端,是在规划与设计每个培训活动之前,由培训部门或培训主管部门、主管人员、工作人员等采用各种方法与技术,对各种组织及其成员的知识、技能、能力等方面进行系统的鉴别与分析,以确定是否需要培训及培训什么的活动或过程。人力资源部每年都会开展一到二次培训需求调查,分析培训需求调查结果,并以此作为制订酒店半年度或全年培训工作计划的依据。

1. 发现培训需求信号

培训需求信号来源于两个方面:主动产生的信号和被动产生的信号。

所谓主动产生的信号,是指酒店为了顺应业务发展、人才培养或管理方面的需要,而主动采取的具有前瞻性和持续性的培训需求分析。例如,酒店为了适应新生代消费者的消费习惯,新设立线上运营团队,由此会产生新的培训需求。

被动产生的信号是指由于出现了政策或经营环境发生巨大变化、服务效率低下、宾客投诉增加等情况,酒店为了应对以上情况而被动采取的培训需求分析。例如,近期频繁发生宾客投诉客房卫生问题,如果是因为新入职清扫员较多导致的,就产生了"客房清洁"培训需求。

**2. 收集培训需求信息**

收集培训需求信息之前,需要根据培训需求信号的问题严重性或培训的必要性进行初步判断,然后确定培训需求分析的范围、工作量及方法。

1) 培训需求信息的来源

培训需求信息的来源主要有两个渠道,一是酒店内部;二是酒店外部。

(1) 来自酒店内部的培训需求信息主要来源于以下方面。

① 酒店的任务、结构发生改变。
② 酒店开发了新产品或新业务领域。
③ 酒店的团队氛围。
④ 人员异动。
⑤ 绩效标准改变。
⑥ 新设备、新程序或系统投入使用。
⑦ 工作不符合酒店质量和数量标准。
⑧ 酒店各类工作联络群。
⑨ 酒店各层级员工。

(2) 来自酒店外部的培训需求信息主要来源于以下方面。

① 宾客满意度。
② 酒店竞争对手。
③ 相关行业协会。
④ 权威行业期刊、媒体或论坛。
⑤ 政治、经济、人口、技术等宏观环境。
⑥ 市场竞争压力。

2) 收集培训需求信息的方法

收集培训需求信息的方法比较多,常见的有观察法、问卷调查法、面谈法、资料分析法、客户调查法及工作任务分析法等。不同的培训目的、不同的分析层面和分析内容,所用的方法均有差异。酒店人力资源部为下一步培训工作开展提供参考依据而开展的培训需求分析,常会使用面谈法和问卷调查法,为了更精确地了解酒店不同层级的培训需求,会针对不同层级设计不同的问卷。而酒店各部门在制订年度或月度培训计划时,会综合使用观察法、资料分析法及工作任务分析法,从管理者日常工作巡查、服务质量检查、宾客投诉资料和宾客满意度分析中发现部门员工工作现状与工作标准和要求的差距,从而分析出部门的培训需求。

3. 进行培训需求分析

系统的培训需求分析可以从组织分析、工作分析和人员分析三个方面入手,通过比较、综合以上三方面的分析结果可以分析出酒店的培训目标和培训内容。

就组织分析而言,主要涉及酒店面临的政策变化、技术变革、管理变革、竞争环境等外部环境,组织内部结构调整、临时或突发状况等内部环境,组织的短期、中期和长期目标分析,以及组织的人力资源、财务及企业文化分析。

就工作分析而言,主要涉及每一项工作的任务要求、能力要求和对人员的素质要求,以及宾客对酒店各岗位的服务要求。

就人员分析而言,主要涉及人员的能力素质和技能分析,现有人员工作绩效分析,以及以上分析结果与酒店的要求或标准的主要差距。

4. 确认培训需求

人力资源部为了广泛了解各层级员工的培训需求,会开展全员培训需求调查,根据员工感兴趣的培训主题安排培训计划。例如,多年前笔者曾经组织过一次全员培训需求调查,收集的培训需求五花八门,有想学茶艺的,有想学韩语和日语的。如果按照每一项培训需求的受欢迎程度排名来安排酒店培训计划的话,酒店的培训资源是有限的,而员工对于培训的个性化需求是无限的。

因此,需要通过以上分析得出培训需求,还需要与酒店决策层、管理层及员工进行深入沟通,以避免培训资源浪费,剔除非培训可以解决的问题;同时根据培训需求的重要性和紧急性进行排序,为进一步制订培训计划奠定基础。

## (二)制订培训计划

1. 培训计划的类型

(1)根据层次划分

酒店的培训计划根据层次划分可以分为酒店整体培训计划、部门培训计划及个人培训计划。所谓酒店整体培训计划,是指根据酒店的内外部环境、酒店发展规划等制订培训工作开展的总目标、培训方针、培训工作重点及培训规划。部门培训计划是指酒店每个部门根据自身人力资源现状、业务发展需要、部门特点等因素制订的培训计划。个人培训计划是指根据个人的专业知识和能力现状,结合酒店和部门工作的需要及个人的提升和发展目标制订的培训计划。

(2)根据时间跨度划分

酒店的培训计划根据时间跨度划分可以分为长期培训计划、中期培训计划和短期培训计划。长期培训计划是指时间跨度在3~5年的培训计划,主要是酒店发展战略和人力资源战略在培训方面的具体体现,以及该时间段内培训的目标和使命。中期培训计划是指时间跨度在1~3年的培训计划,是长期培训计划的进一步细化及短期培训计划的依据。短期培训计划是指时间跨度在1年以内的培训计划,是酒店年度、季度或月度的培训目标和任务的分解。酒店日常使用较频繁的是年度培训计划和月度培训计划。

2. 培训计划的要素

培训计划是按照一定的逻辑顺序排列的记录,它是从酒店的战略出发,在全面、客观的培训需求分析基础上做出的对培训内容、培训时间、培训地点、培训者、培训对象、培训方式和培训费用等的预先系统设定。我们不难得出培训计划至少需要包括以下七个要素。

(1) What(什么):培训内容。
(2) Why(为什么):培训目的。
(3) Who(谁):培训者和培训参与者。
(4) When(何时):培训时间(日期和具体时段)。
(5) Where(哪里):培训地点。
(6) How(怎么做):培训方法和步骤。
(7) How much(多少钱):培训预算。

### (三)设置培训课程

1. 新员工入职培训课程设置

(1) 酒店级入职培训

酒店级入职培训由人力资源部或培训部组织,时间通常为2～3天,培训内容包括品牌文化、酒店应知应会、服务意识和服务礼仪等(见表3-5)。

表3-5 酒店级入职培训内容及培训师

| 培训主题 | 培训内容 | 培训师 |
| --- | --- | --- |
| 品牌文化 | (1) 品牌发展史<br>(2) 品牌的愿景、使命、价值观<br>(3) 品牌服务标准 | 培训部讲师 |
| 酒店应知应会 | (1) 酒店基本信息<br>(2) 酒店发展史<br>(3) 酒店管理层及各部门职能<br>(4) 酒店主要产品 | |
| 服务意识 | (1) 服务、服务意识的概念<br>(2) 服务意识的养成<br>(3) 服务意识的践行<br>(4) 服务补救 | |
| 仪容仪表规范 | (1) 个人卫生<br>(2) 发型、面部妆容、手部、鞋袜<br>(3) 制服、员工名牌<br>(4) 饰品饰物等<br>(5) 职业彩妆 | |
| 行为举止规范 | (1) 站姿、坐姿、走姿、蹲姿、手势、指示方向、引领、电梯服务、敲门等<br>(2) 问候、介绍、握手、鼓掌、递交名片等 | |
| 电话礼仪 | (1) 电话接听标准<br>(2) 电话拨打标准<br>(3) 电话礼仪的标准话术 | |

续表

| 培训主题 | 培训内容 | 培训师 |
| --- | --- | --- |
| 员工手册 | (1) 规章制度<br>(2) 福利政策<br>(3) 奖惩条例 | 人力资源部内部培训师 |
| 消防、安全、急救知识 | (1) 消防安全知识<br>(2) 信息安全知识<br>(3) 工作安全知识<br>(4) 急救常识 | 安保部内部培训师 |
| 节能 | 节能环保知识 | 工程部内部培训师 |
| 参观酒店 | (1) 酒店大堂、商场、前台、礼宾台、商务中心<br>(2) 酒店各餐厅、多功能厅、会议室<br>(3) 游泳池、健身房<br>(4) 行政楼层、标准客房、豪华客房、总统套房<br>(5) 其他服务设施<br>(6) 酒店各部门办公地点<br>(7) 员工餐厅、更衣室、制服房、倒班宿舍 | 培训部讲师 |

(2) 部门级入职培训

通常情况下,在酒店级入职培训之后,新员工会到所属部门,参加各部门组织的部门级入职培训。部门级入职培训通常在实际工作中进行,帮助新员工了解本部门的基础知识及自己的工作职责和工作环境。部门级入职培训的内容及培训师详见表3-6。

表3-6 部门级入职培训内容及培训师

| 培训主题 | 培训内容 | 培训师 |
| --- | --- | --- |
| 部门迎新仪式 | (1) 部门负责人及同事欢迎新员工<br>(2) 部门负责人或督导向新员工做自我介绍<br>(3) 向新员工介绍同事<br>(4) 参观工作场所<br>(5) 部门负责人或督导邀请新人共进午餐<br>(6) 利用班前会把新员工介绍给其他同事 | 部门负责人/部门内训师 |
| 部门基础知识 | (1) 部门简介、组织机构图<br>(2) 部门产品知识<br>(3) 本部门考勤制度、奖惩制度、培训政策、绩效评估 | 部门内训师 |
| 岗位知识和技能 | (1) 岗位说明书<br>(2) 工作任务清单与标准工作程序<br>(3) 岗位培训计划<br>(4) 将新员工交接给负责他的师傅 | 班组内训师 |
| | (1) 岗位专业知识<br>(2) 岗位专业技能<br>(3) 日常待客技巧 | 班组内训师 |

资料来源:姜玲.酒店业督导技能[M].北京:旅游教育出版社,2008.

## 2. 在岗培训课程设置

在岗培训课程的设置既要考虑满足岗位对专业知识和技能的需要,又要考虑该岗位员工的专业提升和职业发展。一般而言,酒店层面的培训课程设置更倾向于通用服务或管理类提升课程;部门层面的培训课程设置是以各岗位专业知识和技能提升为主。为了让员工对自己需要参加的培训课程有更直观的了解,我们可以借助学习地图。如图 3-6 所示,所谓学习地图,是指将各岗位职责及该岗位职业发展需具备的知识、技能和工作态度类的课程,按照由浅入深、由易到难、由基层到中层再到高层的逻辑顺序排列的课程体系的呈现形式。

| | 行政人力资源部 | 财务部 | 市场营销部 | 前厅部 | 客房部 | 餐饮部 | 工程部 | 安全部 |
|---|---|---|---|---|---|---|---|---|
| 员工层 | 岗位专业知识和技能<br>例如,以前台接待员为例,需掌握证件常识、真假币识别知识、前台操作系统的操作技能、打印机/复印机等设备的操作技能、电话接听技能、前台增销技能、岗位英语、邀请网络好评的技巧等知识和技能 | | | | | | | |
| ↓ | 晋升所需知识和技能<br>例如,以员工拟晋升为主管为例,需掌握班组排班知识、岗位服务质量检查标准、管理下属、技能培训、投诉处理步骤、对客沟通、制订工作计划、Office 软件操作等知识和技能 | | | | | | | |
| 主管层 | 岗位专业知识和技能<br>例如,作为主管,需掌握科学排班、班组服务质量管理、有效处理投诉、班组培训及培训管理、合理安排班组工作等知识和技能 | | | | | | | |
| ↓ | 晋升所需知识和技能<br>例如,以主管拟晋升为副经理/经理为例,需掌握其他平行班组的工作内容和流程、管理创新、团队打造与激励、时间管理、跨部门沟通等知识和技能 | | | | | | | |
| 部门经理层 | 岗位专业知识和技能<br>例如,作为部门经理,需掌握部门管理体系搭建、制度建设、打造高效团队、非人力资源的人力资源管理、非财务经理的财务管理等知识和技能 | | | | | | | |
| ↓ | 晋升所需知识和技能<br>例如,以部门经理拟晋升为酒店副总经理/总经理为例,需掌握其他平行部门的工作内容和流程、市场营销管理、人力资源管理、财务管理、客房管理、餐饮管理、工程管理、安全管理等知识和技能 | | | | | | | |
| 高管层 | 岗位专业知识和技能<br>例如,作为酒店总经理,需掌握战略管理、酒店经营与创新、酒店法律实务、酒店突发事件应急与危机管理等知识和技能 | | | | | | | |

图 3-6 酒店各部门、各层级学习地图示意

如图 3-7 所示,以培训专员的学习地图为例,在不同的发展阶段,需要完成不同的课程学习,既能满足当前的工作需要,也可为下一阶段的发展奠定基础。

| | | 培训课程体系 | 培训主要内容 |
|---|---|---|---|
| 培训专员 | 岗位专业知识和技能 | 专业知识与技能 | 培训组织、培训实施、内训师团队搭建等方面理论知识 |
| | | 通用职业素养 | 企业文化、计划管理、沟通技能、公文写作等 |
| ↓ | 晋升所需知识和技能 | 基层管理知识和技能 | 管理角色认知、领导技能、目标管理、向上汇报技巧、解决问题、员工激励、团队建设等 |
| 培训主管 | 岗位专业知识和技能 | 专业知识与技能 | 培训需求分析、培训评估、培训教材开发、培训课程讲授等培训管理方面的理论知识 |
| ↓ | 晋升所需知识和技能 | 人力资源其他模块专业知识与技能 | 人力资源规划、招聘与配置、绩效管理、薪酬福利、员工关系、企业文化建设等专业知识和技能 |
| 人力资源经理 | 岗位专业知识和技能 | 专业知识与技能 | 战略性人力资源规划、人力资源预算编制、人才盘点、跨部门沟通、人才测评、人力成本管控、劳动争议处理、人力资源管理制度编制和完善等专业知识和技能 |
| ↓ | 晋升所需知识和技能 | 其他部门的专业知识和管控要点 | 市场营销、财务管理、前厅管理、客房管理、餐饮管理、工程管理、安全管理等 |
| 高管层 | 岗位专业知识和技能 | 专业知识与技能 | 战略管理、酒店经营与创新、酒店法律实务、酒店突发事件应急与危机管理等 |

图 3-7 酒店培训专员学习地图

### (四)开展培训准备工作

按照培训计划,实施培训之前需要做大量的准备工作。

1. 培训组织者

酒店培训的组织者通常是人力资源部或培训负责人,而部门培训的组织者是部门内训师。在酒店的培训计划实施之前,培训组织者是培训师和学员之间沟通的桥梁,需要和培训师确认培训主题、培训时间和时长、建议参训学员范围等信息,以便组织培训报名。同时也需要将参训学员的人数和基本信息,包括所在部门、职位、年龄等反馈给培训师,以便培训师更有针对性地安排课程内容和培训活动。另外,培训组织者还需要确认培训场地、设备要求、培训教具、培训资料的准备及提前发布培训通知,甚至有些培训需要酒店总经理室成员进行开班致辞,培训组织者也需要提前和相关高管确认时间。

2. 内训师

酒店内训师需要提前和人力资源部或培训负责人沟通培训主题、培训时长、培训学员、培训场地要求、所需培训教具及设施设备等信息。内训师需要根据以上信息准备培训教案和培训资料,并根据学员的特点、培训主题、培训目的等因素选择合适的培训方法(见表3-7),并合理设计培训中的提问、练习、游戏等环节;为了提高学员的学习兴趣,建议内训师准备一些生动、风趣的图文或视频信息,以及发生在实际工作中的典型案例。

表 3-7 培训方法

| 培训方法 | 说 明 |
|---|---|
| 讲授法 | 培训师通过语言表达系统地传授新知识,将抽象知识变得具体形象、浅显易懂,这是一种一次性向众多学员传播信息的有效培训方法,是培训师最常用的培训方法 |

续表

| 培训方法 | 说　明 |
|---|---|
| 演示法 | 培训师按照工作任务的步骤向学员示范正确的操作方法。演示法特别适用于操作类培训,这种方法要求培训师对所演示的工作任务能够熟练地、步骤清晰地完成操作过程,并引起学员对其演示的赞叹和钦佩 |
| 练习法 | 培训师根据课程进度,安排学员在课堂或课后对所学知识和技能进行实践练习的一种活动 |
| 小组讨论 | 培训师将学员分组,并设置问题引导各小组进行讨论,各小组可以讨论同一问题,也可以分别讨论同一问题的不同视角<br>分组讨论是一种互动培训方式,关键在于确保每位学员都进行思考并参与讨论,这样才能得到良好的培训效果 |
| 角色扮演 | 培训师根据需要安排2~3名学员表演一个工作或服务中的情景,其他学员则在旁观看,表演结束后进行点评和分析<br>角色扮演有助于学员在轻松的氛围中学习知识或技能,让培训变得更生动、更有趣,也可以帮助学员建立自信 |
| 案例分析 | 培训师根据课程的需要提前设计案例,在课堂上组织学员单独或分组根据案例进行讨论,学员结合所学知识和经验做出决策或归纳出解决问题的方法和建议 |
| 游戏 | 培训师根据培训的需要提前准备游戏的规则、程序、目标和评分标准,在课堂上安排全体学员或部分学员模仿一个动态的场景,彼此合作或竞争,以达到培训目标。例如,在培训开始之前,为了消除学员的陌生感和紧张感,培训师会采用破冰游戏 |

资料来源:姜玲.培训培训师:TTT指南[M].北京:高等教育出版社,2008.

## (五)实施培训

### 1. 培训组织者

在酒店组织的培训实施当天,培训组织者需提前布置培训场地、调试培训设备、发放培训资料,培训开场介绍培训师、邀请高管致辞、培训结束时的致谢和培训满意度调查,培训结束后的培训签到记录、培训满意度调查结果及反馈,以及培训资料的归类存档。如果是部门日常的培训,通常是部门相关内训师落实完成培训前的准备工作,而酒店人力资源部或培训负责人会根据部门培训计划对培训是否按计划进行及培训的质量进行抽查。

### 2. 内训师

在培训开始之前,内训师需要提前到培训现场做好计算机、投影、翻页器的调试,为了营造良好的培训氛围,可以播放一些轻音乐或视频,并且在培训场地入口处欢迎学员的到来。

如表3-8所示,以一节一个半小时的有效处理投诉为主题的培训为例,内训师在培训实施的过程中,为了提高学员的参训兴趣,不但使用了PPT、讲义、白板这样的可视化教学工具,还综合运用了讲授、案例分析、小组讨论、角色扮演、小组竞赛等培训方法。

表 3-8  内训师课程实施案例

| 序号 | 课程实施步骤 | 授课时间/分钟 | 授课内容与方法 | 培训资料或设备 |
| --- | --- | --- | --- | --- |
| 1 | 开场 | 15 | ① 破冰<br>问候学员<br>播放投诉视频 | 视频资料、投影仪 |
| | | | ② 介绍课程<br>介绍课程主题<br>为什么要做这个培训 | PPT |
| | | | ③ 提问<br>你们以前遇到过投诉吗<br>你是如何处理的<br>学会有效处理投诉的必要性 | 问题清单 |
| | | | ④ 介绍培训目的<br>⑤ 介绍课程安排 | |
| 2 | 授课 | 20 | ① 讲解投诉处理的相关知识<br>如何看待投诉<br>处理投诉的原则<br>投诉处理的步骤和注意事项 | PPT、学员讲义 |
| | | | ② 示范投诉处理的步骤<br>案例分析 | 案例 |
| 3 | 学员练习 | 40 | ① 如何避免投诉<br>小组讨论,学员代表分享经验和心得 | 白板和笔 |
| | | | ② 如何处理投诉<br>角色扮演:投诉处理<br>学员点评<br>培训师点评 | 脚本文件 |
| 4 | 结课 | 15 | ① 回顾游戏<br>将学员分组,提问抢答,最终得分最高的小组为优胜组 | 问题清单和小礼物 |
| | | | ② 总结课程<br>本次培训主要学习内容<br>强调重点和难点 | |
| | | | ③ 结束课程<br>提问:关于本课程,大家还有什么问题吗<br>感谢学员的参与<br>鼓励大家将课堂学到的技巧运用于工作中 | |

当然,为不断提升培训效果,内训师在培训实施过程中,需要不断精进自己的培训技巧。第一,内训师在培训之前一定要做充分的准备,认真备课,尽量将培训内容讲解得生动有趣,可以借助一些培训资料和物料。例如,准备一些简短有趣的破冰游戏、贴近工作现状的案

例、生动幽默的音频和视频资料等。第二,为不断提升课堂现场的控场能力,内训师需要持续关注学员的听课状态,及时调整授课方式,以保证培训效果。例如,在授课过程中发现学员的眼神很迷茫或有抓头的动作,内训师应该询问学员是不是不太理解正在讲解的知识点,有必要的话需重新讲解。第三,需要根据学员的特点安排课程的进度,每次培训不要安排太多知识点,超过一个半小时的培训一定要安排课间休息;同时合理规划课程中各环节的时间安排,使学员在学习过程中张弛有度,提高学习效率和改善学习效果。第四,为便于学员掌握培训内容的要点和难点,内训师要在授课中及授课结束前通过提问、随堂练习、小测试等方式帮助学员进行回顾,加强记忆。第五,内训师在实践中不断提升综合使用多种培训方法及提问等培训技巧。第六,内训师还要鼓励学员在实际工作中运用培训内容,并听取酒店人力资源部或培训负责人的抽查反馈内容,不断总结提升培训技能和技巧。

3. 部门负责人

为保证酒店培训实施的效果,酒店各部门负责人首先要在精神层面给予培训工作足够的重视,例如,在相关场合均强调培训工作的重要性;其次要在行为层面给予培训工作支持,例如,每个季度或每半年亲自参与培训授课、亲自抽查培训的参与情况或亲自参加一些重要的培训等。

就本任务中案例导入部分出现的新员工入职培训参与和反馈不佳的情况,部门负责人需要重视酒店组织的新员工入职培训,提前安排好参训员工的班次。如果实在因客情繁忙无法参训,必须提前办理培训请假手续;对于因个人原因无故不参加培训的员工,需予以警告。同时,对于考核不通过的员工,需限期补考。务必确保本部门新员工在转正之前完成酒店组织的新员工入职培训课程的学习和考核。另外,对于部门日常培训工作的开展,部门负责人首先要严格把关培训计划的审核,以防出现重点培训需求的疏漏;其次要不定期抽查部门日常培训的开展情况,及时指出培训中存在的问题;最后积极参与组织和实施部门月度例会上的专题培训。

4. 参训学员

就参训学员而言,其对待培训的态度与培训实施的过程及效果息息相关。如果学员仅把培训当作酒店或部门对于他的要求,认为参加培训是浪费时间,是迫不得已,而意识不到积极参与酒店组织的培训是个人的职业生涯持续发展的有效途径之一,那么,酒店培训负责人和内训师无论如何费尽心思去开展培训需求调查、精心准备课程、不断提升培训技巧,都不能达到预期的培训效果,甚至适得其反,引起学员的反感和抵触。因此,学员必须有清晰的认识,虽然个人的职业规划和发展与行业、企业、直接上级、人力资源部等因素有关,但最关键的角色还是员工本人。所以参训学员如果能够将酒店安排的培训和个人的职业发展相结合的话,那么在培训的实施过程中,也能够充分发挥主观能动性,达到培训的效果。

## (六) 评估培训效果

如表 3-9 所示,目前国内外运用最为广泛的培训评估方法是由美国培训专家柯克帕特里克(Kirkpatric,1959)提出的培训效果评估模型。培训部或内训师在进行培训效果评估时可根据表中的评估时间用恰当的评估方法对相应的评估内容进行评估,通过对评估结果的分析指导下一步的工作开展。

表 3-9　培训效果评估模型

| 层　　次 | 评 估 内 容 | 评 估 方 法 | 评估时间 | 评估单位 |
| --- | --- | --- | --- | --- |
| 反应评估 | 衡量学员对具体课程、讲师与培训组织的满意度 | 问卷、访谈、观察、座谈等 | 课程结束时 | 培训单位 |
| 学习评估 | 衡量学员对于培训内容、技巧、概念的吸收与掌握程度 | 提问、笔试、口试、模拟练习、心得报告等 | 课程进行时课程结束时 | 培训单位 |
| 行为评估 | 衡量学员在培训后的行为改变是否因培训所导致 | 问卷、访谈、行为观察、绩效评估等 | 三个月或半年以后 | 学员的直接主管上级 |
| 结果评估 | 衡量培训给酒店的业绩带来的影响 | 生产率、离职率、出勤率、个人与组织绩效指标、客户与市场调查等 | 半年、一年后员工及公司绩效评估 | 学员的单位主管 |

资料来源:中国就业培训技术指导中心.企业人力资源管理师(二级)[M].2版.北京:中国劳动社会保障出版社,2007.

## 三、掌握培训的实施要点

### (一)了解受训者的学习特点

内训师必须充分了解受训者的特点才能提升培训效果,而酒店内训师面对的受训者是成人,成人学习的特点很显然具有一些独特性。

1. 成人学习的特点

成人学习的特点主要有六个,即健忘(forgetful)、容易对抗(antagonism)、结果导向(result-based)、希望受到激励(motivated)、经验主义(empiricism)、需要重复回顾(review),由于这六个核心词汇的英文首字母凑巧是"FARMER"(农夫),所以我们也把成人学习的特点称为农夫法则。

(1)健忘。随着年龄的增长,成人的机械记忆能力会变弱,对于一些不是很感兴趣或使用频率较低的知识和技能就会记不住或记不全。

(2)容易对抗。成人不是一张白纸,他们对工作中的相关知识、技能有一定认知,甚至有丰富的经验,如果所授内容与其之前的认知或经验有冲突或矛盾,成人便会不自觉地产生拒绝或抵制的反应。

(3)结果导向。成人对实用的、能立即解决问题的、个人很感兴趣的内容有学习的兴趣和欲望。

(4)希望受到激励。成人在学习的时候需要有内在的动力和需求,而表扬、认可、反馈等行为可以增强成人的内在驱动力,调动其学习积极性。

(5)经验主义。成人由于之前的经验或经历已形成固有的思维方式和习惯,并且在短期内难以改变,同时这种思维方式和习惯会影响成人对新知识和新技能的接受程度。

(6)需要重复回顾。不断地复习回顾所学知识和技能能够提高记忆的准确性和持久性。

2. 成人学习特点在培训中的应用

在了解了成人学习特点的前提下,内训师在甄选培训主题、设计培训环节和活动、选择培训方法和教具等方面均需充分考虑，以加强培训的针对性，提升培训效果。

第一，内训师应该充分了解受训者的培训需求，最好能够将酒店和部门的工作标准和要求与个人兴趣及发展的需求结合考虑，同时优先选择实用性、需求性和趣味性强的培训内容。

第二，考虑到成人的既有认知和经验，在培训的导入阶段需要从受训学员熟悉的知识、技能或经验切入，再过渡到其不熟悉或颠覆其之前认知的内容，尽量通过教练引导技术让学员自己推导出结论。当然，引导的方式、方法、技巧和内训师的专业能力和经验有较大关联。

第三，为了便于成人受训者更容易地记住相关的知识和技能，内训师需要调动学员的多重感官参与学习，促进大脑内部建立各种便于回忆的联系，提高学员的记忆质量和效果。同时，在培训过程中不断进行各种方式的回顾，加强学员记忆。

第四，在培训环节的设计方面，内训师需要考虑运用多样的培训方法，如游戏、短视频、角色扮演、案例分析等，提高学员的注意力，缓解听课的疲劳感。同时可以设计课堂的练习与活动，让学员积极参与互动。

第五，成人受训者想知道自己在培训中的表现如何，内训师的及时反馈有利于提高学员的参与度和积极性；另外，内训师恰当地使用激励技巧，如表扬、认可等，能够有效地激发受训者的学习主动性和兴趣。

### （二）运用技能培训需求分析表

如表 3-10 所示，技能培训需求分析表是基于某岗位员工对于该岗位需要掌握的工作项目的合格程度分析该岗位员工的技能培训需求。各部门主管在做本班组技能培训需求分析时，通过在工作中检查所辖员工的工作质量，同时结合宾客意见和满意度调查结果，针对需要掌握的工作项目是否达标进行判断，最终统计出每个工作项目不达标的人数。理论上，不达标人数最多的项目就是第一培训需求，需要用一对多的小组培训法来实施培训，培训师通常是本班组的内训师，培训时间会安排在交接班前后，培训的地点通常安排在部门办公室、培训教室或员工餐厅。如果不达标人数只有一人，则进行一对一培训，培训师可以是班组内训师，也可以是该工作项目表现比较好的员工，培训地点就安排在工作现场，培训时间可以选择工作中的空当时段。

表 3-10 技能培训需求分析表

| 工作项目 | 员工姓名 | | | | | 不达标 |
|---|---|---|---|---|---|---|
| | 员工1 | 员工2 | 员工3 | 员工4 | 员工5 | |
| | | | | | | |
| | | | | | | |
| | | | | | | |
| | | | | | | |

### （三）运用四步培训法

在培训的实践过程中，有一种被普遍运用的培训方法叫四步培训法，适合于一切有关知识、技能和态度的培训。四步培训法主要有以下四个步骤。

第一步,让学员了解培训内容。

在这个步骤,内训师要介绍培训的工作任务,强调这个工作任务的重要性,并根据需要展示一个符合标准的样品或工具,引发学员的兴趣,调动学员的积极性。以咖啡壶服务培训为例,"我们今天教怎样提供咖啡服务。其实咖啡服务有多种方法,但今天我们先学咖啡壶服务这一方法,大家将学会用咖啡壶快捷稳当地为客人提供咖啡服务。你们以前见过这些壶吗?你们将学习怎样用它们,因为我们每天卖出很多咖啡,而这也是你们的工作职责之一。"

第二步,培训师进行解释和示范(如需)。

内训师在考虑学员的理解和接受程度的基础上,用简明扼要、重点突出的语言进行解释;如果需要示范,内训师需放慢示范速度,每操作一步就解释一步,包括正在做什么,怎么做,以及为什么这么做,同时强调相关重点,必要时重复操作较难的步骤,确保学员能看清每一步操作。

第三步,让学员试练。

这一步是培训的核心,内训师需要提前为学员准备练习需要的工具和材料,让学员根据示范的步骤逐步操作,同时说明要点和为什么这么做,让学员重复练习,直到达到标准。在这个过程中,内训师要及时鼓励做得好的学员;对于出错的学员,及时纠错;鼓励提问,必要时再示范一遍。

第四步,跟进检查评估。

在接下来的工作中,内训师、部门或班组管理人员需要对员工的该工作任务持续进行检查、纠偏,甚至再培训,以确保其符合标准和要求。

### (四)学会萃取组织经验

在实际工作中,有不少人既拥有某个领域的专业知识和技能,又积累了丰富的实践经验,但是他们往往只是在受到一些工作场景的刺激下自动涌出有效的想法或行为,这些想法和行为缺少结构化的呈现,不便于系统地传承;甚至有些人还不善于总结和表达。同时,这些想法和行为也是酒店的宝贵财富,非常有必要总结、推广并传承。

对酒店而言,搭建内训师团队最大的益处除了成本优势,就是内训师更了解酒店的实际情况,培训更有针对性。所以酒店内训师的培养重点不是和外部职业培训师一样的强表现能力,而是挖掘和传承他们丰富的工作经验,让学员缩短掌握知识和技能的周期,提高学习经验的效率。因此,人力资源部或培训部不但要用一些方法辅导内训师提炼总结自己的实践经验,还要让他们学会提炼团队成员的最佳实践经验。

如图3-8所示,在识别培训需求的前提下,萃取最佳实践经验有以下步骤。

第一步,选择相关岗位的优秀实践者及相关内训师。例如,某酒店管理公司通过培训需求调查发现,成员酒店普遍需要提升线上营销渠道业绩的培训。当时酒店管理公司并没有负责线上渠道运营的专职人员,同时也没有相关培训预算和现成的培训资料。于是,培训总监便甄选出成员酒店中线上运营业绩最好的那家酒店的线上渠道负责人姜经理,同时他也是酒店的内训师,作为"如何提升酒店线上渠道业绩"课程的主要开发者。

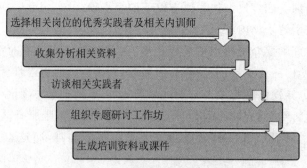

图 3-8 萃取最佳实践经验的步骤

第二步,收集分析相关资料。例如,在上面的例子中,培训总监找成员酒店内排名前三的线上渠道负责人,请他们提供本酒店线上渠道运营的季度工作总结和计划,工作中的难点和痛点。

第三步,访谈相关实践者。访谈法是最佳实践经验萃取的有效方法之一,既便于实施又经济。在上面的例子中,培训总监和姜经理在约谈排名前列的线上渠道负责人之前,仔细阅读和梳理了他们交来的相关资料,并充分了解了线上渠道开发、维护和运营的工作内容、工作流程和工作职责,并整理了访谈问题清单。在访谈中,他们根据事先整理出的访谈主线,运用提问、追问、确认、总结等访谈技巧,引导被访谈者围绕核心问题和解决方案展开分享,同时注意收集相关举例说明的资料。当然,如果条件允许,建议访谈同城市线上渠道运营做得优秀的头部酒店的相关实践者。

在访谈环节,培训总监还请姜经理约谈了成员酒店目前使用的线上渠道供应商代表,针对提升线上渠道业绩酒店需做的工作及线上渠道运营规则做了深度沟通。访谈结束后,培训总监配合姜经理整理了"如何提升酒店线上渠道业绩"的课程大纲初稿。

第四步,组织专题研讨工作坊。在上面的例子中,培训总监邀请了成员酒店线上渠道运营负责人和市场营销总监就"如何提升酒店线上渠道业绩"的课程大纲初稿进行研讨,其间他们提出了很多更全面和更有深度的建议,也补充了更加丰富的实践案例。

第五步,生成培训资料或课件。在以上例子中,培训总监协助姜经理更新完善"如何提升酒店线上渠道业绩"课件,并制作了学员手册。随后集团培训总监组织各成员酒店线上渠道运营相关人员参加了姜经理主讲的"如何提升酒店线上渠道业绩"课程。课后的满意度调查显示,大家通过这次培训,对线上渠道运营管理的工作思路、方法更加清晰明确。当然,这个课件不是一劳永逸的,每次培训结束后,需要根据学员的反馈进行完善,同时线上渠道运营的相关规则也会不断调整,与之相应课件也需要进行更新。

当然,组织经验萃取成果不仅是内部开发的相关培训课件,还可以是岗位标准操作程序、运营手册、运营表单等资料,可以普遍用于员工辅导、员工培训等场景。

**(五)搭建线上学习平台**

线上培训是在通信技术、计算机技术、人工智能、网络技术和多媒体技术等构成的电子环境中进行的培训,是基于技术的培训。它有低成本、广覆盖、高效率等优势;但是也存在对学员缺少纪律约束、缺少互动、效果难保证等劣势。线上培训主要有直播培训和录播培训两种,其中直播培训是以互联网为媒介,利用多媒体及其他数字化手段进行的内训师与学员之间模拟的面对面实时的培训活动。录播培训是将培训内容录制成培训视频,让学员观看学习。

一般而言,线上学习平台可以通过两种方式搭建:自主研发和借助第三方供应商。自主研发成本较高,中小型酒店集团难以承受;借助第三方供应商的线上学习系统,如腾讯乐享、小鹅通知识付系统、线上企业大学等来搭建酒店的线上学习平台相对更经济可行。例如,有一家中等规模的酒店集团,利用企业微信中自带的腾讯乐享在线培训平台搭建了集团的线上学习平台,学习平台的运营和维护由集团的培训中心负责。

线上学习平台的搭建主要涉及学习平台主页、线上课程体系和多维度数据统计功能建设。

1. 学习平台主页

学习平台的主页主要包括广告滚动屏、课程分类、精选推荐课程、我的课程、考试中心、个人中心等版块。如果需要个性化的设计往往需要付费,免费版本的主页页面版本选择有限且是固定模板,一些功能版块不能根据需要进行修改。

2. 线上课程体系

线上课程体系如果引进第三方供应商,其优势很明显,课程体系完善、质量较高、内容丰富,甚至有名师的课程;但成本费用较高,并且学员学习时需要登录第三方的学习平台,学员登录页面需要跳转,体验感不佳,也不利于酒店集团或酒店品牌建设与推广。

如果自主搭建课程体系,集团或酒店培训负责人需要设计线上课程体系的框架内容,具体课程的内容如果是集团或酒店内部培训师的自主录制课程,由于内训师都是兼职的,所以课程上线的周期会比较长。同时,培训负责人不但需要制定课程录制标准,还需要培训和辅导内训师如何录制课程,以及课程录制后的剪辑、上线和更新。不过,视频不是线上课程的唯一呈现形式,有些培训内容可以用 PDF、PPT、图片等形式呈现,但呈现的模板需要统一。

3. 多维度数据统计功能

培训数据通常包括学习平台登录率、参训率、人均学习时长、按时完成率、考试通过率等,其统计分析可以直观地反映培训工作组织和开展现状,同时分析的结果可以指导下一步培训工作开展的方向和重点。例如,一场考试的后台数据,不但能统计参考人数,参考率,考试最高分、最低分、平均分,考试通过率等基础数据,还能统计出每道题的正确率和高频错题,有利于内训师优化课程讲课的难点。免费学习平台的数据统计功能相对有限,自主开发的平台可以增加很多自定义的统计维度,自动生成有参考价值的报表。

通过线上学习平台实施培训,学员的学习方式不受时间和空间的限制,带来很大的便利性,但同时又对员工的自主学习能力有较高要求,因此需要制定一系列的学习激励方案,例如,学习积分排名制、趣味闯关、有奖答题、积分商城等方式,激发学员的学习兴趣。

## 训练题 3-3

一、自测题

1. 简述什么是培训。
2. 简述培训的益处。
3. 简述培训计划的要素。

二、讨论题

1. 开展培训需求调查有哪些步骤?

2. 如何针对成人学习的特点实施培训？
3. 如何开展培训需求分析？
4. 如何实施组织经验萃取？

### 三、实践题

目的：让学生学会运用四步培训法培训。

要求：

（1）每位学生均需参与培训的准备工作，提供分工表。
（2）各组根据展示的主题提前准备需要的物品。
（3）教师提前准备评估表（见表3-11）。

步骤：

（1）按学号进行分组，并选出组长。
（2）每个小组选定一个10分钟的培训主题；一周准备时间，指派一人用四步培训法做培训。
（3）培训者自评；其他学生填写评估表并发言点评；教师点评并总结。

评价：

（1）每组输出一个10分钟的培训课程。
（2）其他学生的评估平均成绩作为该小组的成绩，计入平时分。
（3）点评的内容有利于提升学生的培训技能。

表3-11 四步培训评估表

被评估人姓名：

| 序号 | 项目 | 内容 | 分值 | 得分 | 备注 |
| --- | --- | --- | --- | --- | --- |
| 1 | 仪态仪表（10分） | 精神饱满，举止大方 | 4 | | |
| | | 仪表端庄，服装得体 | 3 | | |
| | | 肢体语言运用恰当、自然 | 3 | | |
| 2 | 内容（24分） | 内容具有知识性、专业性 | 8 | | |
| | | 内容充实、完整、逻辑性强 | 8 | | |
| | | 内容紧扣主题，且有趣味性 | 8 | | |
| 3 | 教学组织及方法（26分） | 备课认真，课件/讲义完整并有逻辑性 | 10 | | |
| | | 恰当地运用教法、教具 | 10 | | |
| | | 能与学员互动，气氛活跃 | 6 | | |
| 4 | 讲解表达（20分） | 普通话标准，口齿清楚，语音、语速恰当 | 5 | | |
| | | 对内容熟悉，语言生动流畅，能脱稿讲授 | 6 | | |
| | | 思路清晰，层次分明 | 5 | | |
| | | 时间安排恰当 | 4 | | |
| 5 | 总计 | | 80 | | |

总体评价：

## 项目实训 3-1　技能培训需求分析

**【任务概述】**

本实训任务基于员工发展项目中对培训需求调查、培训需求分析等任务的知识要点,要求学生将所学的理论知识点转化为实际操作能力,合理运用所学知识来完成本次实训任务,帮助学生更深层次地掌握培训需求调查方法、工具及结果分析的能力,培养学生发现、分析和解决培训需求分析实际问题的能力。

**【实训任务内容】**

如果你是当地一家较有知名度的高端酒店的前台经理,同时也是班组的培训员。你针对前台的 5 名员工在 10 月的工作表现和主要工作结果进行了检查和统计:你通过电话暗访发现 1 位员工电话接听不规范;通过财务审计的报表发现 2 位员工的收银账务有错误;通过日常巡查发现有 2 名员工在对客服务过程中缺乏沟通技巧;通过系统后台数据发现 4 名员工本月办理会员卡没有达标……详见表 3-12。

表 3-12　某酒店前台技能培训需求分析表(部分)

| 工作项目 | 员工 1 | 员工 2 | 员工 3 | 员工 4 | 员工 5 | 不达标 |
|---|---|---|---|---|---|---|
| 接听电话 | × | | | | | 1 |
| 前台收银 | × | × | | | × | 2 |
| 对客沟通技巧 | × | × | | | × | 2 |
| 办理会员卡 | × | × | × | | × | 4 |
| …… | | | | | | |

**【实训任务要求】**

请根据本项目中所学习的培训需求分析及培训实施等相关知识写出你将要采取的举措。

(1) 针对以上 4 个工作项目的日常检查和反馈结果,你会如何安排 11 月的班组培训计划?

(2) 如果员工 1 是一名新员工,你会安排谁负责他的岗位技能培训?如果员工 1 是一名老员工,你又会采取什么措施?

(3) 如果员工 4 是一名老员工,你会在培训管理过程中如何安排他的工作?

# 项目 4　　酒店绩效管理

 **项目描述**

本项目对酒店人力资源管理实务的识才、选才、育才、用才、激才和护才六大职能中的用才环节进行学习。用才环节是人力资源管理的核心内容,也是酒店人员开发、利用和监督的手段。本项目的知识点涵盖绩效计划、绩效实施、绩效评估、绩效反馈和绩效结果应用。本项目能够帮助学生建立公平、合理的工作标准和正确的绩效考核观念。

通过知识点的学习,系统认知绩效管理五个步骤的专业理论知识和应用实践,确保学生熟练地运用、设计和展示工作所需的员工业绩计划、分配、评估和管理技能,提升学生在绩效管理岗位上的应用能力、解决问题能力、沟通能力、人际关系能力和团队合作等素质能力。此外,通过知识点的理解和实践,提升学生的职业操守、道德品质和职业社会能力,为把学生培养成德智体美全面发展的高素质职业技能型人才提供支持。

 **项目目标**

知识目标:
- 阐述绩效管理的作用和影响因素,以及绩效管理的操作流程;
- 描述绩效计划的内容,并识别不同的绩效考核方法。

能力目标:
- 制订绩效计划的内容,并开展各种形式的绩效考核方法;
- 收集绩效管理信息,有效开展绩效实施的内容。

素养目标:
- 提升学生对人力资源管理的认识和培养学生的职业责任感;
- 树立学生公平合理的管理理念及正确的价值观。

项目4　酒店绩效管理

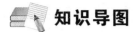知识导图

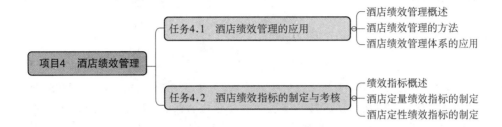

【学习重点和学习难点】
学习重点：员工绩效管理体系应用、定量指标的制定、定性指标的制定。
学习难点：员工绩效管理体系应用、定量指标的制定。

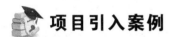项目引入案例

某酒店是位于城市郊区的五星级酒店，建有300间客房，设大型多功能宴会厅、复合型餐厅、水疗中心等设施设备，是会议、宴会等接待的理想场所。餐饮总监梁晓刚入职酒店2个月，在熟悉酒店业务后发现，过去一年时间内，餐饮部的业绩平平，员工的工作积极性不高，宾客投诉较多，人员流动也较大。长此以往，酒店餐饮部的发展将面临危机。

为深入了解部门存在的问题，梁晓与经理、主管、员工等不同层级的人员进行谈话，最终总结的问题为：①员工业务职责不清晰；②缺乏激励、奖惩机制；③缺乏指导；④对部门、酒店目标不清晰，得过且过，等等。

为有效解决目前存在的工作问题及提升员工的工作积极性，梁晓协同人力资源部总监王真真组织部门经理召开专项工作会议，制定有效的解决提升方案。梁晓认为，当前员工存在的最大问题是员工对本职工作的认识和工作目标不清晰，因此应当对员工的工作制定相关的任务指标和目标，并以此作为员工工作表现的评估标准。人力资源总监王真真表示赞同，提出按照绩效管理的要求进行员工工作管理，每年度给员工下达工作指标和工作目标，同时开展过程指导监督，年末再根据前期的工作指标进行表现评估，对表现好的员工给予奖励，对表现不好的员工给予辅导、培训和惩罚。此外，重视员工激励奖励机制，从而提升员工的工作积极性。

因此，餐饮部根据岗位的工作职责确定了不同岗位指标和考核标准，最重要的是，建立员工奖励机制，设立有吸引力的奖金、职位晋升、工资调整的标准，同时根据员工工作表现，设立月度、季度的奖励制度。

思考和讨论：
1. 你认为上述案例中餐饮部的举措是否对当前餐饮部业绩有所提升？为什么？
2. 上述案例中提到的绩效管理的过程是如何开展的？

## 任务 4.1 酒店绩效管理的应用

### 任务概述

本任务是"酒店绩效管理"项目中的第一个任务,其学习内容包括绩效管理概述、绩效管理的方法和绩效管理体系的应用。本任务涵盖对绩效管理的认识、角色作用及绩效管理的应用体系,学生可将利用所学的知识分析酒店绩效管理的要求和标准,并通过有效的绩效管理方法制订正确的绩效管理计划、实施、考核、反馈和结果应用的流程,旨在提升学生对酒店人力资源管理的地位和作用的认识,帮助学生正确识别酒店管理中存在的问题,并通过开展各项目的任务活动,提升学生的沟通能力、分析能力、计划能力等,以及学生的职业意识和整体素质。

### 案例导入

某酒店在过去五年里均采用工作表现排序的方法对员工进行绩效考核,即根据员工个人的工作表现依次进行排名。考核内容从员工工作知识能力、技能表现和素质表现出发,主要考核员工在工作中的出勤情况、工作积极性、沟通能力、解决问题能力、团队能力等表现。每年末,员工对于评估的排名都存在较大的意见和分歧,造成人力资源管理工作存在不公平的情况。

2021年年初,酒店决定采用关键绩效评估法对员工2021年的绩效进行考核,考核内容从工作结果产出的角度出发,主要考核部门业绩完成情况、员工的工作准确度、宾客满意度、员工被投诉情况,以及员工在工作中的产出比率。因此,人力资源部协同部门经理制定了每个岗位的绩效考核标准,并在组织与员工谈话后签署了绩效考核计划和考核标准。2021年考核结束后,部门员工之间绩效分数明显存在较大的差距,优秀业绩的员工有所突出,但也反映出个别员工的绩效结果偏差。因此,人力资源部协同部门讨论如何对绩效评价的结果加以应用。

思考和讨论:
1. 为什么采用工作表现排序法开展考核的绩效结果会引发员工的意见和分歧?
2. 新的绩效方法存在哪些优势?
3. 你认为绩效评价结果所反映出的问题该如何进行解决?

### 一、酒店绩效管理概述

绩效管理是酒店人力资源管理中最重要的一环,是酒店如何将员工的知识和技能投入应用以发挥能效最大化作用,并实现酒店效益最大化的管理过程。绩效管理的推行给酒店管理带来了业绩提升,但有些酒店试图通过绩效管理来激励和约束员工,花费了大量的财力、物力和精力却没有得到很好的管理效果。目前,国内酒店受其酒店性质、管理模式、员工类型等因素影响,绩效考核的形式、方法各有不同。此外,由于酒店业人士对绩效管理理念的认识不足,也使绩效管理成为形式化、公式化的应用,未能发挥其管理和激发员工工作效益最大化的作用。

## （一）绩效与绩效管理

### 1. 绩效

绩效是组织期望的结果，是员工在工作中被酒店认可和评价的工作业绩、工作能力和工作态度。绩效也意味着每一个员工按照酒店职能分工所需承担其角色的职责，包括工作任务的数量、质量和效率等。绩效是工作结果和工作中的行为表现的总和，结果是工作目标，行为是影响和控制目标实现的过程，两者结合产生高绩效。

### 2. 绩效管理

绩效管理是为实现酒店的发展战略和目标，采用科学的方法将员工个人和酒店目标相联系，通过对个人的行为表现、态度和业绩进行全面检测、考评、激励，充分调动和改善员工的工作行为，使得员工的效能与酒店的效益发挥最大化的活动过程。绩效管理并非对人进行管理，也不是为了发放奖金或调整薪酬而制定的制度。绩效管理是一种管理思维和方法，是在酒店与员工达成共识的基础上，将酒店的战略目标进行逐级分解的管理体系。

例如，2021年拓展华东市场，市场占有率增长20％的目标，该目标涉及财务（收入、成本）、客户（满意度、客户保留率等）、服务标准（操作标准、服务水平等）、员工发展（满意度、员工培训）等不同的任务，因此相关的部门需承担不同的绩效要求（见表4-1）。

表 4-1 绩效指标责任部门

| 任务指标 | 房务部 | 餐饮部 | 康体部 | 市场销售部 | 工程部 | 人力资源部 | 其他部门 |
| --- | --- | --- | --- | --- | --- | --- | --- |
| 财务收入 | √ | √ | √ | √ | √ | √ | √ |
| 客户 | √ | √ | √ | √ | | | |
| 服务标准 | √ | √ | √ | | √ | | |
| 员工发展 | √ | √ | √ | √ | | √ | |
| 其他指标 | √ | √ | √ | √ | √ | √ | √ |

绩效管理是将上述目标进行分解后，对部门员工进行任务分配、激励、考核、反馈和奖惩的过程。一个完整、有序、健康的绩效管理体系将帮助酒店人力资源快速提升管理和业绩水平。绩效管理是酒店管理系统的重要组成部分，以酒店的绩效目标为方向，将员工目标与其相结合，以共同发展作为动力，通过主管与员工的持续沟通和反馈，确保工作的无障碍性。同时，通过绩效考核，评估酒店、部门和员工的目标执行情况，共同探索工作中存在的问题，辅导员工的工作技能和能力发展，提高员工工作效率，以最终实现酒店的绩效目标。

**扩展知识**

**绩效管理＝绩效考核？**

从概念层面分析，绩效管理实现过程式管理，绩效考核是此过程的某一环节；绩效管理是事前计划、事中管理和事后考核的三位一体系统；绩效考核是事后考核工作的结果。从实践层面分析，其目的不同，绩效管理具有战略目的、管理目的和开发目的；绩效考核是运作业绩评估的过程。此外，两者之间的基本假设也存在区别：绩效管理侧重于整体性，绩效考核侧重于阶段总结性。

## (二) 绩效管理在人力资源管理中的作用

人力资源管理的很多环节的检测、调整和应用操作都是以绩效考评结果为依据,如人力资源管理所需实现的人岗匹配的目标。绩效管理是人力资源管理中的核心职能,对人力资源规划、招聘与录用、培训与开发、薪酬福利和员工关系五大模块运作具有指导性的作用(见图 4-1)。

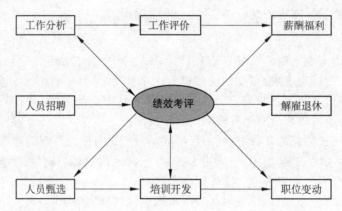

图 4-1　绩效管理在人力资源中的作用

1. 绩效管理与工作分析的关系

绩效管理是以工作分析的结果作为基础的。工作分析能够为绩效管理提供工作岗位职责、人员需求的基本信息。以岗位的工作职责及工作产出要求作为岗位绩效指标设定的基础,用于考评该岗位任职者的绩效标准。绩效管理与工作分析互为因果,工作分析是基础,绩效管理是结果的应用与推动,即将绩效结果检验工作分析的效能。

2. 绩效管理与培训开发的关系

绩效管理过程将呈现出部门和员工业绩的好坏和差距,以及员工工作中的能力水平高低。为帮助员工实现绩效目标,使员工在岗位中发挥最大效用,培训与开发过程将起到重要的作用。例如,根据绩效结果分析所呈现的技能、能力差距,结合员工个人发展愿望,共同设计并制订员工的整体培训开发计划,帮助员工实现其发展目标。

3. 绩效管理与人员甄选的关系

绩效管理的最终结果将呈现出员工个人知识、技能和能力与岗位胜任能力之间的差距,是对人员甄选成果的鉴定。此时,绩效与员工胜任能力存在差距时,人员甄选过程中应提升对人才聘用的评价要求。所以,绩效管理能够为人员甄选提供许多岗位特征信息和现实标准,使人员甄选更加符合酒店选人的要求。

4. 绩效管理与薪酬的关系

绩效考核的结果将判断员工工作岗位的价值及贡献度。当员工的绩效贡献价值大于所得薪酬回报时,酒店将获得盈利;当员工的绩效价值小于所获得薪酬时,酒店可能出现亏损状态。绩效管理的最终结果是决定薪酬的重要依据,一般来说,绩效则决定了薪酬的变化部分结构,如绩效工资、奖金等。绩效结果也是作为下一年员工薪酬变动的依据。

5. 绩效管理与员工关系管理的关系

绩效考核的结果将对员工的工作变动造成一定的影响,如升职、降职、调岗、终止劳动合同等情况。绩效考核结果将形成胜任力与绩效之间的矩阵关系,即人才开发矩阵。因此,员工的岗位变动将对员工关系的处理和维护产生影响。

## 二、酒店绩效管理的方法

### (一)关键绩效管理法

关键绩效指标(key performance indicator,KPI)是一种衡量流程绩效的目标式量化指标工具,是把企业的战略目标分解为可操作的工作目标指标,是基于企业经营绩效和组织战略的系统考核方法。KPI将企业的目标进行分解,明确部门的主要职责,从而形成衡量部门和个人的主要工作目标指标。KPI的系统管理过程帮助酒店将未来愿景通过战略的连接,落实在每个经营单位或战略单位、每个部门乃至每一个人。关键绩效指标的管理流程如图4-2所示。

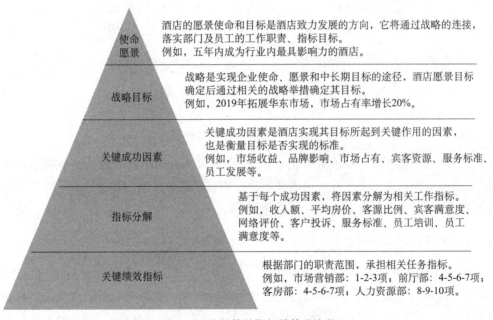

**图4-2 关键绩效指标的管理流程**

关键绩效指标的方法符合"二八定律"的管理原理,即20%的优秀绩效员工创造酒店80%的业绩;同理,80%的工作任务由20%的关键行为完成。因此,关键绩效指标是酒店目标实现的关键成功要求,一般情况下,关键绩效指标不宜过多,控制在6~8个指标为最优。

### (二)平衡计分卡法

平衡计分卡(balanced-score card,BSC)是一个多维度绩效考核系统,对酒店的业绩水平开展多方面、全方位的评估。平衡计分卡的应用理念是突破财务视角的单一指标管理,注重股东、客户、供应商、员工发展、内部操作等不同方面的绩效管理体系,反映出财务指标与非财务指标之间的平衡特征、长期目标与短期目标之间的平衡特征、外部与内部群体之间的平衡特征、领先与滞后指标之间的平衡特征。因此,平衡计分卡的考核维度包括财务视角、客户视角、内部运营视角和学习与发展视角。

（1）财务视角,从股东的角度考虑酒店的增长、利润等。

（2）客户视角,注重酒店客户的价值体验。

（3）内部运营视角,考虑内部流程的管理和优化过程,确保服务标准水平。

（4）学习与发展,增加员工价值创造应用,考虑员工的环境氛围、员工发展提升需要。

基于上述关键绩效指标的战略目标,平衡计分卡指标的管理流程如图 4-3 所示。

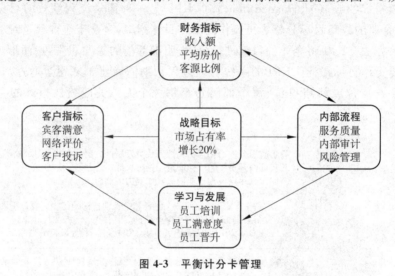

图 4-3 平衡计分卡管理

平衡计分卡将财务指标和非财务指标相结合,根据酒店的战略将酒店服务价值链中员工、客户、股东之间的关系和工作的因果关系进行相互连接的过程。平衡计分卡注重团队合作,要求全员参与,实现跨部门之间相互协作、相互支持。

### （三）其他管理方法

1. 标杆绩效管理

标杆绩效管理是选取某一个与自己规模相当、业绩卓越、实力相当的酒店或部门作为基准点或对标参考点,衡量自身与对标酒店或部门工作效率和标准存在的差距,分析其优劣势及对最优案例进行学习,通过创新进行提升和超越对标对象的过程。标杆管理的目的是追求卓越、流程再造、持续改善、创造优势、塑造核心竞争力,有助于建立学习型组织。标杆管理的操作流程如图 4-4 所示。

2. 团队绩效

团队绩效是团队个人在集体活动中融入个人成功效率而产生的集体活动成果,具有连接个人目标和组织目标的中介作用,将团队的绩效指标视为实现个人发展的基础,也是组织绩效获得提升的关键要素环节。团队绩效实施的步骤包括以下方面。

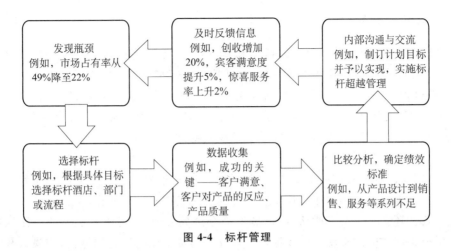

图 4-4 标杆管理

（1）团队绩效考核指标维度的建立。回顾工作流程和组织目标，确定团队所承担的职责和角色，建立为实现组织目标的团队绩效目标，即考核维度。从工作流程和组织目标两个角度确认团队成员的考核维度，确定成员在团队目标中所扮演的角色。

（2）团队成员的绩效考核维度的确认。团队成员的考核维度是从团队的考核维度中而来。团队考核维度确认后，分析成员在团队目标中所扮演的角色，并建立相关的评估维度。

（3）将各个维度分解成指标并建立相应的指标标准。一般情况下，团队绩效指标包括团队的基础指标和衡量员工个人的绩效指标，团队的基础指标是团队成员共同承担的指标，以其作为开展衡量员工个人的前提条件。同时，基于团队基础指标和员工个人指标的重要性分析，分配指标之间的权重。

（4）形成完整的团队指标体系。团队指标的确定和选择是依据组织战略目标和团队成员应承担的角色而定。完整的指标体系需要具有相对稳定性，不因团队成员的变化而发生变化。

## 三、酒店绩效管理体系的应用

绩效管理是由绩效计划、实施、考试、反馈、应用五个环节构成一个相互联系、相互依存的循环系统（见图 4-5）。绩效管理是一项需要相互协作的活动体系，是一个连续性的过程，每个环节在绩效管理体系中都发挥极其重要的作用，任何一个环节的缺失都将造成员工管理存在的隐患和风险。

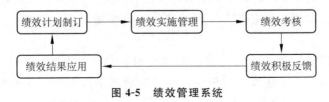

图 4-5 绩效管理系统

## （一）绩效计划制订

绩效计划是作为整个绩效管理的依据和基础,其核心是将酒店或部门的整体目标进行分解,确定酒店对员工在工作中的绩效期望,并使得酒店和员工双方对其未来考核评估内容达成共识的过程。绩效计划制订的目的是制定出酒店期望员工达到的结果,以及为达到该结果所期望员工表现出来的行为和技能。简单地说,绩效计划犹如一份工作说明书,包括做什么和做到什么样子,两个方面的内容是对组织战略进行逐层分解的结果,可以作为员工工作的目标及工作内容参考依据。

绩效计划应由管理者与员工双方之间共同制订,是作为双方之间工作标准和工作目标的契约存在,其他任何人都无法代替。绩效计划要想发挥其应有的作用,首先应符合组织的发展目标,其次还必须为员工所认可,让员工具有挑战心理,方可激发员工的工作积极性和创造性,保证组织目标的实现。绩效计划是管理者与员工双向沟通的过程,如果只是管理者向员工下达工作指标和工作标准,员工将会视绩效目标为一个外在的、强制的负担,难以发挥对员工的激励与牵引作用。

绩效计划包括绩效目标、指标比重、绩效标准三个方面的要素。绩效目标是以量化形式表达对某种要求的测量工具,是要求员工达到的工作绩效成果,也是衡量员工岗位工作贡献成果的评估标准。比如,宾客满意度的高低是评价酒店等级标准与员工服务水平的高低,此时将要求宾客的满意度越高越好。绩效比重是对指标进行测量的量化界定,一般依据绩效目标的重要性,确定绩效指标占的比重。绩效标准是针对员工本身工作的内容,要求员工在工作中应达到的各种基本要求及工作绩效目标的标准,也反映了员工岗位本身对员工工作业绩的要求。

绩效计划的制订包括四个步骤(见图4-6)。

图4-6　绩效计划制订的四个步骤

**1. 绩效计划的准备阶段**

在制订绩效计划时,酒店的经营管理数据是制订指标和其目标的重要参考依据。因此绩效计划的准备阶段,需要将酒店的相关信息进行收集、分析和比较。具体需要收集的信息包括:酒店发展规划、酒店年度经营计划、酒店或部门的工作计划、团队计划、个人的职责描述、员工上一个绩效周期的绩效考核结果等。绩效计划的制订应根据酒店经营业绩的发展进行相关的调整,其目标的制定是对历史数据分析的结果,是可实现的绩效目标。

如上述所提及的2019年拓展华东市场,市场占有率增长20%指标,其信息收集及目标设定要求如图4-7所示。

酒店历史经营数据是作为新一年度绩效目标制定的参考依据和基础,新年度所制定的目标必须做到公平性、合理性及可实现性。但绩效管理的过程是一个双向沟通的过程,因此,新年度所拟定的目标还形成酒店和员工共同认可的指标体系。在与员工进行指标沟通前,酒店管理层应做好相关的沟通准备,包括沟通的内容、沟通的方式、沟通的方法等。

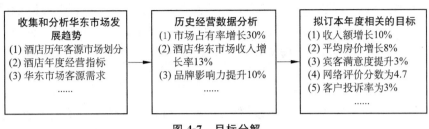

图 4-7 目标分解

**2. 绩效计划的沟通阶段**

(1) 绩效沟通的氛围

绩效沟通过程中,沟通的场合和面谈技巧的应用对沟通的效果起到非常重要的作用。选择沟通的场合时应注意正式沟通和非正式沟通应用、沟通氛围,正确选择沟通环境,创造良好的沟通氛围,同时避免干扰,确保沟通氛围轻松。例如,进行相关绩效指标的确认时,采用正式沟通,可以选择在办公室、会议室或其他相对安静、无人打扰的场合。此外,选择面谈座位时,也选择平等、无压力、消除防备的座位安排。如图4-8所示,第四种座位方式是建议选择的方式,两者间可以消除不平等的关系,但又保持一定的距离;第一种和第二种座位方式容易产生对立和不平等的心理;第三种座位方式虽然消除了对立和不平等的信息,但与员工之间过于亲密的距离,会使得谈话的效果下降。

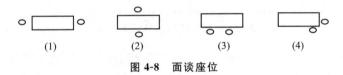

图 4-8 面谈座位

(2) 绩效沟通的内容

绩效沟通应围绕员工工作职责、绩效要求、绩效标准进行面谈,主要包括:回顾过往的相关信息,确定本期的绩效指标、考核标准和权重,确定指标的绩效目标和标准,确定管理者的资源支持。

**3. 绩效计划的审定和确认**

这一阶段将对本期的绩效指标、标准、比重进行审定,促使管理层和员工达成共识,并使之形成双方确认的书面文件。因此,在进行绩效计划的审定和确认时,应重点考虑以下问题。

(1) 员工的职责和重点工作是什么?

(2) 哪些指标需要员工承担?每个指标依据其重要程度设定的权重为多少?

(3) 每个指标是否有设定的考核标准?

(4) 员工在实施指标时会遇到哪些困难?管理者能够提供哪些支持?

(5) 员工的绩效目标是否与部门和组织的绩效目标相关联?

**4. 绩效考核周期的确定**

绩效考核周期将受到企业所在行业的特征、职位职能类型、评价指标类型、绩效周期管理体系的影响。受酒店季节性特征和经营业绩计划的影响,一般形成半年度和年度两次考核。半年度考核旨在评估绩效指标的适用性和可操作性,回顾该阶段指标的运作情况，并对员工的工作表现进行跟进和指导。依据半年度考核情况，在合理的理由下可视情况对指标进行微调，但不做大调整。年度考核依据所设定的绩效目标对员工全年度的工作业绩、表现等进行考核评估，并通过相关的绩效结果对员工的薪酬、职位等进行调整或奖励。

### （二）绩效实施管理

绩效沟通是绩效管理过程中的手段，贯穿于整个绩效管理体系。绩效沟通是为实现酒店绩效目标而进行持续性双向沟通的过程，其沟通内容包括员工工作进展情况、工作中潜在的障碍和问题、能帮助员工提升绩效或解决问题的方法等。绩效沟通是保证在任何时候，员工都能获得管理者对其工作的关注和指导，其目的有两个，一是员工汇报工作进展或因工作障碍或困难请求主管帮助；二是主管与员工之间的工作和目标出现偏差需要及时纠正。对主管而言，绩效沟通能及时了解员工的工作状况，对员工及时提供指导，以帮助员工提升其业务能力。对员工而言，绩效沟通能帮助员工快速了解自身的工作表现及主管的反馈，以便能尽快改进自身的工作态度和绩效。绩效沟通的流程和内容如图4-9所示。

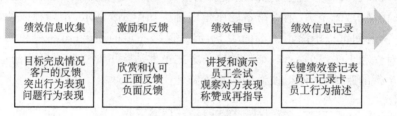

图4-9 绩效沟通的流程和内容

绩效沟通的过程中，对于员工的突出表现和优异绩效应适时给予赞扬，给予正面反馈，积极调动员工的工作热情，创造和谐的工作氛围。对于员工的负面信息也应及时进行反馈，并以此作为双方共同解决问题的机会，帮助员工正确认知其行为，辅导员工加以改正，并通过对员工的持续关注和辅导，提升员工的效率和业绩表现。

常用的绩效沟通渠道如表4-2所示。

表4-2 常用的绩效沟通渠道

| 沟通类型 | 沟通渠道 | 应用 |
| --- | --- | --- |
| 正式沟通 | 书面沟通 | 书面沟通常能够在较短的时间内收集到大量关于员工工作状况的信息，锻炼员工的书面逻辑和文字能力，可以弥补与上级无法见面的情况；<br>但书面沟通是单向信息流动的过程，容易流于形式化，员工容易产生抵触或抱怨心理 |
| | 会议沟通 | 会议沟通比较直接，容易开展团队交流，主管人员也容易通过会议沟通传达酒店的发展目标、文化理念和服务标准；<br>但会议沟通需要花费时间和精力进行会议的组织和筹划，对管理人员的沟通协调技能要求较高，同时有些信息无法在会议中公开讨论或跟进，员工也会根据个人的会议需要进行信息的过滤，形成信息缺失与信息的不重视 |
| | 面谈沟通 | 面谈沟通是促进主管人员与员工进行比较深入的沟通，其沟通信息范围与主管、员工自身相关，同时可以讨论不便公开的观点，并根据员工的需求给予帮助，能起到重视和尊重的作用，便于建立上下级之间的融洽关系；<br>但面谈沟通无法开展团队沟通，并且在谈话过程容易融入个人情感或主观观点 |

续表

| 沟通类型 | 沟通渠道 | 应用 |
|---|---|---|
| 非正式沟通 | 走动式管理 | 主管人员在员工工作期间不时地到员工座位附近走动，与员工进行交流，或者解决员工提出的问题；<br>但该方式具有随意性的特征，员工不易给予重视，不利于开展某些严肃话题 |
| | 开放式办公室 | 主管人员的办公室随时向员工开放，只要没有客人或者开会，员工可以随时进入办公室与主管人员讨论问题；<br>但该方式让员工产生畏惧心理，形成不对等谈话局面，不利于员工正视谈话问题 |
| | 工作间歇的沟通 | 主管人员可以在各种各样的工作间歇中与员工进行沟通；<br>但该方式凸显随意性，员工不会过于重视其谈话内容，效果不佳 |

**扩展知识**

沟通是人际交往过程中非常重要的技能之一。有效沟通对员工的个人交际、为人处世起到至关重要的作用。常见的无效沟通的表现形式有：以"你"开头的话带有命令的口气，以偏概全(例如，你总是……你每次都……)，对人苛刻(例如，你真笨)，无视人们的情感(例如，你说的对我毫无意义)。在日常沟通中，有效的沟通是具有同理心的沟通方式，表现形式为：谈论行为、不谈论个性，正向引导，积极聆听。

### （三）绩效考核

**1. 绩效考核的方法**

绩效考核也称业绩考核，是指通过系统的方法评定和衡量员工对绩效指标目标的工作表现行为和工作成效。绩效考核主要以绩效计划所制定的指标、考核标准和比重为基础，对员工绩效的完成程度进行总结和评定。酒店绩效考核方法很多，可根据不同方法的特征选择某种或综合运用几种考核方法(见表4-3)。

表4-3 绩效考核方法

| 方 法 | 运用标准 | 范 例 |
|---|---|---|
| 比高法 | 相对其他部门或单位业绩排名数而设定评定标准 | 完成值客房业务收入目标，按差值绝对值排名：<br>第一名加2分，第二名加1.6分，第三名加1.2分，第四名加0.8分，第五名加0.4分，第六至七名不加分 |
| 非此即彼法 | 设定某一业绩水平，达成即给满分，未达成则不得分的考核方法 | 实现餐饮业务收入增长1%，达成则得5分，否则不得分；<br>将客户投诉率降低至1‰以下，完成则得10分，否则不得分<br>例如，业绩改善度(7分) |
| 改善度法 | 改善度法是指相对历史情况、提升与改善的情况设定评定标准：<br>指标得分＝业绩收入改善度排名得分＋高于平均水平得分 | 分部业绩收入比＝当年各分部的客房业务收入÷当年客房总收入<br>业绩收入改善度＝(2019年分部业绩收入比－2018年分部业绩收入比)÷2018年分部业绩收入比<br>排名第一的得6分，名次每低一名，扣减1分，排名最后不得分；<br>2019年分部业绩收入指标高于各部业绩平均水平的另得1分 |

续表

| 方法 | 运用标准 | 范例 |
|------|----------|------|
| 加减分法 | 一般适用于目标任务比较明确,对经营管理给予奖励或扣减分数的评估方法 | 以满意度87%为基数,等分为10分;<br>每增加1%,增加2分,最多加5分;<br>每减少1%,减2分,直至总得分为0分 |
| 线性得分法 | 根据所制定的标准以所达成的范围约定来进行评估 | 超出客房收入目标10%以上得20分;<br>超出客房收入10%以下得18分;<br>完成客房收入目标值得满分15分;<br>完成值介于80%～100%线性得10分;<br>完成客房收入目标的80%得5分;<br>完成值低于目标值得80%则不得分 |

2. 绩效考核的主体

绩效考核主体在绩效考核过程中发挥着极其重要的作用,因此,对被考核者作出考核的人应该具备以下特点。

(1) 熟悉被考核员工的工作内容、工作性质和工作目标。

(2) 能够关注员工日常工作行为,并能将观察结果转化为有用的评估信息。

(3) 能公平客观地提供评估结果。

根据以上特征的分析,绩效主体包括:直接上级评估、自我评估、下属评估、同事评估,以及客户和供应商评估。

### (四) 绩效积极反馈

绩效反馈是绩效管理中确保员工绩效水平持续提升的重要环节,由员工和管理者对年度工作进行回顾并讨论考评的结果。绩效反馈主要通过考核者与被考核者之间的沟通,对员工在考核周期内的绩效情况进行反馈,在肯定员工突出成绩的同时,找出工作中的不足并加以改进,对员工具有激励的作用。被考核者可以在绩效反馈过程中,对考核者的考评结果予以认同,有异议的则向酒店人力资源部提出申诉,最终使绩效考核结果得到认可。因此,绩效反馈的内容包括:通报员工当期绩效考核结果、分析员工绩效差距与确定改进措施、沟通协商下一个绩效考评周期的工作任务与目标、确定与目标相匹配的资源配置。

绩效反馈一般以绩效面谈的形式开展。一般情况下,在进行绩效面谈前,员工和考核者都应对其做好相关准备。管理者应做的准备包括:选择适宜时间、地点,收集员工资料并准备面谈提纲。员工需要做的准备包括:回顾自己的绩效行为,对应绩效标准进行自我评估,准备问题进行提问。

绩效面谈是一个双向沟通的过程,其目的是帮助员工对过去的行为和业绩表现进行回顾和讨论,对成绩给予认可,对不足制订改进计划。管理者在进行绩效反馈时应收集员工的信息,根据不同类型员工的特征开展有效的面谈(见图4-10)。

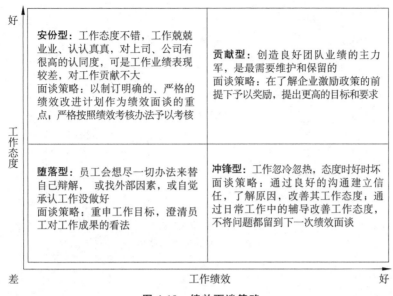

图 4-10 绩效面谈策略

### （五）绩效结果应用

开展员工绩效考评结束后,酒店管理者除了对员工的绩效结果进行反馈外,还需分析员工在绩效周期内的绩效状况,对员工的个人发展提出指导并制订个人发展计划、改进计划和相应的培训计划,同时对优秀者进行奖励,对绩效差的员工进行惩罚。绩效结果的应用主要体现三个方面。

#### 1. 人才矩阵的开发

绩效考核后,员工个人的胜任能力与工作绩效得以体现。一般情况下,员工胜任能力和绩效成果划分为低、中、高三个等级。因此,根据员工的胜任能力和绩效成果结合表现如图 4-11 所示。

（1）胜任力低,绩效结果低,该部分人员视为失败者,应当淘汰出局。

（2）胜任力低,绩效结果中,该部分人员视为表现尚可者,可保留原位。

（3）胜任力低,绩效结果高,该部分人员视为表现尚可者,可保留原位。

（4）胜任力中,绩效结果低,该部分人员视为能力强、绩效差者,应给予警告,提供有针对性的绩效改进措施。

（5）胜任力中,绩效结果中,该部分人员视为表现满意者,可考虑发展。

（6）胜任力中,绩效结果高,该部分人员视为中坚力量,可进一步提升胜任力,考虑发展。

（7）胜任力高,绩效结果低,该部分人员视为能力强,绩效差者,说明员工的岗位能力与绩效之间存在不匹配,可提出有针对性的绩效改进措施,对员工进行调岗。

（8）胜任力高,绩效结果中,该部分人员视为有潜力者,可进一步挖掘潜力,制订绩效提升计划。

（9）胜任力高,绩效结果高,该部分人员视为关键员工,可规划多重快速发展步骤,确保薪酬有足够的吸引力。

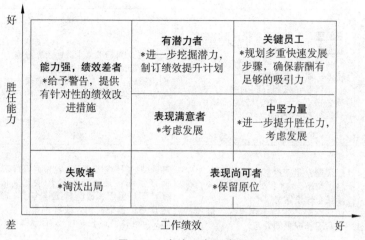

图 4-11 人才开发矩阵图

## 2. 个人发展计划制订

个人发展计划(individual development plan)是通过在年初制订个人发展计划,识别员工可以加强技能和经历以帮助员工在现岗位的个人发展,同时实现员工个人职业发展理想。个人发展计划的参与者应包括员工、部门主管和人力资源部三大部门。其主要流程如图 4-12 所示。

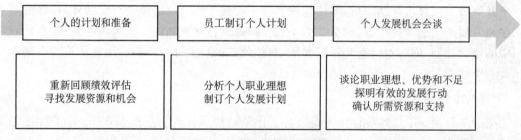

图 4-12 个人发展计划流程

## 3. 绩效薪酬应用

绩效薪酬是对酒店经营业绩发展和实现目标的支持体系,对员工的内在积极性起到激励作用,同时可以提升内部员工的公平性、外部的竞争性和员工的贡献性。酒店绩效薪酬一般存在两个方面:绩效奖金和薪酬晋升。绩效奖金的分配和薪酬晋升的等级将根据员工的绩效等级进行设定。常见奖金奖励标准方式如表 4-4 所示。

表 4-4 常见奖金奖励标准方式

| 类 型 | 优 势 | 劣 势 | 范 例 |
|---|---|---|---|
| 全额奖金或一无所有(100%比例) | 设定业绩的最低标准,大多数员工将尽全力达到目标,易于计算 | 如果在年初就显示目标肯定无法达到,员工的进取心和士气会挫伤,存在不公平的可能性 | 如果员工的绩效结果基点设定为 80 分,当员工最终绩效结果没有达到 80 分时,则不能获得绩效奖金,反之则全额获得绩效奖金 |

续表

| 类 型 | 优 势 | 劣 势 | 范 例 |
|---|---|---|---|
| 按比例增长 | 无限额递增的激励机制,易于计算 | 不存在明确的超额目标及实现超额目标的激励措施;没有明确的支付上限 | 设定员工绩效结果基点为80分,如果员工超过了80分,其绩效每增长1分,则增加1%的绩效奖金,不设上限 |

除此之外,管理层还根据不同酒店的性质设定股利分红、激励奖金、管理奖金等。

## 训练题 4-1

**一、自测题**

1. 绩效管理体系由哪些部分组成?
2. 绩效计划的构成要素包括哪些?
3. 绩效考核的方法有哪些?

**二、讨论题**

1. 关键绩效法与平衡计分卡的区别是什么?
2. 结合人才开发矩阵图,请分析员工产生不同方阵组合的内在和外在因素有哪些?

**三、实践题**

某酒店为五星级高端酒店,共有 300 间客房。2024 年入住率为 60%,实际在职员工人数为 310 人。根据 2025 年业务预测分析,酒店 2025 年总收入同比增长 8%。要求:请依据关键绩效管理的方法,讨论和制定 2025 年酒店总体的关键绩效指标(不少于5 条)。

## 任务 4.2 酒店绩效指标的制定与考核

### 任务概述

本任务是"酒店绩效管理"项目中的第二个任务,其任务学习内容包括定量指标和定性指标的制定及其考核标准的设定。本任务涵盖对绩效计划中定量和定性指标的设定要求和标准的理解和应用,学生可运用所学的知识分析设定酒店不同部门或员工的定量和定性指标,为绩效的实施和考核提供依据。本任务旨在提升学生在酒店人力资源管理中用才管理的技巧,帮助学生正确认识酒店绩效管理中存在的问题,并通过开展各项目的任务活动,提升学生的计划能力、预测能力、分析能力、沟通能力等方面,以及提升学生的职业意识和整体素质。

## 一、绩效指标概述

绩效目标是对员工未来绩效所需要达到的期望,是帮助员工重点关注酒店的目标与个人目标的重点任务。绩效目标常以指标的形式表现其任务内容,将指标作为组织、部门和个人任务目标的分解,对员工履行个人工作职责具有指导性和方向性的作用。

### (一)绩效指标的含义

绩效指标(performance indicator)是对绩效目标达成进行衡量的标尺,即通过对员工所设定的绩效指标进行衡量,从而判定员工绩效目标的完成程度。在制定指标和目标值的过程中,将指标和目标值平衡地分解到不同部门和岗位,对绩效管理的实施具有重要的意义。当指标和目标值的分配存在实现难易程度有较大差距时,绩效指标的合理性和公平性将对绩效管理存在的价值大打折扣。因此,绩效考核指标和目标值的制定是绩效管理实施的关键因素。

一般情况下,绩效指标由三大要素构成:指标名称、指标定义和指标标度(见表4-5)。

表 4-5 绩效指标三大要素

| 项 目 | 描 述 | 范 例 |
|---|---|---|
| 指标名称 | 对考核指标的内容进行概括 | 例如,满意度、生产力、领导力 |
| 指标定义 | 对指标内容进行应用描述 | 例如,满意度——考核客户对酒店产品服务的满意程度 |
| 指标标度 | 对指标评价等级进行设定 | 例如,优:9~10分;良:7~8分;合格:5~6分 |

### (二)绩效指标类型

酒店常用的指标类型按两种方式进行划分,即考核指标的内容分类和考核指标的性质分类。具体指标类别如表4-6所示。

表 4-6 绩效指标类型

| 分类类别 | 指标种类 | 范 例 |
|---|---|---|
| 绩效考核内容分类 | 工作业绩指标:工作质量、数量、成本和时间指标 | 顾客满意度(工作质量)、平均房价(数量)、成本控制(成本)、送餐服务时间标准(时间) |
| | 工作能力指标 | 专业知识、沟通能力、解决问题能力 |
| | 工作态度指标 | 工作纪律、工作积极性、工作责任心 |
| 绩效考核指标性质分类 | 定量指标:量化指标 | 宾客满意度、平均房价、成本控制率、服务标准时间等 |
| | 定性指标:通过人的主观评价方能得出评价结果的评价指标 | 工作纪律、沟通能力、仓库管理状况、工作完成情况等 |

按照其指标性质常将定量指标和定性指标相结合。在数据比较充分的情况下,以定量指标为主,以定性指标为辅;在数据比较缺乏的情况下则以定性指标为主,辅之以定量指标

进行评价。

定量指标常以员工的工作业绩考核指标为主导,是员工工作行为所产生的结果,表现为该岗位的关键职责和阶段性职责的表现业绩,通常表现为完成工作的质量指标、数量指标、成本指标和时间指标(见表4-7)。

表4-7 定量指标类型

| 指标类型 | 含 义 | 范 例 |
| --- | --- | --- |
| 质量指标 | 以产品和服务的质量作为绩效目标 | 宾客满意度、员工满意度、员工离职率、审计分数等 |
| 数量指标 | 以数量进行计数的指标 | 销售额、销售价格、市场份额、顾客接待人数等 |
| 成本指标 | 以产品的成本为依据的指标 | 总成本、餐饮食品成本、酒水成本、人力成本、招聘成本等 |
| 时间指标 | 以提供工作产出速度快慢作为指标 | 送餐服务时间标准、出品标准时间、需求回复时间等 |

## 二、酒店定量绩效指标的制定

### (一)定量指标的制定要求

定量指标(又称量化指标标准)是经过历史数据的分析和未来数据的预测,事先可以进行量化且进行精确描述状态的考核指标。定量指标的优点在于消除评估者的主观评价,帮助评估者公平地根据定量数据进行评估。如2019年客户满意度达到87%,以87%作为判断标准,当员工达到87%则表示达标及获得一定的分数,但当员工没有达到87%时则表示没有达标,则获得另外一个分数。但定量指标的考核依赖环境和现状的影响,难以反映出个人对酒店的全部贡献程度。

定量指标设定要求满足SMART原则,即具体的(specific)、可衡量的(measurable)、可实现的(achievable)、与工作相关的(relevant)和有时限的(time-bound),例如,2019年客户满意度达到87%以上。

### (二)定量指标标准的制定

定量指标标准的重点在于基准点的位置和指标标准等级差距,即用于考核员工绩效目标的判断标准。所谓基准点的位置是指预期的最低标准水平,即预期的业绩标准。例如,以客户满意度达到87%为基准,意味着客户满意度最低为87%,以此作为基础,对员工的业绩结果进行加分或计分。一般情况下采用五分量表、七分量表、十分量表等进行指标的考核。而指标标准的等级差距是要求设定尺度本身的差距。例如,以满意度为87%为基准,增加1%,则增加1分。定量指标要求对考核内容进行量化,用具体的数值表现出来,定量指标一般采用加减分法和线性评估法制定评估标准。

(1)采用加减分法一般适用于目标任务比较明确,技术比较稳定,同时鼓励员工在一定范围内多做贡献的情况。采用加减分法时应注意最大值不应超过权重的规定值,最小值不应出现负数,如表4-8所示。

表4-8　加减分法定量指标

| 指 标 目 标 | 考 核 标 准 |
|---|---|
| 2019年宾客满意度分数需达到88% | 考核标准设定为以满意度88%为基数,得分为10分;每增加1%,增加2分,最多加5分;每减少1%,减2分,直至总得分为0分 |

（2）采用线性得分法即规定范围法,经过数据分析和测算后,评估双方根据标准范围约定进行评估,如表4-9所示。

表4-9　线性评估法定量指标

| 指 标 目 标 | 考 核 标 准 |
|---|---|
| 2019年餐饮收入达到预算的1 000万 | 收入比例≥100%,30分;90%≤收入比例<100%,25分;80%≤收入比例<90%,20分;70%≤收入比例<80%,15分;70%≤收入比例<80%,10分;收入比例<70%,5分 |

一般情况下,指标标准应由被考核的部门或员工事先与管理层或主管共同讨论确定,并以此作为部门或员工业绩标准参考的依据。其目的是让员工参与管理以激励其提升或超越绩效标准,同时建立员工对实现工作目标的承诺。

（3）定量指标构建。定量指标的制定将对指标目标、指标标准和指标比重进行确立。与任务4.1中绩效计划的制定标准相符,所有指标的设定都以酒店的战略目标为基础,将其分解为部门或员工所需承担的任务目标,即指标目标。具体指标构建步骤如图4-13所示。

图4-13　定量指标构建

① 回顾组织目标和岗位职责。分析组织的战略和目标,明确员工的岗位职责。

② 确定增值产出。分析和确定员工工作的重点职责内容和工作产出成果。比如,员工有哪些日常性工作任务？有哪些专项工作任务？这些任务应该达到什么样的结果？员工在工作过程中应表现出什么样的典型工作行为？

③ 建立关键绩效指标。关键绩效指标应该满足SMART的指标原则。选取对组织目标有增值作用的具体任务,并从数量、质量、费用、时间四个方面界定量化指标。关键考核指标是员工所承担的工作内容和绩效标准,反映在员工的岗位职能等级上的统一岗位绩效评估标准。对不同的工作内容和岗位职能的等级,应建立不同的岗位考核指标。

④ 确立绩效考核标准,将指标尽可能地建立定量化的标准。

⑤ 确定各指标权重。根据任务的重要性进行界定,以百分数的方式划分任务权重,以5%或10%以上作为权重的刻度。

⑥ 决定绩效跟踪方式,确定信息收集渠道、信息内容和信息管理人员。

范例:以2019年市场占有率增长20%的目标为例,按照其流程确定前厅部门的定量考核指标(见图4-14)。

基于增值产出标准,前厅部的绩效的定量指标、绩效标准和占比设定如表4-10所示。

| 根据酒店2019年的目标，前厅部的职责旨在通过创造客户体验，提升市场的品牌影响力 |  | 根据前厅部的职责，确定产出为：总收入、宾客满意度、服务投诉率、员工能力技能提升、惊喜服务率、客户的保留率等 |

图 4-14  某酒店前厅部门的定量考核指标

表 4-10  前厅部定量绩效指标

| 指标目标 | 指标标准 | 比重/% |
|---|---|---|
| 2019年前厅部总收入同比增长10% | 以前厅部收入为200万元为基数，得分为20分；每增加10万元，增加2分，最多加5分；每减少10万元，减2分，直至总得分为0分 | 30 |
| 2019年宾客满意度不低于88% | 以满意度88%为基数，得分为15分；每提升1%，增加2分，最多加5分；每减少1%，减2分，直至总得分为0分 | 20 |
| 2019年服务投诉率同比下降10% | 以年度投诉率6%为基数，得分为10分；每减少1%，增加2分，最多加5分；每增加1%，减2分，直至总得分为0分 | 15 |
| 2019年员工人均参加培训小时数不少30小时 | 以人均培训小时数30为基数，得分为15分；每增多1%，增加2分，最多加5分；每减少1%，减2分，直至总得分为0分 | 20 |
| 2019年创新服务项目同比增长20% | 以创新服务项目15项为基数，得分为10分；每增加1项，增加1分，最多加5分；每减少1项，减1分，直至总得分为0分 | 15 |

进行绩效指标设定时要区分其绩效层次。例如，合格标准是期望员工达到的一般水平，是员工经过努力工作都能达到的水平。合格标准经常用于判断员工是否能满足工作岗位或其业绩的基本要求。如果员工的绩效结果低于合格标准，说明员工没有达到基本要求，有可能会出现岗位要求与员工能力不匹配的情况。如果员工的绩效水平高于合格标准，则需考虑员工的能力水平层级，可将高出的程度制定一至两个层级，如良好和优秀标准，帮助主管识别员工的能力等级，为人才培养和开发提供参考依据。

 **扩展知识**

酒店常用定量考核指标如表 4-11 所示。

表 4-11  酒店常用定量考核指标

| 指标 | 说明 | 适用部门 |
|---|---|---|
| 酒店总收入额 | 对酒店年度经营预算额完成率进行评估 | 所有部门 |
| 酒店利润增长额 | 评估酒店经营利润，判断酒店的盈利或亏损情况 | 所有部门 |
| 员工创利指数 | 反映员工个人对酒店收入的贡献率 | 所有部门 |
| 内部审计分数 | 衡量酒店标准化运营情况 | 所有部门 |
| 员工满意度 | 对员工满意程度的评估 | 所有部门 |
| 员工离职率 | 判断年度员工的流动情况 | 所有部门 |
| 员工培训小时数 | 评估酒店对员工培养的投入分析 | 所有部门 |
| 宾客满意度 | 反映宾客对酒店的满意程度 | 所有运作部门 |
| 质量管理指数 | 衡量酒店标准化和服务水平情况 | 所有运作部门 |

续表

| 指　标 | 说　明 | 适用部门 |
|---|---|---|
| 平均房价 | 反映房间的销售价格情况 | 房务部/销售部 |
| 网络评论分数 | 判断宾客对酒店的满意程度 | 房务部/销售部 |
| 网络评论回复率 | 衡量酒店对宾客评价的关注度 | 房务部/销售部 |
| 风险控制管理分数 | 评估酒店风险评估和突发事件处理状况 | 房务部 |
| 房间运营成本率 | 评估房间的运营成本高低 | 房务部 |
| 餐饮收入总额 | 评估餐饮年度经营预算额完成率 | 餐饮部 |
| 已售房平均餐饮利润 | 衡量酒店餐饮利润的贡献率 | 餐饮部 |
| 人均餐饮消费额 | 衡量酒店餐饮收入的消费标准 | 餐饮部 |
| 食品成本率 | 考核餐饮成本的控制率 | 餐饮部 |
| 酒水成本率 | 考核餐饮成本的控制率 | 餐饮部 |
| 库存周转率 | 评估酒店现金与库存周转情况 | 财务部 |
| 人工成本率 | 反映人力资源管理的效率情况 | 人力资源部 |
| 培训费用 | 评估酒店对员工培养的投入分析 | 人力资源部 |
| 平均可用房销售成本率 | 衡量酒店房间的销售成本 | 销售部 |
| 每间可用房维修成本 | 衡量酒店房间的维护成本 | 工程部 |
| 每间可用房能耗成本 | 衡量酒店房间的使用成本 | 工程部 |

## 三、酒店定性绩效指标的制定

### （一）定性指标的要求

定性指标（又称描述性指标）是无法用定量数据衡量的指标，是针对某一特定要素或整体职责的衡量，多数组织采用定性指标对定量指标进行考核补充。定性指标依赖管理者对员工工作表现的自我判断和理解，考核容易流于形式，缺乏评分标准和客观性评价。定性指标常用于对员工能力和工作态度的考核，如沟通能力、解决问题能力、积极性、责任心等范围。

### （二）定性指标标准的设定

在定性指标的标准设定中常以优秀、良好、较好、尚可、很差等词进行定义，但在绩效考核过程中，该标准无法提供统一的评价。因此，定性指标通常对指标的达成状况给予尽可能详尽的描述，以评估表的形式加以明确，如表4-12所示。

表4-12　定性指标标准

| 不合格 | 低于基本工作要求 | 达到工作要求 | 超出工作要求 | 表现杰出 |
|---|---|---|---|---|
| 2分以下 | 3~4分 | 5~6分 | 7~8分 | 9~10分 |
| 工作表现不能达到基本的标准，需要在该领域做出实质性及直接的改变 | 工作表现不稳定，需要监督指导和发展，工作表现反馈信息和工作能力的加强可以帮助职工取得成功 | 职工达到工作标准，表现稳定、可靠、一致，仅需要少量监督 | 工作表现清晰一致，超出该项工作领域的期望水平 | 职工在完成工作方面表现出非凡的能力，并发挥了领导者和指导者的作用 |

## （三）定性指标的构建

由于酒店中每一岗位都具有不同的作用和意义，岗位不同，所承担的职责就有所不同，因此酒店的管理层、中层管理层和员工的定性考核指标根据其工作职责的不同而有所差异，如表 4-13 所示。

表 4-13 定性指标构建

| 层 级 | 定性指标内容 |
| --- | --- |
| 管理层 | 领导能力、计划能力、预见能力、创新能力、管理能力、沟通和协调能力、人才培养能力 |
| 中层管理人员 | 专业知识和技能、管理能力、指导能力、沟通和协调能力、创新能力 |
| 员工级别 | 服务技能、工作能力、工作安全性、工作规范性、工作纪律性 |

员工的定性指标标准如表 4-14 所示。

表 4-14 员工的定性指标标准

| 评估内容 | 不合格 1 | 低于期望 2 | 达到要求 3 | 超作期望 4 | 表现杰出 5 |
| --- | --- | --- | --- | --- | --- |
| 工作知识：对工作标准、程序、方法的掌握程度 | 不能胜任工作 | 需要大量帮助完成任务 | 掌握了必要知识，在一定帮助下可完成分配任务 | 具备足够的知识并能独立完成所分配任务 | 出色完成各项工作 |
| 工作量：衡量员工是否达到或超出普通工作量 | 工作效率极低 | 工作量低于平均水平 | 基本能够达到标准要求 | 绝大多数时间工作量超出标准 | 工作效率极高，总是超额完成工作 |
| 工作质量：衡量员工工作的准确性、工作内容的完整性 | 错误过多 | 经常不能接受，频繁出现错误 | 一般可接受，通常不需要检查 | 几乎每次都能接受，极少有错误 | 高度准确，从没有错误 |

## 训练题 4-2

### 一、自测题
1. 定量指标可按照哪些类型进行分类？
2. 定量指标标准制定一般采用什么方法？
3. 定量指标的制定步骤有哪些？

### 二、讨论题
1. 定量指标与定性指标有哪些不同？
2. 定量指标标准的设定对绩效管理体系具有哪些方面的影响（请列举不少于 5 点）？

### 三、实践题
某酒店为五星级高端酒店，共有 300 间客房。2021 年入住率为 60%，实际在职员工人数为 310 人。根据 2022 年业务预测分析，酒店 2022 年总收入同比增长 8%。

要求：请根据定量指标构建的流程和标准，制定用于评估客房部的定量指标目标、标准和比重（不少于 5 条）。

## 项目实训 4-1　酒店绩效指标设置

**【任务概述】**

本实训任务基于对绩效管理中所采用绩效计划方法、绩效指标的制定等任务的知识要点,要求学生将其理论知识点向技能应用进行转化,帮助学生更深层次认识酒店绩效管理的作用和意义,并能识别和应用于人力资源管理的过程,同时帮助学生建立公平、合理的工作标准及正确的绩效考核观念。通过此任务的应用,提升学生在学习过程中的计划能力、预测能力、沟通能力、分析能力、解决问题能力,以及提高学生的职业意识和整体素质。

**【实训任务内容】**

某一高端五星级酒店共设 493 间客房,2019 全年入住率为 63%,酒店员工数量为 635 人,2019 年总收入达到 9 800 万元,同比增长 16%,GOP 率(营业总利润率)到达 32%,宾客满意度达到 85%,网络评价在 4.6 分。在员工方面,员工离职率达到 32%,平均人均培训小时达到 28 小时,员工满意度达到 89%。但 2019 年在内部审计过程中发现,服务时间标准、风险管理过程中存在隐患,风险率过高。

根据预测,2020 年由于区域经济发展的机遇,旅游市场将会得到大幅度的提升。特别是针对婚庆市场、会展市场和健康医疗市场将会带来新的商机。因此,酒店希望在 2020 年度能够重新调整战略和目标。

酒店的远景:我们致力于打造世界知名酒店品牌,通过为客人创造与众不同的体验,增强员工的品牌自豪感,保护自然和人文环境,为股东带来丰厚的回馈。

酒店的运营目标:OCC(入住率)同比增长 5%,酒店的总收入同比增长 10%,净利润同比也得到一定的增长。在宾客满意度方面,宾客满意度分数同比增长 3%。

**【实训任务要求】**

(1) 请结合本项目中所学习的绩效管理体系、定量指标设定的要求和应用,分别完成前厅部和客房部的定量指标设定(不少于 5 条指标)。

(2) 完成指标设定,包括指标目标、指标考核标准和指标比重,如表 4-15 所示。

表 4-15　指标设定

| 指标名称 | 指 标 目 标 | 指 标 标 准 | 比重/% |
| --- | --- | --- | --- |
| 例如,财务收入 | 2019 年前厅部总收入同比增长 10% | 以前厅部收入为 200 万元为基数,得分为 20 分;每增加 10 万元,增加 2 分,最多加 5 分;每减少 10 万元,减 2 分,直至总得分为 0 分 | 30 |
|  |  |  |  |
|  |  |  |  |
|  |  |  |  |

(3) 绩效指标设定要求分别使用任务 4.1 所描述的关键绩效指标法和平衡计分卡两种方法,并基于两种方法的应用结果进行比较,分析两者存在的优势和劣势。

# 项目 5　酒店薪酬管理

## 📝 项目描述

本项目依据酒店人力资源管理实务的识才、选才、育才、用才、激才和护才六大职能中的激才环节进行学习，是人力资源管理的核心内容，也是对酒店人员激励和奖励的手段。本项目的知识点学习涵盖员工薪酬的内容、薪酬体系的设计、工资核算、个人所得税核算的应用知识。通过知识点的学习，学生能系统认知薪酬管理的内容及薪酬管理在人力资源管理中的重要性，并能应用公式核算个人应享得的工资和应承担的社会保险费和税费，确保学生熟练掌握、设计和展示工作所需的薪酬管理的相关技能，提升学生在工作岗位上的应用能力、解决问题能力、沟通能力等。此外，通过知识点理解和实践，提升学生的职业操守、道德品质与所需承担的社会责任，为把学生培养成全面发展的高素质职业技能型人才提供支持。

## 项目目标

**知识目标：**
- 阐述薪酬体系的内容及其作用；
- 描述薪酬体系设计的流程；
- 列举核算员工应发工资、社会保险和个人所得税的应用公式。

**能力目标：**
- 识别薪酬体系设计的合理性问题和隐患；
- 运用相关公式准确核算个人应发工资、社会保险费和个人所得税。

**素养目标：**
- 提升学生对人力资源管理的认识和培养学生的职业责任感；
- 树立学生公平合理的管理理念及正确的价值观。

## 知识导图

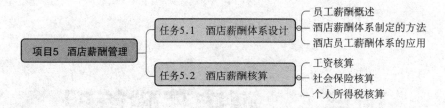

**【学习重点和学习难点】**

学习重点：员工薪酬管理体系应用、工资核算、个人所得税核算。

学习难点：员工薪酬管理体系应用、工资核算。

## 项目引入案例

某高端酒店按照员工工作岗位的重要性和岗位能力需求将员工的岗位级别划分为5个等级，并根据5个等级分别设定了5个层级的基本工资架构，但其基本工资的水平对比市场状况明显较低。因此，酒店进行薪酬体系设计中，为凸显酒店的薪酬竞争力和提升员工工作激励，将酒店收入的15％作为月度服务奖金平均分配给员工。总监级采用年薪制，经理、主管和员工采用月薪制。同时，根据岗位性质和职责的不同等级和重要性，分别为员工、主管级、经理级和总监级设立不同的年假、探亲假、探亲路费、年度免费住房奖励等福利。虽然很多酒店对此薪酬体系的实施并没有看好，认为员工的薪酬每月会出现浮动，不利于员工队伍稳定。但该酒店的员工在近两年综合表现体现为：员工满意度较高，员工流动率低于市场水平的10％，整体服务水平偏高。此外，员工的忠诚度也体现了较高的水平。

思考和讨论：

1. 酒店的薪酬和福利内容分别包括哪些项目？
2. 你认为该酒店的薪酬福利体系将会存在哪些利弊？

## 任务 5.1 酒店薪酬体系设计

### 任务概述

本任务是"酒店薪酬管理"项目中的第一个任务，其任务学习内容包括员工薪酬的概述、员工薪酬制定的方法和员工薪酬体系的应用。本任务涵盖对薪酬构成、制定和管理的理解，学生可运用所学的知识充分认知薪酬管理的内在和外在意义，以及薪酬管理要求和标准，并通过有效的薪酬管理方法制定具有激励性的薪酬结构，旨在提升学生对酒店人力资源管理激励职能的地位和作用的认识，帮助学生正确识别酒店管理中存在的问题，并通过开展各项目的任务活动，提升学生沟通能力、分析能力、计划能力等方面，以及学生的职业意识和整体素质。

## 案例导入

王毅是热忱、负责的高级销售经理，在某高端酒店就职已经三年，在前两年的绩效考核中连续获得了优秀，其月工资水平也从刚入职时候的 6 000 元晋升到每月 8 800 元。1 个月前公司招聘另外一位高级销售经理马山，月薪同样为 8 800 元。为此王毅十分不高兴，认为马山的个人阅历似乎与自己存在差距，但其薪酬却和自己相同。

为此，王毅找到了人力资源经理张诚评理。人力资源经理张诚解释道，王毅和马山的基本月薪相同是依据酒店的薪酬体系层级进行设定的，而薪酬体系的设定需要考虑到市场薪酬水平和薪酬竞争力。因此，酒店将高级销售经理薪酬定位于 8 800 元，也是为了保持市场的竞争力，满足招聘的要求。同样基于该原因，王毅的工资在 3 年内也增长近 47%。此外，除了基本薪酬外，酒店考虑到员工不同资历的情况，因此分别按照员工的工作年限、资历、忠诚度等又分别设立资历工资、工龄工资、忠诚奖金等不同等级的薪酬福利标准，也使得王毅的整体薪酬水平比马山要高。所以，建议王毅进行薪酬比较时，应从整体薪酬标准进行比较。但王毅却依旧认为，马山对酒店的业务不熟悉，个人资历比自己还差一截，但基本工资却跟自己相同，这对自己是不公平的。

思考和讨论：
1. 你认为该酒店的薪酬制度是否合理？为什么？
2. 对该酒店存在的新老员工的薪酬福利标准，酒店可以在哪些方面提升薪酬体系设计？

## 一、员工薪酬概述

在酒店激励的人才竞争中，薪酬是作为员工评估工作意愿的条件之一。薪酬在酒店管理过程中具有激发员工工作动机、提高员工工作效率、促进酒店发展的作用，也是员工日常工作和生活的保障，是影响员工工作满意或不满意的重要因素。薪酬体系的效益性要求酒店进行薪酬设计时应全面评估工作的重要性、个人能力和岗位回报要求，并非只有高学历、高职称的员工才是薪酬激励的主体。酒店的公平和竞争制度，关键是以合理的薪酬体系作为基础。

### （一）薪酬概述

员工薪酬是指酒店给具有事实劳动关系而付出劳动的员工所支付的各种货币与实物报酬的总和，包括基本工资、绩效工资、奖金、津贴、股权、福利等。员工薪酬福利按照其性质可分为外在报酬和内在报酬。外在报酬是指员工所获得直接或间接的货币报酬，而内在的报酬是来自工作本身或内部环境所带来的机遇，具体内容如图 5-1 所示。

| | |
|---|---|
| 外在报酬 | 直接薪酬（货币形式）：工资、奖励、津贴、股票、货币福利<br>间接薪酬（非货币形式）：非货币福利、服务、员工保护 |

| | |
|---|---|
| 内在报酬 | 员工的个人成长、培训等学习机会、挑战性工作、职业安全、工作环境、认可和地位 |

图 5-1　员工薪酬

## （二）薪酬体系概述

薪酬体系是薪酬的构成要素体系，是在薪酬总量中的各种组成要素及每种要素所占的比例大小。薪酬体系对人力资源管理的影响不仅对员工具有激励作用，也是作为市场竞争优势和人才发展竞争优势的重要依据。薪酬体系的构成要素如表 5-1 所示。

表 5-1　薪酬体系的构成要素

| 要素 | 内容 | 定　义 |
|---|---|---|
| 基本薪酬 | 岗位工资 | 指一个组织根据员工所承受或完成的工作本身对企业的边际贡献而向员工支付的报酬 |
| | 技能工资 | 根据员工所具备的完成工作的技能或能力而向员工支付的稳定性报酬 |
| 可变薪酬 | 绩效工资 | 浮动工资，对良好业绩的回报，包括月度奖、年终奖等 |
| | 激励工资 | 与绩效直接挂钩的部分，对于员工具有很强的激励性，包括股权、红利、佣金等 |
| | 奖金 | 对劳动者提供的超额劳动所支付的报酬，是实现按劳分配的一种补充形式，包括超产奖、质量奖、全勤奖、安全无事故奖、提前竣工奖、考核各项指标优异奖等 |
| 间接薪酬 | 福利 | 一般泛指所有员工均能享受的待遇，是一种补充性薪酬，适用于所有的员工（奖金则只适用于高绩效员工），包括法定福利、物质福利、设施福利等 |
| | 津贴 | 补偿职工在特殊条件下的劳动消耗及生活费额外支出的一种补充性的工资分配形式，包括高空津贴、井下津贴、野外津贴、林区津贴、高原津贴、地区津贴、高温津贴、低温津贴、中夜班津贴等 |

## （三）薪酬体系的作用

酒店进行薪酬设计是满足员工需求的一种过程。员工需求一般包括薪酬、情感和事业发展，而薪酬是基层员工最为关注的部分。因此，薪酬体系的作用包括以下方面。

1. 薪酬体系具有保障性作用

薪酬是员工满足个人衣食住行、消遣娱乐和自身发展的基本生活保障。根据赫兹伯格的双因素理论，薪酬是员工对工作满不满意的首要因素。因此，酒店应建立一个有竞争力的薪酬体系吸引和留住人才。如果薪酬水平与外界差异过大，将会导致员工离职心理的产生。

2. 合理的薪酬体系有利于酒店内部和谐

合理的薪酬体系既要满足员工的基本生活保障，又要呈现出调动员工工作积极性的激励作用，同时又能根据岗位的特征和人员的自身资历凸显其差别性，保证员工内部工作的和谐,充分调动其工作的积极性。

3. 薪酬体系对实现酒店的业绩和经济目标具有激励性作用

通过给员工薪酬的方式激励员工提供其工作绩效,从而提升酒店或部门的绩效。当酒店的经营业绩不好时,员工的收入将会降低,反之就会提高,从而发挥员工绩效的调节杠杆作用。

### (四) 薪酬体系设计的基本原则

#### 1. 公平性原则

公平性原则是指在薪酬分配过程中,将薪酬按照不同岗位性质及可比价值进行评价且进行同等薪酬分配。公平性原则体现员工的内部公平和市场的外部公平。

内部公平是员工对内部薪酬感知的一种心理感受,其内部公平的体现是员工对内部薪酬体系的认可程度。员工在工作中容易与其他员工进行行为和报酬对比,公平性感知是建立在员工与他人进行比较后是否觉得公平的过程。因此"同工同酬"的薪酬等级设定是避免员工产生对薪酬的心理差距。

外部公平是通过对外部竞争市场的比较后对薪酬市场竞争力的判断,是酒店人才市场竞争的需要。外部公平是酒店与同行业同水平且带有竞争性质的酒店相比,酒店所提供的薪酬标准具有市场竞争优势。

#### 2. 竞争原则

人才竞争是当前酒店所面临的巨大挑战,较高的薪酬对某些优秀的人才具有一定的吸引力。因此,薪酬水平在市场的定位对人才招聘具有一定的优势。酒店薪酬水平在市场中的位置取决于酒店所处的市场地位、资金状况、人才定位等具体情况。薪酬竞争力只是作为酒店竞争优势之一,酒店的竞争优势还包括品牌知名度、酒店定位等因素的影响。此外,进行薪酬竞争力设计时,还需要考虑劳动力市场人才供需的情况,当需求大于供给时,其薪酬标准则会更高些。

#### 3. 激励原则

与外部薪酬竞争力相比,薪酬的内在激励性对员工的工作积极性、创造性具有更大的作用,其内在公平与激励之间具有正向影响关系。内在公平对激励的影响应形成正比例发展,因此,根据员工的工作能力、工作贡献进行等级划分,形成一定的差距。当员工的工作能力和工作贡献较大时,获得更高的薪酬报酬,以提高员工的工作积极性和工作效率。绩效激励是常见的激励模式,员工根据自身的业绩表现获得相应的报酬,保证员工的物质利益与自我价值在薪酬中得以实现。

#### 4. 经济原则

薪酬体系是一种吸引、激励和留住人才的管理手段,并非薪酬标准越高其市场竞争力越大。吸引优秀人才的因素除了高薪,酒店的名声、影响力等同样是优秀人才选择酒店发展的重要因素。如果酒店仅考虑高薪酬留住人才而忽略其他条件,同样无法达到其目的。员工选择留在酒店的因素还包括工作氛围、领导力及职业发展机会等。此外,人力成本支出与其员工的产出比要求员工所创造的价值成正比,如果用高薪吸引的优秀人才,无法创造与其同等绩效结果,那么薪酬体系则无法发挥其作用。

5. 合法原则

薪酬标准应以国家的相关法律和政策作为指导,其薪酬体系设计不得低于国家设定的基准,特别是某些特殊规定,如最低工资标准、加班工资支付、试用期工资和转正工资的比例等。同时,相关劳动法规中规定的同工同酬的要求,在薪酬体系设计过程中应避免与其冲突。

## 二、酒店薪酬体系制定的方法

1. 工作评价法

工作评价是薪酬体系设计的关键步骤。工作评价的结果将呈现出各项工作及岗位的重要性、劳动价值和劳动贡献度,将评价结果通过对价值或重要性进行排序、等级划分、评估后转换为对等货币价值。因此工作分析和岗位评价的结果能为酒店薪酬提供调节的依据。常见的工作评价方法如表5-2所示。

表5-2　工作评价方法

| 评价方法 | 工作评价方法的概述 |
| --- | --- |
| 排列法 | 根据各种岗位的重要性、相对价值或它们对组织的相对贡献进行排列的一种方法,例如,根据工作分析和岗位评价的结果,将各岗位按照其重要性和贡献度从大到小进行排序;该方法适合于规模小,岗位设置较少的企业 |
| 分类法 | 预先设定某一代表性岗位标准,将各种岗位的工作职责和工作性质与预先设定的代表性岗位进行比较和归并,从而确定岗位的相对价值;该方法适合于岗位差别比较明显的企业或较大企业的行政管理岗位 |
| 因素比较法 | 预先设定某一代表性岗位标准及该岗位在劳动力市场的薪酬标准,将各种岗位的工作职责和工作性质与其相比较来确定一般性岗位的薪酬标准;该方法适合于已经掌握市场薪酬水平,且能随时根据劳动力市场需求和市场薪酬水平进行调整岗位的企业 |
| 评分法 | 按照工作评价的要求将关键评价要素和权重进行标准设定,再对各要素划分等级,并分别赋予分值,从而对每个岗位进行评价,确定岗位的重要性、劳动价值和贡献度;该方法适合于生产过于复杂,岗位类别数目多,对标准化要求较高的大中型企业 |

2. 工资结构线的确定方法

在工作评价结果的基础上,将不同岗位的重要性、工作价值和工作贡献度进行定义划分,将其转化为工资结构。例如,工作评价所产生的共同工作特征(即基本工作职责)和非共同工作特征(如工作技能等级、工作资格、工作特殊贡献等),将其设定为基本薪酬结构和浮动薪酬结构,使员工的薪酬差别得以体现。

3. 工资分级方法

基于工作评价的结果,将相近的劳动价值或重要性一致的工作归并为一类,形成一个工资等级系列。比如,客房部服务员、管事员、公区服务员等可归为一个等级。当然这些岗位并不是绝对地对等,但差别不大。薪酬等级划分的确定即等级数量的确定,将考虑市场薪资水平、工作总数、酒店的薪酬或职位晋升制度等因素的影响。一般情况下,工资等级的系列在10~15级即可,如表5-3所示。

表 5-3　薪酬等级标准

| 职级 | 薪级 | 薪档 | 工资层级 |
| --- | --- | --- | --- |
| …… | …… | …… | …… |
| L3 | X3 | 9 | +13% |
|  |  | 8 | +6% |
|  |  | 7 | 3 800 |
| L2 | X2 | 6 | +13% |
|  |  | 5 | +6% |
|  |  | 4 | 3 000 |
| L1 | X1 | 3 | +13% |
|  |  | 2 | +6% |
|  |  | 1 | 2 500 |
| T0 | X0 | 0 |  |

## 三、酒店员工薪酬体系的应用

薪酬体系是人力资源管理的子系统，也是作为人力资源管理系统的补充和支持。一个合理且具有竞争优势的薪酬体系，直接与酒店的战略目标相联系，将其作为增强人才竞争的优势和战略发展的支撑体系。薪酬体系设计的流程如图 5-2 所示。

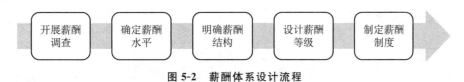

图 5-2　薪酬体系设计流程

### （一）开展薪酬调查

一个具有合理性和市场竞争力的薪酬体系与行业市场水平相抗衡，当薪酬体系低于市场水平，将失去人力资源市场的竞争力，容易造成招聘难、人员流失大的问题；但当薪酬体系比市场水平过高时，将形成人力成本的控制障碍，可能会造成人员结构性失衡的问题。薪酬体系的合理性和竞争性是基于市场水平的分析，因此进行薪酬体系设计时有必要进行市场薪酬体系的调查。所谓薪酬体系调查，是通过各种途径来获取其他同类酒店和行业的薪酬信息，常用的调查方法包括实地调查、行业数据交换、行业数据系统（如政府、行业协会、咨询机构的数据源）。

薪酬调查首先应对所属区域内的工资水平和行业的工资水平进行系统了解。其次薪酬调查的酒店要求是在酒店所属区域内，与自己酒店相当的竞争性酒店。比如，本酒店是希尔顿国际高端酒店，那么区域内需要开展薪酬调查的对标酒店应该是万豪、香格里拉、费尔蒙等高端酒店。如果所属区域内没有与其相当的酒店品牌，则需调查区域行业内的最高级别酒店的薪酬状况。薪酬调查的内容应包括不同级别工资水平、福利、员工流动率、调薪制度等，如表 5-4 所示。

表 5-4 薪酬调查数据

| 职级 | 级别 | 职位 | 酒店 1 最低工资/元 | 酒店 1 最高工资/元 | 酒店 2 最低工资/元 | 酒店 2 最高工资/元 | 酒店 3 最低工资/元 | 酒店 3 最高工资/元 |
|---|---|---|---|---|---|---|---|---|
| 9 | Dept A | 部门经理 | 前厅部总监 前厅部经理 | N/A | N/A | 18 000 | 20 000 | 12 500 | 12 500 |
| 8 | Dept B | 部门副经理 | 部副经理 | 8 000 | 8 000 | N/A | N/A | 9 500 | 9 500 |
| 7 | Dept C | 分部门经理 | 礼宾司 | 6 360 | 6 360 | 4 000 | 6 000 | 7 500 | 7 500 |
| 7 | Dept C | 分部门经理 | 夜班经理 | 6 000 | 7 200 | N/A | N/A | 7 300 | 7 300 |
| 7 | Dept C | 分部门经理 | 大堂副理 | 5 500 | 5 500 | 4 000 | 6 000 | 5 500 | 6 800 |
| 7 | Dept C | 分部门经理 | 总机经理 | 6 000 | 7 200 | N/A | N/A | 5 500 | 5 500 |
| 6 | Dept D | 副经理 | 车队队长 | N/A | N/A | 4 000 | 5 000 | 3 900 | 3 900 |
| 5 | Supervisor | 主管 | 前台主管 | 3 000 | 3 000 | 3 500 | 3 500 | 3 300 | 3 400 |
| 5 | Supervisor | 主管 | 总机主管 | 3 000 | 3 000 | 3 500 | 3 500 | 3 000 | 3 400 |
| 5 | Supervisor | 主管 | 礼宾主管 | 3 000 | 3 600 | 3 500 | 3 500 | 2 400 | 2 400 |
| 5 | Supervisor | 主管 | 车队主管 | 3 500 | 3 500 | 3 200 | 3 200 | 3 900 | 3 900 |
| 5 | Supervisor | 主管 | 房屋总监秘书 | 3 000 | 3 000 | 3 200 | 3 200 | Vacant | N/A |
| 4 | Captain | 领班 | 总机领班 | 2 400 | 2 400 | N/A | N/A | N/A | N/A |
| 4 | Captain | 领班 | 礼宾领班 | 2 400 | 2 400 | N/A | N/A | N/A | N/A |

## （二）确定薪酬水平

薪酬水平就是员工在一定时期内平均薪酬的高低程度，包括员工的基本薪酬、奖金、津贴等平均水平。薪酬水平的最低值受国家制度政策的影响，其员工的薪酬水平不得低于所在市县的最低工资水平，以确保社会分配的相对公平和合理性。例如，2022 年上海最低工资为 2 590 元，三亚为 1 830 元等。薪酬水平应达到和保持一定的竞争力，对员工产生一定的激励作用。薪酬水平的确定将会受到酒店自身因素、社会因素和定位政策的影响（见表 5-5）。

表 5-5 酒店薪酬水平影响因素

| 因 素 | 内 容 | 影 响 |
|---|---|---|
| 酒店自身因素 | 岗位责权大小、员工技能要求、福利和保险、酒店支付能力等 | 如岗位权责相对较大的岗位对员工的能力技能具有较高的要求，以及工作职责范围较广，因此薪酬水平的定位将会略高，以确保招聘高素质和能力的人才；同时，酒店支付能力即资金状况也会影响其薪酬体系的实施 |
| 社会因素 | 当地工资水平、劳动市场供需状况等 | 在劳动竞争市场中，当某些岗位的需求大于供给，将造成人才抢夺竞争，此岗位的薪酬水平将会过高 |
| 定位政策因素 | 服务高于竞争对手实力、酒店市场定位等 | 酒店的服务定位高于竞争对手或酒店的市场目标人群将定位于高端人群，由于酒店的服务定位标准提高，对人员需求的标准也将提高，此时薪酬水平应高于市场竞争水平 |

## （三）明确薪酬结构

薪酬结构是指酒店员工的薪酬比例构成，包括工资总额分配、职务工资确认，以及员工的基本工资、浮动工资等工资比例的确定。例如，销售人员的工资结构为基本工资＋提成，行政人员的工资结构是基本工资＋浮动工资等。酒店工资的构成通常如表5-6所示。

表5-6 酒店薪酬结构

| 项 目 | 内 容 |
| --- | --- |
| 基本工资 | 可根据员工学历、技术、岗位、级别设定不同等级工资 |
| 员工福利 | 五险一金、工作餐或补助、工作服、员工宿舍、假期、消费福利等 |
| 津贴补贴 | 岗位津贴、夜班津贴、高温津贴、店龄津贴等 |
| 年终奖金 | 根据酒店的经营业绩提取一定比例总额，按其绩效等级发放 |

## （四）设计薪酬等级

薪酬体系的设计除了考虑其市场竞争力，还应注重岗位之间的内容一致性，以及岗位与薪酬之间的合理性和匹配性。确定人员工资时，要综合考虑三个方面的因素：职位等级、技能工资和绩效工资，即确定岗位工资时应对工作岗位进行评价，确定技能工资时应对岗位人员资历要求进行评估，确定绩效工资时应对员工的绩效表现进行考核。有些薪酬体系设计中还加入资格等级工资、学历工资等。薪酬等级的设计步骤如图5-3所示。

图5-3 薪酬等级设计步骤

（1）岗位评价。薪酬等级应基于工作岗位的评价结果将岗位的重要性和价值进行归类，对同一类别岗位等级进行整理，并按照其岗位的价值大小设定薪酬等级。

（2）薪酬序列。薪酬序列是根据岗位的特征设计不同岗位发展序列，并设定不同的薪酬等级标准。例如，服务操作岗位序列（前厅、餐饮等部门人员）、行政岗位序列（行政文职类人员）、技术人员岗位序列（工程部、厨师等部门人员）。同时，根据员工工作岗位的性质不同设定不同的岗位级别起点，比如，行政助理设定的起点为主管级别。因此，不同序列相当于员工的不同晋升渠道，序列不同则薪酬等级也有所不同。

（3）设计薪酬等级。酒店管理过程中，常将酒店员工的工作等级按照十级等级进行划分，根据员工的级别设定不同薪酬等级标准，薪酬等级之间会存在级差，即相邻两个薪酬等级之间的薪酬标准差距。但为将同一薪酬等级的员工按照其资历、技能等级的差异区分开来，常在同一等级之间设薪酬档，如最低工资档、中间工资档和最高工资档，或者是设定一档、二档、三档，又或者A档、B档、C档等，如表5-7所示。

表 5-7  薪酬体系设计

| 薪级 | 职级 | 基本工资(5%) | | | | 学位工资 | | | | 职称/职业资格工资 | | | 其他工资 |
|---|---|---|---|---|---|---|---|---|---|---|---|---|---|
| | | A | B | C | D | 大专 | 学士 | 硕士 | 博士 | 初级 | 中级 | 高级 | |
| J6 | 副经理 | 8 000 | 8 400 | 8 800 | 10 400 | 100 | 300 | 600 | 1 000 | 200 | 400 | 600 | 400 |
| J5 | 分部门经理 | 6 000 | 6 300 | 6 600 | 7 800 | 100 | 300 | 600 | 1 000 | 200 | 400 | 600 | 300 |
| J4 | 主管 | 4 200 | 4 410 | 4 620 | 5 460 | 100 | 300 | 600 | 1 000 | 200 | 400 | 600 | 210 |
| J3 | 领班 | 3 300 | 3 465 | 3 630 | 4 290 | 100 | 300 | 600 | 1 000 | 200 | 400 | 600 | 165 |
| J2 | 高级员工 | 2 600 | 2 730 | 2 860 | 3 380 | 100 | 300 | 600 | 1 000 | 200 | 400 | 600 | 130 |
| J1 | 基础员工 | 2 100 | 2 205 | 2 310 | 2 730 | 100 | 300 | 600 | 1 000 | 200 | 400 | 600 | 105 |

### （五）制定薪酬制度

1. 薪酬制度的制定

薪酬管理制度是明确薪酬分配、薪酬标准管理和薪酬体系实施的指导说明书，是用于确定和调整酒店各类员工薪酬关系的主要依据。薪酬制度的内容主要包括以下方面。

（1）薪酬等级与岗位之间对应定义。确定岗位与薪酬等级的对应标准，将员工所需具备的知识、能力、技能要求与对应薪酬等级进行匹配说明。

（2）薪酬等级晋升标准。设定薪酬等级的晋升要求对员工工作积极性产生较大的激励作用，因此，薪酬等级的晋升作为员工发展晋升的激励手段，在进行薪酬等级晋升标准设定时，需要结合酒店经营目标和员工发展进行综合考核。

（3）员工薪酬管理。员工薪酬体系需要根据市场状况、酒店发展目标、人才供需状况进行及时的调查、分析和调整。员工薪酬管理的部门不仅是人力资源部门，也是所有管理者的权责。因此，薪酬体系管理需要酒店所有部门和人员共担共管。

2. 薪酬制度的执行与评价

薪酬制度的执行效果评价是判断薪酬体系合理性的重要手段，其评价内容一般包括对岗位工资制度的评价、对绩效工资制度的评价和对混合工资制度的评价。

（1）对岗位工资制度的评价

岗位工资制度的特征是对岗不对人，其制度将酒店岗位进行严格划分，按岗位确定工资。该制度的优势在于方便管理，统一协调。但由于该制度存在工资调度的弹性不大，如果员工认为他们所做的工作与实际回报出现差异时或员工之间对工作职责和贡献做比较时，岗位工资就难以发挥激励作用。因此，岗位工资制度的执行应建立福利辅助激励与岗位工资相结合，激励员工发挥最大效用。

（2）对绩效工资制度的评价

绩效工资制度是将员工、部门和酒店绩效相结合，将工资与绩效挂钩，注重结果，强调绩效目标的完成率和贡献率。个人绩效表现其个人的能力、态度等水平，通过对优劣的评价确定员工的工资水平，激励员工的工作积极性和创造性。但由于影响员工绩效的因素有很多，如领导因素、评估者因素等，容易引起员工对绩效评价的不满。因此，绩效工资制度应确保其评价的内容、标准和薪酬方案标准在实施前已获得员工和酒店的双方认可。

（3）对混合工资制度的评价

混合工资制度集合了岗位工资、能力工资等相关制度的优点，将不同工资类型相结合、提升工资的灵活性，全面反映员工的工作岗位、工作能力等职能的等级，对员工的工作积极性和酒店效益具有良好的推动作用。

总体而言，酒店的薪酬体系策略应与其所处的发展阶段相联系。例如，当酒店处于初创期时，则要求具有高稳定的薪酬体系；当企业处于高成长期时，薪酬水平应基于市场水平设定具有竞争力的薪酬等。酒店对不同时期的发展阶段，应通过调整其固定工资、奖金和福利，将薪酬体系调整为与其相匹配的薪酬体系，如表5-8所示。

表5-8 不同时期薪酬策略

| 企业生命周期 | 固定工资 | 奖金 | 福利 | 说 明 |
| --- | --- | --- | --- | --- |
| 初创期 | 高 | 低 | 低 | 团队组建以高固定工资为主，吸引团队成员 |
| 成长期 | 竞争优势 | 高 | 低 | 以高固定薪酬稳定团队成员，以奖金激励员工效率 |
| 成熟期 | 竞争优势 | 竞争优势 | 竞争优势 | 保持市场的薪酬竞争力，稳定团队核心成员 |
| 衰退期 | 中 | 无 | 高 | 保持稳定的薪酬标准，提高核心员工的福利标准 |
| 创新期 | 竞争优势 | 高 | 低 | 以高固定薪酬和奖金吸引和鼓励团队成员创新，提高工作效率 |

## 训练题 5-1

**一、自测题**

1. 什么是员工薪酬？
2. 员工薪酬有哪些部分组成？
3. 员工薪酬体系设计的流程有哪些？

**二、讨论题**

1. 员工薪酬管理与人力资源规划、工作分析、绩效管理之间有哪些关联？
2. 合理且有竞争性的薪酬体系设计应注意哪些问题？

**三、实践题**

某高端酒店员工的等级按照员工工作岗位的重要性和岗位能力需求将岗位级别划分为10个等级，并根据10个等级分别设定了10个层级基本薪酬架构。但在实施过程中，为体现岗位和职责的不同等级的重要性，将员工的福利标准分为员工、主管级、经理级和总监级。总监级采用年薪制，经理、主管和员工采用月薪制。现阶段，酒店员工除了享受现有的基本工资、极少数的福利标准（如五险一金、相关假期、员工餐、员工宿舍和员工班车），没有过多激励员工的工作积极性的福利。因此，为了激励员工在工作中的积极性，酒店将考虑对前线和后线部门分别提供一些其他福利，但还需进行酒店人力成本的控制。请你根据酒店前线和后线部门员工设计某些福利项目，并说明该福利项目将带来哪些影响。

## 任务5.2 酒店薪酬核算

### 任务概述

本任务是"酒店薪酬管理"项目中的第二个任务,其任务学习内容是对工资、社会保险费和个人所得税进行计算。本任务涵盖学生对工资的核算要求、社会保险的核算标准及个人所得税的扣缴额度的理解和应用,学生可将所学的运算公式准确核算个人的工资、社会保险费和税费。本任务旨在提升对酒店人力资源管理中员工薪酬核算的应用技巧,帮助学生正确认识薪酬管理的作用及存在的问题,并通过开展各项应用任务活动,提升学生的计划能力、计算能力、分析能力等方面,以及提升学生的职业意识和整体素质。

### 案例导入

王峰于2010年9月10日加入某高端酒店工作,合同期为5年,从事的岗位工作为前厅主管,试用期月工资为3 500元,转正后月工资为4 000元,试用期3个月。同时,员工按照酒店薪酬体系标准,享受所处级别的福利标准,包括社保、公积金、休假、夜班补贴等。

酒店每月发薪日约定为每月30日,工资核算日期为上月26日至次月25日。9月份期间,王峰实际上班天数为13天,休息日为2天,法定假期休息1天。因此,王峰核算自己的工资时,认为他当月的应发工资应该为:3 500÷30×16≈1 867(元)。但在发放工资时,王峰实际收到的应发工资额为3 500÷21.75×14≈2 252.87(元)。王峰对领到的工资有所顾虑,担心是人力资源部核算了错误的工资,再三衡量后与人力资源部经理张诚进行了工资核对。

思考和讨论:
1. 你认为王峰核算的应发工资额为什么与人力资源部核算的工资不同?
2. 你是否认为人力资源部核算王峰的应发工资出现错误?为什么?

### 一、工资核算

员工薪酬核算过程中重点在于数据要具备有效性和核算方法的准确性。员工薪酬核算是以考勤记录为依据,运用工资运算公式对其进行核算的过程。

#### (一)考勤管理

考勤管理是企业事业单位对员工出勤进行考察管理的一种管理制度,包括是否迟到早退,有无旷工请假等。考勤管理是将员工出勤所有数据形成记录管理的过程,包括排班管理、请假管理(带薪年假管理)、补卡管理、加班申请管理、日出勤处理、月出勤汇总等,总结为考勤管理三大要素:上下班刷卡记录、排班管理和假期管理(见表5-9)。

表 5-9　考勤管理三大要素

| 要　素 | 作　用 | 内　容 |
| --- | --- | --- |
| 上下班刷卡记录 | 作为考勤记录的依据 | 上班记录、下班记录、迟到、缺勤 |
| 排班管理 | 作为员工出勤的对照依据 | 日班时间、夜班时间、休息日 |
| 假期管理 | 作为未出勤记录的依据 | 法定假期、病假、事假、无薪假期、婚假、产假等 |

考勤报表的制作和审核按照酒店制定的某一特定时间进行数据的收集和汇总,最终形成酒店与员工相互认可的考勤数据,并以此作为员工薪酬支付的依据,也是作为劳动事实存在的重要凭证。在现代人力资源管理过程中,考勤报表将由人力资源管理系统根据员工的上下班刷卡记录、排班状况和假期申请记录自动生成。但如果员工的上下班刷卡记录或排班记录出现异常,则需要手动调整其考勤记录。考勤报表(见表 5-10)需得到酒店和员工双方认可确定,方可作为工资结算依据。

## (二)员工工资核算

员工应发工资、应扣款项和实发工资是工资计算的三项基本数据,其运算公式如表 5-11 所示。

应发工资的核算应基于员工的工作出勤天数进行核算。若每个员工每月出勤都是满勤,只需按照其基本工资数,就可以直接得出基本月工资额。当员工当月出勤天数未满或出现加班工资时,具体的工资核算公式如表 5-12 所示。

如案例中所提及王峰实际上班天数为 13 天,休息日为 2 天,法定假期休息 1 天,试用期期间工资为 3 500 元。对比案例中工资核算的方法,出现两个问题:第一,日工资核算的标准是以 30 天为基数进行核算,实为不准确,应按照国家规定的日工资核算基数 21.75 天进行计算;第二,王峰在法定假期休息 1 天,但根据规定,法定假期为带薪假期,应支付当日工资。因此,王峰 9 月的应发工资为:$3\,500 \div 21.75 \times 14 \approx 2\,252.87$(元)。

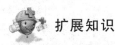
扩展知识

1. 日工资核算为什么按照 21.75 天为基数核算?

21.75 天 =(365－104)÷12:年日历日数 365 日减去 104 个双休日,再除以 12 个月算出来的平均数(104 个双休日=52 个星期,全年一共有 52 个星期)。

2. 加班工资核算。

(1) 安排劳动者延长工作时间的,支付不低于工资的 150% 的工资报酬。

(2) 休息日安排劳动者工作又不能安排补休的,支付不低于工资的 200% 的工资报酬。

(3) 法定休假日安排劳动者工作的,支付不低于工资的 300% 的工资报酬。

表 5-10  考勤报表

| 序号 | 姓名 | 17日 | 18一 | 19二 | 20三 | 21四 | 22五 | 23六 | 24日 | 25一 | 26二 | 27三 | 28四 | 29五 | 30六 | 31日 | 1一 | 2二 | 3三 | 4四 | 5五 | 6六 | 7日 | 8一 | 9二 | 10三 | 11四 | 12五 | 13六 | 14日 | 15一 | 16二 | 计薪天数 | 实际出勤天数 | 公休假O | 法定假P | 事假E | 病假S | 婚假W | 公假F | 生育假M | 工伤I | 旷工X | 迟到LR | 调休L | 加班OT | 当月余假 | 签名 |
|---|---|---|---|---|---|---|---|---|---|---|---|---|---|---|---|---|---|---|---|---|---|---|---|---|---|---|---|---|---|---|---|---|---|---|---|---|---|---|---|---|---|---|---|---|---|---|---|
| 1 | 王三 | O | O | √ | √ | √ | √ | O | O | √ | √ | √ | √ | √ | O | O | P | √ | √ | √ | √ | O | O | √ | √ | √ | √ | √ | O | O | √ | √ | 22 | 22 | 9 | 1 | | | | | | | | | | | | |
| 2 | 张三 | O | O | √ | √ | √ | √ | O | O | √ | √ | √ | √ | √ | O | O | P | √ | OT | √ | √ | O | S | √ | √ | √ | √ | √ | O | O | S | √ | 22 | 21 | 9 | 1 | | 1 | | | | | | | | 1 | | |
| 3 | 李四 | √ | √ | √ | √ | √ | √ | √ | O | √ | √ | √ | OT | OT | O | √ | P | √ | OT | O | O | O | √ | √ | √ | O | O | √ | √ | √ | √ | √ | 23 | 24 | 7 | 1 | | | | | | | | | | 1 | | |
| 4 | 肖五 | √ | √ | √ | √ | √ | √ | O | O | √ | √ | √ | √ | OT | OT | OT | √ | √ | OT | √ | √ | O | O | √ | √ | O | O | √ | √ | O | O | O | 22 | 22 | 9 | | | | | | | | | | | 1 | | |

156

表 5-11  工资核算基本数据

| 项目 | 公式 | 说明 |
|---|---|---|
| 应发工资 | 基本工资＋津贴＋奖金－假期扣款等 | 员工当月应得的所有现金金额的总和，即个人收入 |
| 应扣款项 | 基本扣款（如消费、房租等）＋代扣金额（社会保险费、税费等） | 包括员工当月存在的杂项扣款、保险费用、个人所得税等金额总和 |
| 实发工资 | 应发工资－应扣款项 | 指员工每月实际领取的现金金额 |

表 5-12  应发工资核算公式

| 项目 | 公式 | 说明 |
|---|---|---|
| 缺勤扣款 | 日工资×缺勤天数 | 日工资是每个员工每天应得的工资额，其计算是基于每月按平均法定工作日数21.75日计算。如员工的基本工资为 3 500 元，则日工资为：3 500÷21.75≈160.92(元/日) |
| 加班工资 | 工作日加班：日工资×加班天数×1.5 | |
| | 休息日加班：日工资×加班天数×2 | |
| | 休息日加班：日工资×加班天数×3 | |

## 二、社会保险核算

社会保险体系是为免除劳动者的后顾之忧，保险其基本生活而建立的国家保险制度，包括社会保险、住房公积金法定福利，以及企业年金等可选福利。

### （一）社会保险

社会保险是指国家通过立法对劳动者因年老、患病、伤残、生育、失业、死亡等原因暂时或永久丧失劳动能力或暂时失去工作时，给劳动者本人或遗属提供物质帮助的一种社会保障制度。社会保险险种包括养老保险、医疗保险、失业保险、工伤保险、生育保险五项内容。

根据《社会保险法》第六十条的规定："用人单位应当自行申报、按时足额缴纳社会保险费，非因不可抗力等法定事由不得缓缴、减免。职工应当缴纳的社会保险费由用人单位代扣代缴，用人单位应当按月将缴纳社会保险费的明细情况告知本人。"同时社会保险相关法规还规定了自加入企业工作开始就应参加社会保险缴纳。因此，社会保险费缴纳是每一个员工自加入企业开始享受其待遇。社会保险缴费金额：保险缴费金额＝缴费基数×缴费比率。

### （二）住房公积金

住房公积金是指国家机关、国有企业、城镇集体企业、外商投资企业、城镇私营企业及其他城镇企业、事业单位、民办非企业单位、社会团体及其在职职工缴存的长期住房储蓄金。住房公积金的核算方式如表 5-13 所示。

表 5-13　住房公积金核算方式

| 项　目 | 公　式 | 说　明 |
|---|---|---|
| 职工个人住房公积金账户（月缴存额） | 个人住房公积金月缴存额＋单位住房公积金月缴存额 | 个人缴存比例和单位缴存比例相同，其比例为 5%～12% |
| 个人住房公积金月缴存额 | 缴存基数×个人缴存比例 | |
| 单位住房公积金月缴存额 | 缴存基数×单位缴存比例 | |

## 三、个人所得税核算

1. 个人所得税的改革

2019 年 1 月 1 日，我国实行了个人所得税的改革。本次个人所得税改革中，将个人所得税的起征点提高至 5 000 元/月，并建立综合与分类相结合的个人所得税制定，合并全年收入，按年计税，实施综合所得年度汇算制度。此外，本次个税改革中，除了提高基本减除费用扣除标准外，还增设了子女教育、赡养老人、继续教育、住房贷款利息、住房租金、大病医疗等 6 项专项附加扣除。

(1) 纳入综合计算的项目

本次个人所得税改革中，将四项劳动性所得实行综合计税，适用统一的超额累进税率（见图 5-4）。

图 5-4　个人所得税综合计算项目

(2) 新增专项附加扣除

专项附加扣除是指个人所得税法规定的子女教育、继续教育、住房贷款利息或者住房租金、赡养老人、大病医疗等 6 项专项附加扣除，其扣除标准如表 5-14 所示。

表 5-14　专项附加扣除标准

| 项　目 | 条　件 | 标　准 |
|---|---|---|
| 子女教育 | 纳税人的子女接受学前教育和学历教育（即年满 3 周岁，至全日制高等教育期）的相关支出 | 扣除 1 000 元/月 |
| 继续教育 | 纳税人接受学历教育或非学历继续教育（如职业资格考试、进修项目等）的支出 | 学历（学位）：400 元/月，非学历教育：3 600 元/年 |
| 住房贷款利息 | 纳税人本人或配偶发生的首套住房贷款利息支出 | 1 000 元/月，最长不超过 240 个月 |
| 住房租金 | 工作城市租房，住房贷款利息与住房租金不能同时享受 | 按照不同城市类别享受 800～1 500 元/月不等 |
| 赡养老人 | 被赡养人年满 60 周岁 | 独生子女：2 000 元/月<br>非独生子女：1 000 元/月 |

续表

| 项　目 | 条　件 | 标　准 |
|---|---|---|
| 大病医疗 | 指定医保目录范围内自付部分累计超过15 000元的部分,在80 000元限额内据实扣除 | 次年3月1日—6月30日内,自行办理汇算清缴申报时扣除 |

**2. 个人所得税纳税方式**

个人所得税将实行累计预扣法进行月度预纳税,并于年底进行综合所得税年度汇算。累计预扣法主要是通过各月累计收入减去对应扣除,对照综合所得税率表计算累计应缴税额,再减去已缴税额,确定本期应缴税额的一种方法。

(1) 由单位按月预扣税款

除大病医疗以外,子女教育、赡养老人、住房贷款利息、住房租金、继续教育,纳税人可以选择在单位发放工资薪金时,按月享受专项附加扣除政策。首次享受时,纳税人在"个人所得税"App中填写"个人所得税专项附加扣除信息表"给任职受雇单位,单位在每个月发放工资时,为大家办理专项附加扣除。

(2) 年度汇算清缴申报

一个纳税年度内,如果没有及时将扣除信息报送任职受雇单位,以致在单位预扣预缴工资、薪金所得税未享受扣除或未足额享受扣除的,可在当年剩余月份内向单位申请补充扣除,也可在次年3月1日至6月30日内,向汇缴地主管税务机关进行汇算清缴申报时办理扣除。

(3) 个人所得税的纳税核算公式

月度预扣预缴金额＝[(综合所得收入额－月累计起征点总额－"三险一金"等专项扣除－子女教育等专项扣除－依法确定的其他扣除－捐赠)×适用税率－速算扣除数]－已预缴税额

年度汇算应退应补税额＝[(综合所得收入额－年累计起征点总额－"三险一金"等专项扣除－子女教育等专项扣除－依法确定的其他扣除－捐赠)×适用税率－速算扣除数]－已预缴税额

例如:某员工2015年入职,2021年每月应发工资均为30 000元,社会保险和公积金缴纳基数为应发工资(不考虑社会保险最高缴费基数),公积金缴纳比例按最低标准缴纳,享受子女教育、赡养老人两项专项附加扣除共计2 000元,没有减免收入及减免税额等情况,那么该员工1月、2月和3月应预扣预缴税额分别如下。

1月:(30 000－5 000－4 500－2 000)×3%＝555(元);

2月:(30 000×2－5 000×2－4 500×2－2 000×2)×10%－2520－555＝625(元);

3月:(30 000×3－5 000×3－4 500×3－2 000×3)×10%－2520－555－625＝1 850(元)。

## 训练题 5-2

**一、自测题**

1. 考勤管理的内容包括哪些?
2. 工资核算的公式有哪些?

3. 个人所得税增加六项附加专项扣除的项目是什么？

二、讨论题

1. 错误的工资核算将给酒店带来哪些风险和隐患？
2. 为什么要进行个人所得税综合年度汇算？它将带来哪些好处？

三、实践题

小 A 年终奖金为 35 500 元，以全年一次性奖金 36 000 元÷12 的数额—2 958 元确定适用税率为 3%；应纳税额＝35 500×3%＝1 065(元)，实际到手 35 500－1 065＝34 435(元)。

小 B 年终奖金为 38 000 元，以全年一次性奖金 36 000 元÷12 的数额—3 167 元确定适用税率为 10%，速算扣除数为 210 元；应纳税额＝38 000×10%－210＝3 590(元)，实际到手 38 000－3 590＝34 410(元)。

上述小 A 和小 B 的奖金是否核算错误？为什么小 B 的奖金越多，反而实际到手比小 A 少？

## 项目实训 5-1　酒店工资核算

【任务概述】

本实训任务基于对薪酬管理中所采用工资核算、社会保险核算任务的知识要点，要求学生将其理论知识点向技能应用进行转化，帮助学生更深层次认识酒店薪酬管理的应用方法，并能识别和应用于人力资源管理的过程，同时帮助学生建立公平、合理的工作标准及正确的薪酬观念和个人所需承担的社会责任。通过此任务的应用，提升学生在学习过程的计划能力、计算能力、分析能力、解决问题能力，以及提高学生的职业意识和整体素质。

【实训任务内容】

下列为某酒店 11 月餐饮部员工的出勤统计表（见表 5-15）。根据考勤表信息，计薪天数为员工应出勤天数，员工的病假根据酒店的制度本月将不进行扣款，员工的事假为无薪事假（不带薪），加班需按照国家相关规定核算工资。

表 5-15　出勤统计表

| 序号 | 姓名 | 17日 | 18一 | 19二 | … | 15一 | 16二 | 计薪天数 | 实出勤天数 | 公休 O | 法定假 P | 事假 E | 病假 S | 加班 OT | 备注 |
|---|---|---|---|---|---|---|---|---|---|---|---|---|---|---|---|
| 1 | 王二 | O<br>O | √<br>√ | √<br>√ | …<br>… | √<br>√ | √<br>√ | 22 | 22 | 9 | 1 | | | | |
| 2 | 张三 | O<br>O | √<br>√ | √<br>√ | …<br>… | √<br>√ | S<br>S | 22 | 21 | 9 | | | 1 | 1 | 法定加班 |
| 3 | 李四 | √<br>√ | √<br>√ | √<br>√ | …<br>… | √<br>√ | √<br>√ | 23 | 24 | 7 | 1 | | | 1 | 法定加班 |
| 4 | 肖五 | √<br>√ | √<br>√ | O<br>O | …<br>… | O<br>O | O<br>O | 22 | 22 | 9 | | | | 1 | 法定加班 |

续表

| 序号 | 姓名 | 17 日 | 18 一 | 19 二 | … | 15 一 | 16 二 | 计薪天数 | 实出勤天数 | 公休 O | 法定假 P | 事假 E | 病假 S | 加班 OT | 备注 |
|---|---|---|---|---|---|---|---|---|---|---|---|---|---|---|---|
| 5 | 赵六 | O<br>O | √<br>√ | √<br>√ | …<br>… | √<br>√ | √<br>√ | 22 | 22 | 9 | 1 | | | | |
| 6 | 马七 | O<br>O | √<br>√ | √<br>√ | …<br>… | O<br>O | O<br>O | 22 | 22 | 9 | 1 | | | 1 | 法定加班 |
| 7 | 钟八 | √<br>√ | O<br>O | O<br>O | …<br>… | √<br>√ | O<br>O | 21 | 21 | 10 | | | | 1 | 休息日加班 |
| 8 | 朱九 | √<br>√ | √<br>√ | √<br>√ | …<br>… | √<br>√ | √<br>√ | 22 | 20 | 9 | 1 | | 2 | | |
| 9 | 林十 | O<br>O | √<br>√ | √<br>√ | …<br>… | √<br>√ | ×<br>× | 22 | 21 | 9 | | | | 1 | 法定加班 |
| 10 | 王小 | O<br>O | √<br>√ | √<br>√ | …<br>… | √<br>√ | √<br>√ | 22 | 22 | 9 | | | | 1 | 休息日加班 |
| 11 | 张大 | √<br>√ | √<br>√ | √<br>√ | …<br>… | √<br>√ | √<br>√ | 23 | 22 | 8 | 1 | 1 | | | |
| 12 | 肖多 | √<br>√ | √<br>√ | O<br>O | …<br>… | √<br>√ | O<br>O | 22 | 22 | 9 | 1 | | | | |
| 13 | 赵少 | O<br>O | √<br>√ | √<br>√ | …<br>… | √<br>√ | √<br>√ | 22 | 20 | 9 | | | 2 | 1 | 法定加班 |
| 14 | 李明 | √<br>√ | √<br>√ | √<br>√ | …<br>… | √<br>√ | √<br>√ | 23 | 23 | 8 | 1 | | | | |
| 15 | 李达 | | | | …<br>… | √<br>√ | √<br>√ | 16 | 16 | 6 | 1 | | | | 新员工，入职23天 |

根据当地的社会保险制度，社会保险缴费比例见表 5-16（因不同地区的全口径城镇从业人员平均工资水平不同，本任务不考虑其标准的社会保险最低和最高缴费基数，按员工应发工资额缴纳社会保险和公积金）。

表 5-16 社会保险缴费

| 项 目 | 养老保险 | 医疗保险 | 失业保险 | 工伤保险 | 生育保险 | 公积金 |
|---|---|---|---|---|---|---|
| 个人比例/% | 8 | 2 | 1 | 0 | 0 | 5 |
| 单位比例/% | 16 | 8 | 1 | 0.5 | 0.5 | 5 |

【实训任务要求】

请根据上述员工考勤记录核算下列员工11月的实发工资额（不考虑个人所得税）（见表 5-17）。

表 5-17 实发工资额  单位:元

| 序号 | 姓名 | 部门 | 岗位工资 | 店龄工资 | 考勤扣款 | 应发合计 | 养老保险 | 医疗保险 | 失业保险 | 住房公积金 | 扣款合计 | 实发合计 |
|---|---|---|---|---|---|---|---|---|---|---|---|---|
| 1 | 王二 | 餐饮部 | 13 000 | 200 | | | | | | | | |
| 2 | 张三 | 餐饮部 | 3 000 | | | | | | | | | |
| 3 | 李四 | 餐饮部 | 4 500 | 200 | | | | | | | | |
| 4 | 肖五 | 餐饮部 | 3 000 | 100 | | | | | | | | |
| 5 | 赵六 | 餐饮部 | 3 800 | 50 | | | | | | | | |
| 6 | 马七 | 餐饮部 | 4 500 | 200 | | | | | | | | |
| 7 | 钟八 | 餐饮部 | 8 500 | | | | | | | | | |
| 8 | 朱九 | 餐饮部 | 4 500 | 100 | | | | | | | | |
| 9 | 林十 | 餐饮部 | 3 000 | 150 | | | | | | | | |
| 10 | 王小 | 餐饮部 | 3 000 | 200 | | | | | | | | |
| 11 | 张大 | 餐饮部 | 2 800 | 200 | | | | | | | | |
| 12 | 肖多 | 餐饮部 | 3 500 | 150 | | | | | | | | |
| 13 | 赵少 | 餐饮部 | 3 800 | 100 | | | | | | | | |
| 14 | 李明 | 餐饮部 | 3 200 | 100 | | | | | | | | |
| 15 | 李达 | 餐饮部 | 4 200 | 50 | | | | | | | | |

# 项目 6　酒店员工关系与管理

## 📝 项目描述

酒店员工关系管理是指在人力资源体系中,各层级管理人员和人力资源管理者,通过制定各类人力资源制度政策,实施相应的管理行为,来调动酒店和员工、员工与员工之间的相互关系作用,进而实现酒店的经营管理目标,并实现对酒店和员工的价值提升。在数字化时代,酒店必须学会与员工彼此尊重和信任,从而实现共生共成长。

本项目是"酒店人力资源管理实务"课程中的第六个项目,学生需要在本项目完成三个任务:酒店劳动关系管理、酒店社会保障与劳动保护、酒店员工离职与留任管理。要求学生了解劳动关系的主体和内容,掌握劳动合同的相关程序与要求,熟悉并能运用员工劳动争议的解决方法和流程,形成对劳动关系的系统认知;能否分析员工流失原因,掌握员工留任管理的方法,具备较强的实践问题诊断能力和解决能力。

## 项目目标

知识目标:
- 解释劳动关系的概念与构成要素;
- 掌握劳动合同的订立、履行、解除、终止的程序与要求;
- 阐述社会保障与劳动保护相关法律知识;
- 熟悉员工流失率计算公式。

能力目标:
- 正确运用法务知识来处理各类劳动争议;
- 分析员工流动率的影响因素;
- 运用员工离职分析结果,采取相应的留任管理举措。

素养目标:
提升学生人力资源相关法律知识的掌握程度,在数字化时代,通过专业知识来提高人力资源管理水平,成为专业的人力资源管理人士。

## 知识导图

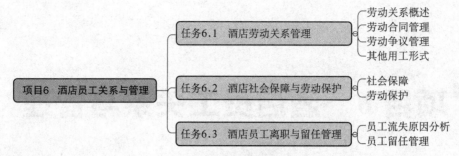

【学习重点和学习难点】
学习重点：劳动法、劳动合同法、社会保险法。
学习难点：劳动争议的处理、员工流失与留任的举措。

## 项目引入案例

餐饮实习生李建军实习期间表现非常优秀，6个月的实习期还没有结束，部门就优先推荐酒店录用其为合同制员工。虽然李建军还没有拿到毕业证，但酒店就与李建军签订了2年的固定期限劳动合同。也许是出现职业倦怠，也可能是转为酒店合同制员工后，李建军便松了一口气，工作中表现出懈怠来。上班期间经常串岗与同事聊天，或者躲到备餐间里用手机偷偷玩游戏。部门主管多次发现，对其进行了口头提醒，但未对其做任何处罚。

一天，李建军竟然擅自脱岗，跑回宿舍里打游戏，不巧被人力资源部质量检查小组发现小李脱岗，小李因此被记过处分，除了要扣旷工的工资，还要被处罚人民币100元。小李一气之下就不来上班了。2周后，酒店收到了仲裁庭的通知书，小李要求酒店支付违法终止劳务关系的赔偿金2万余元。

思考和讨论：
1. 酒店与李建军签订的劳动合同有效吗？为什么？
2. 你认为在酒店对李建军的日常管理中存在哪些问题？
3. 你认为酒店需要支付赔偿金吗？
4. 酒店接到仲裁通知书后，可以做哪些工作来解决该纠纷呢？
5. 对于实习转正阶段的员工，如何让员工保持好的工作状态，将优秀的实习生转留任为优秀的员工呢？

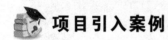 酒店劳动关系管理

### 任务概述

酒店劳动关系是指酒店与员工之间在劳动过程中，依法确立的权利和义务关系。本任

务是"酒店员工关系与管理"项目中的第一个任务,其任务学习内容包括劳动关系概述、劳动合同管理、劳动争议及其他用工形式的处理。酒店劳动关系本质上是劳动关系双方主体之间的一种经济利益关系。本任务学习要求学生了解劳动关系的主体和内容,掌握劳动合同的订立、履行、变更、解除、终止的程序与要求,熟悉并能运用员工劳动争议的解决方法和流程,形成对劳动关系的系统认知。

## 案例导入

李建军于2020年6月到北京某酒店上班,双方约定了基本薪酬、工作岗位、上班时间等待条件待遇,并签订了一份将于2022年6月15日期满的劳动合同。2022年6月15日李建军被酒店以合同期满为由终止劳动合同,酒店要求李建军与部门做好工作交接,然后到财务部结算工资。

结果,李建军却到劳动仲裁处申请了仲裁,以酒店解除合同未提前一个月通知他为理由,要求酒店支付解除合同的代通知金。而酒店方认为该员工劳动合同已到期,属于合同自然终止的,并不是酒店提前解除合同,因此无须支付代通知金。

思考和讨论:
1. 李建军的要求是否应该得到支持?
2. 因合同期满而终止的,酒店是否要提前一个月通知?
3. 根据此案例,酒店应如何做好劳动合同到期不再续签合同的工作呢?

## 一、劳动关系概述

### (一)劳动关系的内涵

劳动关系的主体主要包括员工、用人单位、政府机构这三方面,其中员工主要指劳动者,通常没有经营决策权;用人单位具有经营决策权;政府利用职能对劳动关系进行协调,是公共利益维护者,有一定的权威性。劳动关系的客体是指权利和义务共同指向的事物,如劳动时间、劳动报酬、安全卫生、劳动纪律、福利保险、教育培训等。

劳动关系的内容是指劳动主体双方各自依法享有的权利和义务。酒店有制定规章制度、任免、录用和管理员工、依法奖惩员工的权利;同时酒店要按照劳动合同的约定,及时足额支付员工劳动报酬,保障员工的休息和休假,缴纳社会保险,做好劳动保护,保障员工身心健康等。员工具有平等就业、取得劳动报酬的权利、休息休假权、接受培训权、享受社会保险和福利权、提请劳动争议处理权等;与权利相匹配的,员工应该按质、按量地完成劳动合同中所约定的劳动任务,提高工作效率和劳动技能,遵守劳动合同中制定的劳动纪律、职业道德、劳动安全保护和卫生条例等。

### (二)劳动关系的特征

(1)劳动关系只存在于劳动过程之中。劳动者只有与用人单位提供的生产资料相结合,在劳动的过程中才能与酒店产生劳动关系,没有劳动过程则不会形成劳动关系。

（2）劳动关系主体之间既有平等性，又有隶属性。一方面，酒店与员工是两个平等的民事主体，双方在法律面前都拥有平等的权利。员工付出劳动，酒店给予相应的劳动报酬，同时实现对酒店资源的管理。双方是在平等自愿的基础上建立的劳动关系。另一方面，员工在劳动过程中必须遵守酒店各项规章制度，服从酒店管理方的管理，双方又形成了上下级的隶属关系。

（3）劳动关系既具有人身属性，又具有财产属性。劳动力是一种特殊的商品，劳动力只存在于人体之中，员工向酒店提供劳动力，实际上是在一定时间期限内将人身交给酒店，因此从其本质上来说，劳动关系也是一种人身关系。

### （三）我国酒店劳动关系的现状

（1）酒店行业高流动率、高流失率。人才供需是保障酒店正常运行和持续发展的基本，从一线部门的学历分布来看，酒店从业者的学历在逐年提高，但酒店大部分一线工种仍常年居于各城市紧缺人才岗位榜首。合理的员工流动能给酒店带来新鲜的动力，但频率过高的流动就变成了人才流失。劳动密集型行业的员工流失率一般在15%左右，但我国国内酒店员工流失率均值在30%左右。

（2）酒店组织未能充分发挥维护员工权益的职能。很多酒店甚至没有成立工会，即使有工会，更多的是组织员工开展团建和各类文娱活动，较少在员工维权、劳资双方协商协调方面发挥作用。在酒店方"一言堂"的管理模式下，员工方只能是单方地执行指令，员工很难将个人利益与集体利益统一在一起。

（3）灵活用工形式出现。面临业务旺季的"用工荒"、淡季或疫情等危机下的"减员潮"，这两种矛盾的用工需求导致其劳动力供给和需求的失衡，灵活就业模式成为新经济环境用工发展的新态势。调研发现，酒店灵活用工主要供给对客服务的一线窗口，如客房部、餐饮部、管事部、安保部等，这些岗位对员工的要求相对比较低，可替代性比较大，灵活用工人员比较多。实力越弱的酒店使用灵活用工的比例越高，实力较强的酒店灵活用工比例基本控制在10%以内。

## 二、劳动合同管理

### （一）酒店劳动合同的订立

#### 1. 订立原则

《劳动法》第十七条规定：订立和变更劳动合同，应遵循平等自愿、协商一致的原则，不得违反法律、行政法规的规定，明确了劳动者与用人单位签订劳动合同必须遵循的平等自愿、协商一致、合法三项基本原则。

除了非全日制用工，双方协商一致可以订立口头合同，其他用人单位与劳动者建立劳动关系均应签订书面劳动合同。但酒店用工形式多样，并不是我们见到的每一位在酒店工作的人员都与酒店建立了劳动关系，非劳动关系的工作人员并不需要与酒店签订劳动合同，这一点需要加以识别和区分。

以常见的实习生和退休返聘人员为例，酒店实习生不与酒店签订劳动合同。前面提到，劳动合同是劳动者与用人单位确立劳动关系、明确双方权利和义务的协议。学生在实习期间，虽身处实习单位，但实习的目的是把课堂所学的理论与实践相结合，增强实际运用能力，属课堂教学的延伸,其身份仍然是学生,仍为学校所管理,是在执行学校的安排。用人单位根据学校要求,为学生提供实习场所、环境、条件。学生并不具有法律意义上的劳动者身份,与实习单位并无劳动关系,不受劳动法规调整,不签订劳动合同。

退休返聘人员不可以签订劳动合同。根据《劳动法》《劳动合同法》,通常情况下,劳动者的劳动权利能力和劳动行为终止于退休(以实际办理退休手续,享受退休待遇为准)。退休人员已经不具有法律意义上的劳动者资格,退休人员与用人单位之间不再是《劳动法》意义上的劳动关系,用人单位不需要与退休人员订立劳动合同。但退休人员应与用人单位签订劳务合同,保障双方的权益和利益。

2. 订立程序

《劳动合同法》第七条规定:"用人单位自用工之日起即与劳动者建立劳动关系。"第十条规定:"建立劳动关系,应当订立书面劳动合同。已建立劳动关系,未同时订立书面劳动合同的,应当自用工之日起一个月内订立书面劳动合同。"

劳动合同的订立,是双方当事人就劳动合同条款协商达成一致的表示过程。用人单位的法定代表人(或委托代理人)与劳动者签字双方在劳动合同上签(签字)章(盖章),并签署合同签订日期,劳动合同一般是一式两份,用人单位和员工各持一份。员工入职超过1个月,未与酒店签订合同,酒店方应当向劳动者每月支付双倍的工资,且员工可以随时解除劳动合同,不承担任何违约责任或者赔偿。

劳动合同的签订必须是员工本人签字,不能代签,非员工本人签订会造成合同无效。合同中关于员工住址内容必须由员工本人填写,不能打印或代写,该地址是用人单位给员工寄达信函的收件地址依据。如书面签订过程中,出现手写错误或合同打印错误的地方,必须划改、双方签名、盖章,否则上述行为会导致修改内容无效。电子劳动合同签订需完成身份验证和线上签名后方可生效(见图6-1)。

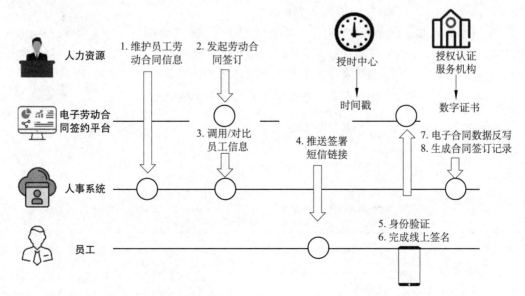

图6-1 劳动合同签订(电子合同整体系统架构及操作步骤示例)

劳动合同到期,如果用人单位与劳动者决定续签的,需要依法协商一致,签订书面的劳动合同;如果单位方主动决定不续签的,则要向劳动者支付经济补偿;如果劳动者主动决定不续签的,则单位不需要向其支付经济补偿(见图6-2)。

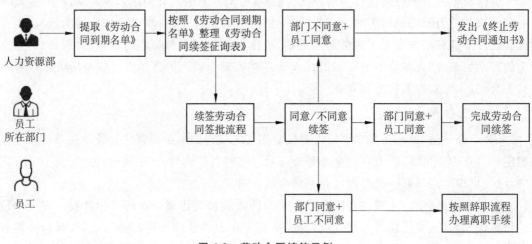

图6-2 劳动合同续签示例

扩展知识

## 合同期限与试用期的规定

1. 劳动合同期限

固定期限劳动合同是指用人单位与劳动者在劳动合同中约定了合同效力的起始时间和终止时间。劳动合同期限届满,劳动关系终止。比如,1年期限、2年期限等,学生毕业到酒店签的劳动合同通常都是固定期限劳动合同。

无固定期限劳动合同是双方约定了合同效力的起始时间,但未约定终止时间。如果没有特殊情况,这种劳动合同可以一直存续到劳动者达到退休年龄。与用人单位已经连续签订两次固定期限劳动合同,且劳动者没有违法违纪及不能胜任工作的情况,当劳动者提出要续订劳动合同的时候,用人单位应当签订无固定期限劳动合同。

以完成一定工作任务为期限的劳动合同是指用人单位与劳动者约定以某项工作的完成为合同期限的劳动合同。例如,度假型酒店的假期临时性用工、酒店开业前的开荒保洁临时用工等。

2. 试用期

同一用人单位与同一劳动者只能约定一次试用期(见表6-1)。

表6-1 试用期

| 劳动合同期限 | 试用期 |
| --- | --- |
| 3个月以上不满1年 | 不得超过1个月 |
| 1年以上不满3年 | 不得超过2个月 |
| 3年以上固定期限、无固定期限的劳动合同 | 不得超过6个月 |

## （二）酒店劳动合同的履行

《劳动合同法》第二十九条规定："用人单位与劳动者应当按照劳动合同的约定，全面履行各自的义务。"

用人单位与劳动者要按照劳动合同规定的时间、地点、方式，按质、按量地履行全部义务。在劳动关系运行中，劳动者按劳动合同约定服从用人单位的组织管理，完成工作任务，用人单位按劳动合同约定支付劳动者劳动报酬，为劳动者提供安全卫生等劳动条件等。用人单位单方面发生变化（如合并、分立）并不影响劳动合同的履行。

合同履行阶段提及的酒店组织管理、工作职责、工作质量要求等涉及前五个项目多个知识点。双方在劳动合同约定的合同终止条件不得与法律法规相违背，当现实中出现该条款约定的情形时，劳动合同即终止。合同中约定的试用期条款、服务期协议、保守商业秘密的事项、企业补充保险和福利待遇及竞业限制条款等内容，也需要双方全面实际地履行。

## （三）酒店劳动合同的变更

《劳动合同法》第三十五条规定："用人单位与劳动者协商一致，可以变更劳动合同约定的内容。"

劳动合同签订后，在履行的过程中，由于某种原因，经双方当事人协商一致，可以对原合同条款进行修改或补充。变更劳动合同，应当采用书面形式。变更后的劳动合同文本由用人单位和劳动者各执一份。如果劳动合同变更未采用书面形式，但已经实际履行了口头变更的劳动合同超过1个月，且变更后的劳动合同内容不违反法律、行政法规、国家政策及公序良俗，当事人不得再以未采用书面形式为由主张劳动合同变更无效。双方未达成一致，劳动合同不得变更。劳动合同订立时所依据的客观情况发生重大变化，致使劳动合同无法履行，双方协商，未能就变更劳动合同内容达成协议的，用人单位需提前30日以书面形式通知劳动者本人或者额外支付劳动者1个月工资。

1. 酒店常见的合同变更情形

酒店最常见的合同变更情况是双方当事人协商一致变更劳动合同部分内容；其次是员工患病或者非因工负伤，在规定的医疗期满后仍不能从事原岗位工作，由酒店另行安排工作岗位或工作内容；或者是因为员工本人不能胜任合同约定的工作，被调整了工作岗位，上述情况都需要变更劳动合同。

还有一些情况，例如，订立劳动合同时依据的法律法规已经修改或废止，导致之前签订的劳动合同中的部分条款内容与现行法律法规相悖而必须修改（受新出台法律法规影响）；酒店受到政策、市场环境等经济因素影响，转型或调整经营模式，导致劳动合同需要变更（受政策或市场影响）；劳动合同订立时所依据的客观情况发生重大变化，致使劳动合同无法履行（受合同订立的背景环境变化影响），因此劳动合同需要变更。

2. 酒店常见的合同变更内容

酒店最常见的合同变更内容，首先是工作内容。工作内容包括劳动者在什么岗位从事什么内容的工作，也是合同中明确劳动者需要履行哪些义务的条款。酒店的经营随市场、政策环境影响较大，建议酒店在与员工首次签订劳动合同时，在岗位约定条款中，设置相对宽泛一点的岗位概念,例如,管理岗位,而不是人力资源管理岗位等,或者签一个岗位协议作为合同附件,提前约定在什么情形和条件下可以变更岗位条款等。这些实用的技巧,可以避免用人单位和劳动者一开始就把工作岗位约定得太死,以致情势发生变化时产生争议。

其次是劳动报酬条款。约定薪资从来就是劳动合同中的关键,变更劳动合同一旦涉及这方面,就要格外仔细和慎重。酒店调整员工的岗位和工资,应该有充分、合理的理由。劳动合同中约定的劳动报酬,可以包括标准薪酬、加班工资、各类津补贴的发放标准及薪资发放时间、发放方式等。劳动合同的薪资变更包括:提出变更要求、答复及协商、达成书面协议。

### (四)酒店劳动合同的解除

《劳动合同法》第三十六条规定:"用人单位与劳动者协商一致,可以解除劳动合同。"

经劳动合同双方当事人就劳动合同的解除达成一致意见即可协商解除劳动合同。酒店劳动合同的解除又可以分为协商解除、员工单方面解除、酒店单方面解除等。注意,劳动合同的解除只对合同尚未履行的部分发生效力。

1. 员工单方面解除劳动合同

正常情况下,员工提前30日以书面形式通知用人单位,可以解除劳动合同;员工在试用期内提前3日通知用人单位,可以解除劳动合同。

酒店未按照劳动合同约定提供劳动保护或者劳动条件、未及时足额支付劳动报酬、未依法为员工缴纳社会保险费、酒店规章制度违反法律法规的规定,损害员工权益的,员工可以解除劳动合同且不需要提前通知酒店。

酒店以欺诈、胁迫的手段或者乘人之危,使员工在违背真实意思的情况下订立或者变更劳动合同,将致使劳动合同自始无效;酒店以暴力、威胁或者非法限制人身自由的手段强迫劳动者劳动的,或者违章指挥、强令冒险作业危及员工人身安全的,员工也可以立即解除劳动合同,不需要事先告知用人单位。

2. 酒店单方面解除劳动合同

(1)因员工过失解除,用人单位不需要提前通知员工且不需要支付劳动者经济补偿金。

酒店常见的情形有:一是员工在试用期间被证明不符合录用条件的,由用人单位证明员工在试用期内的考核结果或某一具体行为不符合录用条件,且该录用条件应当在劳动者入职时确认知晓;二是员工严重违反用人单位的规章制度的,建议酒店可将内部规章制度印制成册,作为合同附件的形式加以简要约定;三是员工严重失职,营私舞弊,给用人单位造成重大损害。这里认定的"失职"是以岗位说明书、岗位职责等为前提,还要达到"严重"的程度,不能仅仅是一般的失职行为,而且员工严重失职的行为还要给用人单位造成了损害,并损害十分重大。用人单位须提供上述证明材料,方才符合"员工过失解除"条件。

原则上员工不可以在两家不同的单位签署劳动合同,否则上述两家任意一家用人单位可以随时解除劳动合同。员工被依法追究刑事责任的,用人单位有权随时解除劳动合同且不需要支付劳动者经济补偿金。员工如果在入职期间提供虚假资料行为,可能会导致劳动合同全部或部分无效。

(2)非劳动者过失解除,用人单位需提前30日以书面形式通知劳动者本人或者额外支付劳动者1个月工资。

酒店常见的情况有两种。第一种情况是员工不能胜任工作,经过培训或者调整工作岗位,仍不能胜任工作的;这里要求酒店必须提供佐证材料,如酒店规章制度、岗位职责要求、员工考核结果、酒店对不胜任工作的认定标准等。实际工作中证明员工"不胜任工作"很困难,还需履行调岗或培训的流程,这种解除方式流程复杂,劳动争议的风险大。第二种情况也比较常见,劳动者患病或者非因工负伤,在规定的医疗期满后不能从事原工作,也不能从事由酒店另行安排工作的。

 **扩展知识**

医疗期是指员工因患病或非因工负伤停止工作治病休息,用人单位不得解除劳动合同的时限。医疗期的计算从病休第一天开始,累计计算,公休、假日和法定节日均包括在内。根据《企业职工患病或非因工负伤医疗期规定》,员工医疗期期限如表6-2所示。

表6-2 员工医疗期期限

| 实际工作年限 | 本单位工作年限 | 医疗期/月 |
| --- | --- | --- |
| 实际工作年限10年以下 | 5年以下 | 3 |
| | 5年以上 | 6 |
| 实际工作年限10年以上 | 5年以下 | 6 |
| | 5年以上,10年以下 | 9 |
| | 10年以上,15年以下 | 12 |
| | 15年以上,20年以下 | 18 |
| | 20年以上 | 24 |

说明:对某些患特殊疾病(如癌症、精神病、瘫痪等)的员工,在24个月内尚不能痊愈的,经企业与当地劳动主管部门批准,可以适当延长医疗期。

(3)酒店裁员。

因用人单位裁员解除劳动合同,用人单位应根据劳动者在本单位工作年限,每满1年发给相当于1个月工资的经济补偿金,最多不超过12个月。工作时间不满1年的按1年的标准发给经济补偿金。

酒店因经营状况极其恶劣或依法破产等原因进行裁员,裁减人员20人以上或者裁减不足20人但占酒店员工总数10%以上的,酒店要提前30天向工会或者全体员工说明情况,裁员方案经向劳动行政部门报告后,方可裁减人员。同时对无固定期限劳动合同、订立较长期限的固定期限劳动合同或家庭经济状况困难的员工应优先保留。在6个月内重新招用人员的,应当通知被裁减的员工并在同等条件下优先招用被裁减的人员。

经济不景气的时候,政府更多地鼓励酒店与员工进行双方协商,以减少工作时间、降低津补贴或缩减其他福利的方式来降低人工成本、保留更多的就业岗位,待经济恢复,酒店经营回暖后再恢复原来的薪资福利待遇。

3. 对酒店解除劳动合同的限制

酒店要特别注意,在女员工三期(孕期、产期、哺乳期)、员工医疗期、职业病医学观察期等特殊时期,用人单位原则上不得解除劳动合同辞退劳动者,否则要承担赔偿责任。另外,员工在本单位已连续工作满15年,且距法定退休年龄不足5年的;员工因工负伤并被确认丧失或者部分丧失劳动能力的,也不得解除。

其他法律、行政法规规定的情形在此不一一赘述。

### (五) 酒店劳动合同的终止

劳动合同终止与劳动合同解除适用的情形不同,提出的主体也不同,需要履行的法定程序不同,在学习这一知识点时,要注意区分。

员工开始依法享受基本养老保险待遇、劳动者达到法定退休年龄,劳动合同终止(退休返聘不属于劳动关系,而是劳务关系);劳动者死亡或者被人民法院宣告死亡或者宣告失踪的,劳动合同终止。以上两种情形酒店均不用支付经济补偿。

员工劳动合同期满,劳动合同终止。这里要注意,如用人单位维持或者提高劳动合同约定条件续订劳动合同,劳动者不同意续订,用人单位不用支付经济补偿;但用人单位不愿意续签的,用人单位应当依法向劳动者支付经济补偿,补偿标准按工作年限每满1年支付1个月工资。

用人单位被依法宣告破产的,用人单位被吊销营业执照、责令关闭、撤销或者用人单位决定提前解散的,劳动合同终止,用人单位也应当依法向劳动者支付经济补偿。

其他法律、行政法规规定的情形在此不一一赘述。

## 三、劳动争议管理

劳动争议是指劳动关系的双方当事人(劳动者与用人单位)因执行劳动法律、法规或履行劳动合同而发生的纠纷。

### (一) 劳动争议的适用范围

劳动者与用人单位发生下列争议,属于劳动争议:

(1) 劳动者与用人单位在履行劳动合同过程中发生的纠纷;

(2) 劳动者与用人单位之间没有订立书面劳动合同,但已形成劳动关系后发生的纠纷;

(3) 劳动者与用人单位因劳动关系是否已经解除或者终止,以及是否应支付解除或者终止劳动关系经济补偿金发生的纠纷;

(4) 劳动者与用人单位解除或者终止劳动关系后,请求用人单位返还其收取的劳动合同定金、保证金、抵押金、抵押物发生的纠纷,或者办理劳动者的人事档案、社会保险关系等移转手续发生的纠纷;

(5) 劳动者以用人单位未为其办理社会保险手续,且社会保险经办机构不能补办导致其无法享受社会保险待遇为由,要求用人单位赔偿损失发生的纠纷;

(6) 劳动者退休后,与尚未参加社会保险统筹的原用人单位因追索养老金、医疗费、工伤保险待遇和其他社会保险待遇而发生的纠纷;

(7) 劳动者因为工伤、职业病,请求用人单位依法给予工伤保险待遇发生的纠纷;

(8) 劳动者依据《劳动合同法》第八十五条规定,要求用人单位支付赔偿金发生的纠纷;

(9) 因企业自主进行改制发生的纠纷。

## （二）劳动争议时效

争议时效的本质是催促权利人行权，及时行权，才能切实维护自身权益。《劳动争议调解仲裁法》第二十七条规定："劳动争议申请仲裁的时效期间为 1 年。"仲裁时效从当事人知道或者应当知道其权利被侵害之日起计算。例如，企业违规解聘员工且未支付赔偿金，员工自解聘之日起如 1 年内未向仲裁机构提出仲裁申请，仲裁机构将不受理仲裁申请。

## （三）劳动争议处理流程

《劳动法》第七十七条规定："用人单位与劳动者发生劳动争议，当事人可以依法申请调解、仲裁、提起诉讼，也可以协商解决。"同时规定，"调解原则适用于仲裁和诉讼程序。"

劳动争议处理的程序一般包括协商、调解、仲裁和诉讼。如果是涉及企业违规拖欠员工工资、未足额支付薪酬、拖欠员工工伤医疗费用、拖欠经济补偿或者赔偿金的支付等情形，劳动者也可以直接向当地劳动保障监察机构投诉举报，由劳动部门依法处理。

1. 协商

劳动争议发生后，酒店与员工可以先协商解决，协商一致后达成和解协议。在现实生活中，酒店与员工发生劳资争议，经过协商达成一致而解决纠纷的情形非常多，效果也很好。但是，协商不是处理劳动争议的必经程序，和解协议也没有必须履行的法律效力，而是由双方当事人自觉履行。双方当事人如果协商不成或不愿意协商，可以申请调解或直接申请仲裁。

2. 调解

调解也不是解决劳动争议的必经程序，当事人可以申请调解，也可以直接向仲裁机构申请仲裁。企业劳动争议调解委员会只有在收到当事人的调解申请后，才能受理，并自当事人申请调解之日起 30 日内调解结束；到期未结束，视为调解不成。《劳动法》第八十条规定：在用人单位内，可以设立劳动争议调解委员会，负责调解本单位的劳动争议。调解委员会委员要求由酒店管理方、员工和工会三方代表组成，这些委员要求不仅了解本单位的具体情况，而且对法律法规、政策制度都有着较高的理解和掌握，有一定的纠纷调解能力。调解成功达成协议，也应依法制作调解书。调解协议达成后，双方当事人应自觉履行。如果一方反悔，仍然可以申请仲裁。

3. 仲裁

在我国，劳动仲裁是解决用人单位和劳动者之间劳动争议的必经程序。劳动者不能绕过劳动仲裁机构，直接向人民法院提起劳动争议诉讼。劳动争议申请仲裁的时效为 1 年，从当事人知道或者应当知道其权利被侵害之日起计算。双方当事人分别向履行地和用人单位所在地的劳动争议仲裁委员会申请仲裁的，由劳动合同履行地的劳动争议仲裁委员会管辖。对仲裁不服的，可以向人民法院提起诉讼。

4. 诉讼

人民法院审理劳动争议案件时实行两审终审制，劳动争议诉讼是决定劳动争议的最终程序，作出的判决具有强制执行力。《劳动法》第八十三条规定："劳动争议当事人对仲裁裁决不服的，可以自收到仲裁裁决书之日起 15 日内向人民法院提起诉讼。一方当事人在法定期限内不起诉又不履行仲裁裁决的,另一方当事人可以申请人民法院强制执行。"劳动争议诉讼既包括当事人不服仲裁委员会的裁决情况下的上诉,又包括一方当事人不履行仲裁裁决书或调解书,另一方当事人申请人民法院强制执行。劳动争议申请仲裁的时效期间为1年,如是劳动关系存续期间因拖欠劳动报酬而发生争议的,则不受1年仲裁时效期间的限制。但是劳动关系终止的,应当自劳动关系终止之日起1年内提出(见图6-3)。

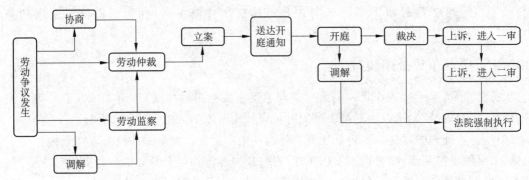

图 6-3 流程示意图

### (四)劳动争议处理技巧

1. 角色分工

(1)一线主管:部门经理作为一线主管,执行酒店政策和标准,为人力资源部提供信息、意见和建议,应承担员工现场管理职责,向员工仔细阐明酒店政策文件,同时还应积极担任员工申诉、劳动争议的第一时间处理人。

(2)人力资源部:作为酒店人力资源政策标准的监督、落实、执行部门,要确保酒店制度合法合规,健全各类劳动用工制度及员工奖惩规范,建立员工档案管理,通过定期组织员工座谈会,了解员工需求,及时化解矛盾,负责员工申诉处理、劳动争议处理的具体处理。

2. 处理原则

一是要合法,人力资源从业者要知法懂法,法律政策清晰,履行法定的程序。二是要尊重,站在员工角度思考,让员工感受到尊重。三是要及时,及时化解矛盾,注意诉讼时效。四是要着重调解,既有利于争议双方相互理解,也有利于及时彻底地处理劳动争议。

### (五)酒店常见的劳动争议热点问题

1. 加班费支付问题

酒店属于劳动密集型行业,加班问题是实践中最常见的劳动争议问题。酒店常见的工时制有3种。一是标准工时制,每天工作时间不超过8小时,每周工作时间不超过40小时。二是不定时工时制,不设定每日固定工作时间数的一种工时制度,通常是因为特殊的生产特点及岗位实际情况,需经劳动部门审批。实行不定时工作制的员工,除法定节假日以外,其他时间工作不算加班。三是综合计算工时制,是以周、月、季、年等为周期来综合计算工作时间,但平均日工作时间应不超过法定标准工时。综合计算工时制与不定时工时制的适用对象也不同。同学们可以思考下,酒店哪些岗位可以设标准工时制,哪些岗位可以申请设不定时工时或综合计算工时制呢?

工作日如果安排员工在 8 小时工作时间以外延长工作时间的,支付不低于 150% 的工资;休息日如果安排员工工作且不能安排补休,支付不低于 200% 的工资;法定节假日如果安排员工工作的,支付不低于 300% 的工资,不能仅以补休为补偿。具体计算公式在薪酬核算部分已详细列举。

2. 依法解除或终止劳动合同支付经济补偿的问题

酒店常误认为依法解除或终止劳动合同,就不用支付经济补偿了,实际上是不正确的。很多情形下,酒店依法解除或终止劳动合同,仍应当给予员工经济补偿。如果酒店提出解除劳动合同并与员工协商一致、酒店依法裁员、员工合同到期后同意续签但酒店不同意续签等情形,酒店都应在员工办理完工作交接时支付经济补偿金。经济补偿金的计算标准如表 6-3 所示。

表 6-3 经济补偿金的计算标准

| 劳动者在本单位的工作年限 | 经济补偿金标准 |
| --- | --- |
| 每满 1 年 | 支付 1 个月工资 |
| 6 个月以上不满 1 年的 | 支付 1 个月工资 |
| 不满 6 个月 | 支付半个月工资 |

员工月工资标准高于本地区上年度职工月平均工资 3 倍的,按员工月平均工资 3 倍的数额支付经济补偿,向其支付的经济补偿年限最高不超过 12 年。

3. 违规解除与终止劳动合同的赔偿问题

《劳动合同法》第八十七条中规定:"用人单位违反本法规定解除或终止劳动合同的,应当依照本法第四十七条规定的经济补偿标准的二倍向劳动者支付赔偿金。"

赔偿金与经济补偿金是不能同时适用的,赔偿强调的是过错责任,两者性质不同,一个是合法解除合同给予的经济补偿,一个是违法解除合同应当承担的法律责任。酒店违法解除合同,已支付赔偿金的,不需要另支付经济补偿金。

## 四、其他用工形式

目前酒店灵活就业的形态主要以劳务派遣、劳务外包、非全日制用工为主,而共享用工则是近几年出现的全新用工方式,这些多元化的用工形式主要特点都在于降低酒店用工成本和提高酒店运营效率。随着市场经济的发展,各类平台公司的出现,用工形式会进一步呈多样性发展。

### (一)劳务派遣

【案例】暑假旺季到来,A 酒店客房部、餐饮部经理均在周例会上提出增加人手的申请,要求暑假 2 个月增加 5 名客房清洁员、5 名餐厅收餐员工。招聘经理王美丽收到了申请要求后,与劳务派遣公司联系,将人员需求数量、用工要求发送给对方公司,劳务派遣公司详细了解了用工到岗时间、用工条件等,拟定劳务派遣合同,酒店与劳务派遣公司双方审核签章。6 月 30 日,由劳务公司派遣的工作人员准时到达 A 酒店上岗工作。8 月 30 日,暑期结束,根据合同约定,10 名劳务人员结束在 A 酒店的工作返回劳务派遣公司。

劳务派遣是指劳务派遣单位与实际用工单位签订派遣协议,将与劳务派遣单位建立了劳动合同关系的劳动者派遣到用工单位，用工单位使用劳动者并按派遣协议向派遣单位支付管理费等相关费用而形成的法律关系。在这里，劳务派遣机构与派遣的劳动者签订劳动合同，并负责劳动者工资发放和社保缴纳，这种用工模式使酒店减轻了管理压力，让用工管理更加灵活，也在一定程度上减少了劳动争议的发生，分散了用工风险，降低了人工成本，从而能够将资源更多地投入到酒店经营管理的其他方面。

劳务派遣用工只能是酒店用工的补充形式，要遵循临时性、辅助性和替代性的原则。临时性是指用工或工作时间相对较短，岗位存续时间不超过6个月；辅助性的意思是临时用工不能占据酒店主要或重要的工作岗位，替代性则是指临时用工是对正式员工的短暂性替代。酒店使用被派遣劳务用工的数量不得超过酒店用工总量的10%，用工总量是包括酒店订立劳动合同人数和使用的被派遣劳动者人数的总和。

### （二）劳务外包

【案例】A酒店是一家综合型大体量的高星级酒店，酒店宴会场地条件优越，高顶无柱的宴会厅备受新人们的青睐，宴会预订生意非常好，但A酒店餐饮部经理却十分苦恼。酒店有500桌的宴会场地，宴会洗碗间配备了5名洗碗工，周末、节假日婚宴爆满，洗碗工数量严重不够，工作日婚宴较少，洗碗工又闲余。餐饮部经理于是找人力资源部经理一起商讨，人力资源部张诚经理建议，可以把宴会洗碗工作外包给第三方服务机构，由酒店向第三方支付外包费用，由第三方派出员工完成酒店宴会部门的餐具清洁工作。

酒店保留核心岗位用工，创造核心价值利润；将非核心的部分外包出去，节约人力成本，使分工更加精细，有利于酒店提高整体经营效益。劳务外包是指用人单位（发包单位）将业务发包给承包单位，由承包单位自行安排人员按照用人单位（发包单位）要求完成相应的业务或工作内容的用工形式。主要特征：发包单位与承包单位通过发包协议建立民事上的合同关系，劳务外包主要适用《中华人民共和国民法典》。发包单位将部分工作交付给承包单位完成，发包单位支付给相应的费用；承包单位与其聘用的劳动者建立劳动关系，并对劳动力进行直接管理；发包单位不得直接管理承包单位的员工。

一定要注意劳务外包与劳务派遣的不同，例如，案例中的A酒店将其宴会餐具清洁业务发包给第三方服务机构，如果该服务机构的员工仍直接接受酒店管理方的管理、按酒店的安排来工作，就会被认定为劳务派遣而不是劳务外包。

### （三）非全日制用工

【案例】A酒店以服务品质优良在当地著称，各部门为了提升宾客体验做了很多工作，如何在有限的人力成本基础上，创造更好的顾客体验，提升宾客满意度，酒店决定围绕宾客在酒店的动态路线做服务设计。从上月开始，酒店新聘了一位白发苍苍却彬彬有礼的礼宾员，早上7:30—9:00，中午12:00—13:30，在旋转门内提供问候和指引服务。圣诞那天，这位礼宾员还穿着圣诞老人的衣服在大堂派送圣诞糖果，大堂的服务氛围一下子提升了。

非全日制用工是指以小时计酬为主，劳动者在同一用人单位一般平均每日工作时间不超过4小时，每周工作时间累计不超过24小时的用工形式。用人单位与劳动者可以订立口头协议，无试用期，双方可以随时终止且无须支付对方补偿金。非全日制用工的工资结算周期不得超过15天，用人单位不得要求1个劳动者只在1个用人单位工作。

### (四)共享用工

**【案例】**2020年疫情期间,阿里巴巴旗下盒马鲜生率先与云海肴、青年餐厅、西贝、蜀大侠等餐饮企业达成"共享员工"合作,通过简易筛选、培训、体检,"借用"一批这些企业待业在家的员工,参与盒马鲜生的日常运营。通过临时排班以小时为单位结算共享员工的报酬,既省去了自身企业人员招募的负重,又很好地缓解了一些餐饮企业在那段特殊时期的成本支出压力。

共享用工是一种全新的用工方式,在企业成本压力过高、现金流紧张的经济下行时期,或者人工成本过高、用工紧张时期都非常受欢迎。2020年人力资源和社会保障部办公厅印发《关于做好共享用工指导和服务的通知》,支持企业间开展共享用工,解决稳岗压力大、生产经营用工波动大的问题。

共享用工并没有改变原单位与劳动者之间的劳动关系。原工作单位与劳动者协商一致,将劳动者安排到人手紧缺的企业工作,劳动关系仍隶属于原工作单位。劳动者如果不是由其原用人单位安排,而是自己到其他公司工作的,并不属于共享用工的情形。共享用工的期限不能超过劳动者与原单位之间劳动合同的剩余期限。企业更不能将在本单位工作的、被派遣过来的劳动者,再以共享用工的名义,安排至其他的单位工作。劳动者在缺工企业发生的工伤事故,按照《工伤保险条例》第四十三条第三款规定,由原工作单位承担工伤保险责任,但可与缺工企业约定补偿办法。

### 扩展知识

---

**快速检索法律知识的途径**

1. 法规库:劳动法宝网——首页(laodongfb.com)
2. 案例库:聚法案例——精准的法律搜索引擎|专注,所以专业(jufaanli.com)

---

### 训练题 6-1

**一、自测题**

1. 哪些情况下酒店员工可以单方面提出解除劳动合同?
2. 哪些情况下酒店可以单方面提出解除劳动合同?
3. 哪些情况下酒店不可以解除员工劳动合同?
4. 说明经济补偿金的计算标准。
5. 简要说明劳动争议的处理流程。

**二、讨论题**

招聘主管杨光收到了通知要求,新餐厅2周内开业,由于时间较紧,杨光经理为了按时完成任务,便去了当地职业介绍所招收了10名服务员、5名迎宾员,在没有办理任何入职手续的情况下对其进行为期3天的"军事化"培训。没想到,在培训过程中,其中一名员工下班途中,发生交通事故受伤严重。家人闻讯赶来,要求酒店赔偿损失共计20万元。

问题：
(1) 员工还在培训期，并未到岗位上工作，是否与酒店存在劳动关系？
(2) 不办理入职手续，直接参加培训，是否存在用工风险问题？

三、实践题

以小组为单位，调研3~5家酒店，收集整理近三年发生的酒店劳动争议案例，统计分析产生劳动争议的原因，并展开讨论，酒店可以在哪些方面予以完善，以减少劳动纠纷的发生。

## 任务6.2 酒店社会保障与劳动保护

### 任务概述

社会保障是国家通过立法并依法采取强制手段对国民收入进行再分配，对生活困难的社会成员提供基本生活保障。劳动保护一词则源于恩格斯1850年2月的著作《十小时工作制问题》。它主要包括劳动保护的科学管理、安全技术和工业卫生。数字经济时代下多种新型用工出现，劳动关系更为复杂，更需要掌握好社会保障和劳动保护政策。本任务是"酒店员工关系与管理"项目中的第二个任务，其任务学习内容包括社会保险、住房公积金、企业补充保险知识，以及我国关于劳动保护、安全生产的相关政策要求，让学生掌握酒店人力资源实务知识，具备较强的实践问题诊断能力和解决能力。

### 案例导入

某酒店2021年12月因为社会保险问题分别与3名员工发生纠纷，其具体情况如下。
(1) 员工王亮自2016年3月进入酒店，2018年1月酒店为其开始缴纳社会保险至今，王亮要求酒店补缴2016年3月至2017年12月期间的社会保险。
(2) 员工张美自2019年1月入职，担任部门总监，月工资为10 000元。但酒店只按当年的社平工资为其缴纳社会保险，缴纳基数远低于本人实际收入，张美要求酒店按实际工资标准补缴社保。
(3) 员工李萌自2020年5月进入餐饮部工作，入职时，酒店招聘经理告诉他要7月试用期转正后，酒店再为其购买社保。6月的某一个工作日，员工李萌在工作中不小心摔破餐盘，割伤手指，产生医药费2 000元。

思考和讨论：
1. 用人单位没有为员工及时、足额缴纳社会保险的情况，员工应该如何举证？
2. 如果3名员工都申请劳动仲裁，他们要求补缴社会保险的要求是否会得到支持？
3. 员工李萌的受伤是否能认定为工伤？医药费用应该由谁承担呢？

## 一、社会保障

社会保障制度按内容分为社会保险、社会救济、社会福利和针对特殊人群的特殊保障。结合酒店人力资源工作内容与岗位特点,本部分重点介绍社会保险和住房公积金政策。

### (一) 社会保险

社会保险是一项强制险,《中华人民共和国社会保险法》自 2011 年 7 月 1 日起施行。国家建立基本养老保险、基本医疗保险、工伤保险、失业保险、生育保险等社会保险制度,保障公民在年老、疾病、工伤、失业、生育等情况下依法从国家和社会获得物质帮助的权利。劳动者在上述情形下,依法享受社会保险待遇。用人单位应当自用工之日起 30 日内为其职工向社保经办机构申请办理社会保险登记。用人单位及职工是缴纳社会保险的法定义务人。在此,重点讲解酒店员工社会保险相关内容。

1. 基本养老保险

(1) 养老保险的保费缴纳

酒店缴纳基本养老保险费一般不得超过工资总额的 20%(包括划入个人账户的部分),个人缴费比例不低于本人缴费工资的 4%,最终达到本人缴费工资的 8%。目前全国尚未完全统一各省缴费比例,各地区略有差别,以当地规定为准。

(2) 养老保险待遇

享受按月领取基本养老金待遇必须具备两个条件:一是法定退休,二是基本养老保险费累计缴费满 15 年。达到法定退休年龄时,累计缴费不足 15 年的,可以缴费至满 15 年,按月领取基本养老金;也可以转入新型农村社会养老保险或者城镇居民社会养老保险,按照国务院规定享受养老保险待遇。未达法定退休年龄时,个人账户不得提前支取,记账利率不得低于银行定期存款利率,免征利息税。

个人跨地区就业的,基本养老关系随本人转移,缴费年限累计计算。个人达到法定退休年龄时,基本养老金分段计算,统一支付。

2. 基本医疗保险

(1) 基本医疗保险的保费缴纳

由酒店和职工按照国家规定共同缴纳基本医疗保险费,酒店缴费水平按照当地工资总额的 6% 左右(有些地区是 8%),个人缴费一般为本人工资收入的 2%。

参加职工基本医疗保险的员工,达到法定退休年龄时累计缴费达到国家规定年限的,退休后不再缴纳基本医疗保险费,按照国家规定享受基本医疗保险待遇;未达到国家规定年限的,可以缴费至国家规定年限。个人跨统筹地区就业的,其基本医疗保险关系随本人转移,缴费年限累计计算。

(2) 基本医疗保险基金的支付

符合基本医疗保险药品目录、诊疗项目、医疗服务设施标准及急诊、抢救的医疗费用,按照国家规定从基本医疗保险基金中支付。但下列医疗费用不纳入基本医疗保险基金支付范围:①应当从工伤保险基金中支付的;②应当由第三人负担的;③应当由公共卫生负担的;④在境外就医的。上述医疗费用依法应当由第三人负担,第三人不支付或者无法确定第三人的,由基本医疗保险基金先行支付。基本医疗保险基金先行支付后,有权向第三人追偿。

### 3. 生育保险

（1）生育保险的保费缴费

生育保险只适用于在职员工，员工无须缴费，由酒店按照不超过酒店员工工资总额的1%缴纳。

（2）生育保险待遇

生育保险待遇包括生育医疗费用和生育津贴。生育医疗费用包括生育的医疗费用、计划生育的医疗费用，以及法律法规规定的其他项目费用。生育津贴是指在职妇女因生育而离开工作岗位中断收入时，给予定期的现金补助。按照员工所在酒店上年度员工月平均工资计发。

已经缴纳生育保险费酒店的员工，可以享受生育保险待遇。员工未就业的配偶生育子女，员工可以按照国家规定享受生育医疗费用待遇，但未就业员工配偶不享受生育津贴待遇。

### 4. 失业保险

（1）失业保险的保费缴费

失业保险只适用于在职员工，由员工与酒店共同缴纳保险费。员工按照个人工资的1%缴纳失业保险费；酒店缴纳的失业保险费不超过本单位工资总额的2%。

（2）失业保险待遇

员工失业前酒店和本人已经缴纳失业保险费满1年的、非因本人意愿中断就业的、已经进行失业登记，并有求职要求的，满足上述3项条件即可申领失业保险金。

员工重新就业、应征服兵役、移居境外的、已开始享受基本养老保险待遇或无正当理由，拒不接受政府部门介绍的新工作的将停止领取失业保险金，同时停止享受其他失业保险待遇帮助和服务（见表6-4）。

表6-4 失业保险待遇

| 用人单位和本人累计缴费时长 | 领取失业保险金期限 |
| --- | --- |
| 累计缴费满1年不足5年的 | 最长为12个月 |
| 累计缴费满5年不足10年的 | 最长为18个月 |
| 累计缴费10年以上的 | 最长为24个月 |

### 5. 工伤保险

酒店是劳动密集型企业，因岗位特点、工作设施及工作环境等因素影响，酒店员工在工作岗位上面临突发安全事故、相关疾病等风险。工伤保险以事实劳动关系为保护原则，不受劳动合同是否签署及用人单位是否投保的影响。员工在工作过程中因工作原因受到事故伤害或者患职业病，可由社会保险经办机构对其本人或供养亲属给予物质帮助和经济补偿。

（1）工伤保险费的缴纳

员工不用缴纳工伤保险费，由酒店缴纳工伤保险费。酒店按照本单位员工工资总额，根据社会保险经办机构确定的费率缴纳工伤保险费。国家根据不同行业的工伤风险程度确定行业的差别费率，并根据工伤保险费使用、工伤发生率等情况在每个行业内确定若干费率档次。

员工所在酒店未依法缴纳工伤保险费,并不影响发生工伤的员工享受工伤保险待遇。由酒店支付全部的工伤保险待遇;酒店不支付的,从工伤保险基金中先行支付;从工伤保险基金中先行支付的工伤保险待遇应当由酒店偿还。酒店不偿还的,社会保险经办机构依法追偿。

(2) 特殊用工的工伤保险责任承担

① 劳务派遣。劳务派遣单位派遣的员工在酒店工作期间因工伤亡的,派遣单位为承担工伤保险责任的单位。

② 业务外包。酒店违反法律法规规定将承包业务转包给不具备用工主体资格的组织或者自然人,该组织或者自然人聘用的员工从事承包业务时因工伤亡的,酒店为承担工伤保险责任的单位。

③ 共享用工。单位指派到其他单位工作的职工因工伤亡的,指派单位为承担工伤保险责任的单位。

## (二) 住房公积金

### 1. 住房公积金概述

住房公积金是指用人单位为其在职员工缴存的长期住房储蓄。住房公积金的定义包含以下五个方面的含义。

(1) 住房公积金只在城镇建立,农村不建立住房公积金制度。这里的农村指的是务农人员,也就是说,灵活的自由职业者不能以自由职业的身份去缴纳住房公积金,只有在职并与公司建立劳动关系的员工才能依托于公司缴交住房公积金。

(2) 只有在职与公司建立劳动关系的员工才实行住房公积金制度,无工作的城镇居民、离退休职工不实行住房公积金制度。公司退休返聘人员、实习生都依法无法享受住房公积金。

(3) 住房公积金由两部分组成,一部分由员工所在单位缴存,另一部分由员工个人缴存。员工个人缴存部分由单位代扣后,连同单位缴存部分一并缴存到住房公积金个人账户内。

(4) 住房公积金虽然是员工工资的组成部分,但不以现金形式发放,并且必须存入住房公积金管理中心在受委托银行开设的专户内,实行专户管理。

(5) 住房公积金实行专款专用,存储期间只能按规定用于购、建、大修自住住房或缴纳房租。员工只有在离退休、死亡、完全丧失劳动能力并与单位终止劳动关系或户口迁出原居住城市时,才可提取本人账户公积金余额。

### 2. 住房公积金的缴存

住房公积金缴存基数按员工本人上一年度月平均工资计算。月平均工资按国家统计局规定列入工资总额统计的项目计算。住房公积金缴存基数,不得低于本市政府公布的当年最低工资标准。最低缴存基数仅适用于因生产经营困难,按照最低工资标准支付劳动者工资的单位。

员工和酒店住房公积金的最低缴存比例各为5%,最高比例为12%,不得低于5%。酒店应当于每月发放员工工资之日起5日内将酒店缴存的和为员工代缴的住房公积金汇缴到住房公积金管理中心的住房公积金专户内。

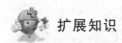 **扩展知识**

## 企 业 年 金

企业年金是指企业及其职工在依法参加基本养老保险的基础上，在国家规定的税收优惠等政策和条件下，自愿建立的补充养老保险制度，一般又称企业补充养老保险，是多层次养老保险制度的重要组成部分，是一种辅助性的养老保险形式。

1. 企业年金的缴费

《企业年金办法》规定：企业缴费每年不超过本企业职工工资总额的8%，企业和职工个人缴费合计不超过本企业职工工资总额的12%。

2. 企业年金的发放

职工在达到国家规定的退休年龄或者完全丧失劳动能力时，可以从本人企业年金个人账户中按月、分次或者一次性领取企业年金，也可以将本人企业年金个人账户资金全部或者部分购买商业养老保险产品，依据保险合同领取待遇并享受相应的继承权。

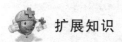 **扩展知识**

## 商业医疗保险

社会保险和商业保险的保障内容有较大的区别，商业保险由商业保险公司经办，多以营利为目的，企业或职工自愿参加，在补充性医疗保险体系中发挥重要作用。这里，重点介绍酒店常见的员工意外伤害险和雇主责任险。

1. 意外伤害险

意外伤害保险中所称意外伤害是指在被保险人没有预见到或违背被保险人意愿的情况下，突然发生的外来致害物对被保险人的身体明显、剧烈地侵害的客观事实。这里所指的突然发生的外来致害物应具备外来的、突发的、非本意的和非疾病的四大要素。保障项目通常包括死亡给付、残废给付、医疗给付及住院津贴。如果酒店效益良好，则可在参加工伤保险之外购买意外伤害保险作补充，以增进酒店员工的福利。

2. 雇主责任险

雇主责任险是指被保险人所雇用的员工在受雇过程中，从事与保险单所载明的与保险人业务有关的工作而遭受意外或患与业务有关的国家规定的职业性疾病，所致伤、残或死亡，被保险人根据《中华人民共和国劳动法》及劳动合同应承担的医药费用及经济赔偿责任，包括应支出的诉讼费用，由保险人在规定的赔偿限额内负责赔偿的一种保险。

在雇主责任险中被保险人是雇主，保险对象是雇主依法对雇员承担的损害赔偿责任，赔偿依据是法律或雇用合同。在雇主责任险中，保险人的赔偿是代替雇主履行了应尽的赔偿责任的一部分或全部。同时，雇主责任险的保额一般确定为雇员年工资的一定倍数，而不是简单地由投保方自行确定。

以上两个险种都能给酒店或酒店员工提供经济上的保障,但二者却属于不同范畴的保险(见表 6-5)。

表 6-5 意外伤害险与雇主责任险

| 项　　目 | 意外伤害险 | 雇主责任险 |
| --- | --- | --- |
| 保障对象不同 | 员工本人 | 用人单位 |
| 保险标的不同 | 员工生命和健康利益 | 企业对员工的经济赔偿责任 |
| 保险期间不同 | 一般不区分工作时间和非工作时间 | 一般为工作时间 |

## 二、劳动保护

劳动保护是指根据国家法律法规,采取组织措施和技术措施,消除危及人身安全健康的不良条件和行为,防止事故和职业病,保护劳动者在劳动过程中的安全与健康,其内容包括:劳动安全、劳动卫生、女工保护、未成年工保护、工作时间与休假制度。工作时间与休假制度内容已在劳动关系任务中介绍,本任务重点讲女员工和未成年用工保护、工伤事故的预防与认定,然后介绍一些员工压力和健康管理的方法。

### (一)职业安全卫生

为了保护劳动者在劳动生产过程中的身体健康,避免有毒有害物质的危害,防止消除职业病,我国关于劳动卫生方面的法律法规主要有《劳动法》《女职工劳动保护规定》《工伤保险条例》等。这些法律、法规都制定了相应的劳动安全规程,酒店必须按照这些安全卫生规程达到标准,才能切实保护员工的身体健康。此处重点讲女职工和未成年工的特殊保护及酒店工伤事故的预防与认定。

1. 女员工的特殊劳动保护

酒店企业员工男女比例约为男员工 45%,女员工 55%。一线岗位如客房楼层、餐厅服务等的女员工比例将更高。酒店人力资源工作者应熟悉女员工特殊劳动保护相关要求,在工作场所、劳动过程中,针对女员工做好有别于男员工的安全健康特殊保护,避免女员工受到伤害。

(1)高强度劳动。我国禁止安排女员工从事国家规定的第四级体力劳动强度的劳动和其他禁忌从事的劳动。第四级体力劳动相当于"很重"的强度劳动,做招聘规划和岗位说明书时,针对酒店里个别"很重"强度劳动的岗位,要斟酌此条内容。

(2)女性经期劳动。不得安排女员工在经期从事高处、低温、冷水作业和国家规定的第三级体力劳动强度的劳动。酒店餐厅、客房、动力都有部分岗位涉及高空作业、低温冷水作业,对这些岗位的安全防护要求,可针对女员工做特别说明。

(3)女性孕期劳动。不得安排女员工在怀孕期间从事国家规定的第三级体力劳动强度的劳动。对怀孕 7 个月以上的女员工,不得安排其延长工作时间和夜班劳动。一些酒店会为孕中后期的女员工调整工作岗位,如从一线调整到二线,从站岗调整到坐岗,降低劳动强度。

(4) 女性专属假期。女员工生育享受不少于 98 天的产假。有不满 1 周岁婴儿的女员工,酒店应当在每班工作时间内给予其两次哺乳时间,每次 30 分钟。多胞胎生育的,每多哺乳一个婴儿,每次哺乳时间增加 30 分钟。往返途中的时间,算作劳动时间。我国 2016 年开放二孩政策,2021 年开放三孩子政策,越来越多的员工开始期盼"家庭友好型"工作场所,在酒店设立母婴室等女员工专属场所。

(5) 女性加班和夜班。女员工在哺乳未满 1 周岁的婴儿期间不得安排其延长工作时间和夜班劳动。

### 2. 未成年工的特殊劳动保护

未成年工是指年满 16 周岁未满 18 周岁的劳动者。酒店可以录用年满 16 周岁的员工,但不能违法国家对于未成年工的相关规定,在酒店等劳动密集型行业,未成年用工现象并不少见,酒店人力资源工作者要重点关注对未成年工的特殊劳动保护要求,这也是劳动监察部门关注的重点。

(1) 上岗前培训。未成年工上岗,酒店要有对未成年员工进行专门的职业安全卫生教育、培训。

(2) 禁止安排未成年工从事有害健康的工作,提供适合未成年工身体发育的生产工具等。该类条款要求酒店要针对未成年人的工作岗位、工作内容要做特殊关注,避免造成身体伤害。

(3) 对未成年工定期进行健康检查。

### 3. 工伤事故预防与认定申请

《2021 年度人力资源和社会保障事业发展统计公报》显示,2021 年全年认定(视同)工伤 129.9 万人,评定伤残等级 77.1 万人。工伤事故,不仅会给酒店带来经济损失,还会导致工伤员工身心受到创伤,劳动能力受到影响。工伤预防工作开展也是人力资源管理的重要工作,发挥工伤保险作用,有效减少事故伤害和职业病危害。

(1) 酒店工作事故预防

据有关学者 2019 年调研结果分析,酒店基层员工因遭受工作相关疾病及突发安全事故而造成人身伤害,其引致因素主要涉及了人、物、环境等因素,而酒店完善的安全管理制度和监管执行是工伤事故预防的关键。

① 重视安全管理制度的建设和实施。在酒店安全管理制度建设上,管理者应基于酒店不同部门、不同工作岗位的工作特征进行具体规定,明确员工什么该做什么不该做,并对违反安全管理制度的行为作出明确适当的惩罚规定,做到有制度可依;在酒店安全管理制度执行上,应在确保酒店中每一个员工均熟知自身工作岗位安全管理制度的基础上,强化酒店安全管理部门及各部门经理对安全管理制度执行的监督,通过安全培训、安全知识考核及相应的奖惩等方法以切实保障酒店安全管理制度的实施,做到有制度必依,违制度必究。

② 强化安全管理制度执行的监管。针对员工的安全遵守行为,管理者应基于切实有效的安全管理制度,在确保员工安全的基础上兼顾工作效率,并通过入职安全培训、岗位技能培训、部门定期自查、管理者不定期检查等方式提高员工的安全意识,确保其对安全规章制度和操作程序的遵守。针对员工的安全参与行为,酒店管理者要建立起切实有效的员工参与机制。具体来说,首先要在各项相关培训中宣传普及工作安全知识,号召员工参

与到酒店的安全管理中,提高他们的主观能动性;其次可通过设立安全工作意见箱或与员工面谈等方式获取员工的相关意见,并采用一定的奖励措施鼓励员工的安全参与行为,提高酒店基层员工参与酒店安全管理工作的积极性。

(2) 工伤的认定申请

人力资源部还有一个重要的职责就是,一旦员工发生工作伤害,要第一时间向社保机构提出工伤认定申请。条例要求所在单位应当自事故伤害发生之日起 30 日内,向统筹地区社会保险行政部门提出工伤认定申请。用人单位未在规定的 30 日时限内提交工伤认定申请,在此期间发生符合《工伤保险条例》规定的工伤待遇等有关费用由该用人单位负担。遇有特殊情况,经报社会保险行政部门同意,申请时限可以适当延长。

用人单位未按规定提出工伤认定申请的,工伤职工或者其近亲属、工会组织在事故伤害发生之日起 1 年内,可以直接向用人单位所在地统筹地区社会保险行政部门提出工伤认定申请。

提出工伤认定申请应当提交下列材料:①工伤认定申请表,包括事故发生的时间、地点、原因及职工伤害程度等基本情况;②与用人单位存在劳动关系(包括事实劳动关系)的证明材料;③医院或者职业病诊断证明书(或者职业病诊断鉴定书)。职工或者其近亲属认为是工伤,用人单位不认为是工伤的,由用人单位承担举证责任。

应当认定为工伤、视同为工伤及不得认定为工伤或者视同为工伤的情形,如表 6-6 所示。

表 6-6 工伤认定

| 应当认定为工伤的情形 | 视同工伤的情形 | 不得认定为工伤或者视同工伤的情形 |
| --- | --- | --- |
| ① 在工作时间和工作场所内,因工作原因受到事故伤害的<br>② 工作时间前后在工作场所内,从事与工作有关的预备性或者收尾性工作受到事故伤害的<br>③ 在工作时间和工作场所内,因履行工作职责受到暴力等意外伤害的<br>④ 患职业病的<br>⑤ 因工外出期间,由于工作原因受到伤害或者发生事故下落不明的<br>⑥ 在上下班途中,受到非本人主要责任的交通事故或者城市轨道交通、客运轮渡、火车事故伤害的<br>⑦ 法律、行政法规规定应当认定为工伤的其他情形 | ① 在工作时间和工作岗位,突发疾病死亡或者在 48 小时之内经抢救无效死亡的<br>② 在抢险救灾等维护国家利益、公共利益活动中受到伤害的<br>③ 职工原在军队服役,因战、因公负伤致残,已取得革命伤残军人证,到用人单位后旧伤复发的 | ① 故意犯罪的<br>② 醉酒或者吸毒的<br>③ 自残或者自杀的<br>④ 员工因工外出期间,从事与工作或者受用人单位指派外出学习、开会无关的个人活动受到伤害,社会保险行政部门不认定为工伤的,人民法院应予以支持 |

扩展知识

工作认定与投保时间、生效时间

实际工作中往往会发生一些较为复杂的情形。在前面的社会保险部分,我们讲到,新员工入职,企业应当自用工之日起 30 日内为员工向社会保险机构申请办理社会保险登记。但在实践中,大多企业都不会在员工入职第一天就申报社保,而如果员工刚入职就不幸发生工伤事故,员工的工伤保险待遇损失就应当由企业承担。

还有一种情况是,即使企业在员工入职当日申请了社会保险登记,社保机构在办理用人单位为劳动者投保工伤保险业务的内部工作流程,从核定到扣缴的衔接程序也需要时间,而我国《社会保险法》与《工伤保险条例》并没有对工伤保险投保时间和生效时间作出间隔的明确规定。这也就是人力资源部门的同事经常听到"工伤保险当月参保,次月缴费生效"说法的原因,如果员工在申报至生效期间发生工伤事故,工伤保险中心可能会以未缴费或未生效拒绝支付工伤待遇。

在实际的案例中,司法实践中法院已经有认定办理工伤保险的流程不应成为不予支付工伤保险待遇依据的判例。

**【案例】**(2020)内 02 行终 111 号

段某于 2017 年 2 月 9 日到包头市某公司工作,公司在 2 月 13 日为其申请办理了社会保险登记。段某亲属申请劳动仲裁要求公司支付一次性工亡补助金、丧葬费、供养亲属抚恤金等工亡待遇赔偿。

仲裁审理时公司提出:公司已依法为段某缴纳工伤保险,工亡待遇应当由工伤保险基金支付,仲裁委采信了公司的主张,判决驳回段某亲属的仲裁请求。

段某亲属向法院提起诉讼,请求判决工伤保险基金支付段某的工亡待遇赔偿。

**【法院审理】**

工伤保险中心主张:根据《社会保险法》和《工伤保险条例》的有关规定,工伤职工享受工伤保险待遇的前提是用人单位参加并缴纳工伤保险费。经核查,段某为公司 2017 年 3 月参保缴费人员,其工伤发生在 2017 年 2 月 21 日,在发生工伤时,段某不属于工伤保险参保缴费人员。在其发生工伤时,用人单位并未缴纳工伤保险费,故其工伤保险待遇不应由工伤保险基金支付。

法院认为:在案证据表明,段某发生工伤事故伤害时并不存在公司因主观原因停缴或欠缴工伤保险费的情形。包头市工伤保险中心提出"工伤保险当月参保,次月缴费生效"的主张,没有制度支撑,也没有证据证明,不能作为段某无法享受工伤保险待遇的理由。

最终法院判决:包头市工伤保险中心于判决生效后 60 日内按照《工伤保险条例》等相关规定履行法定职责。

从该案例得到的启示,酒店为员工购买工作保险的时间应是越早越好,入职当日即能申请办理社保登记能更有效避免风险。

## (二)员工压力与情绪健康

压力作为现代社会中的一个特征性现象,已成为人们日常生活中的一部分。酒店是劳动密集型服务型产业,酒店工作的性质不可避免地导致员工产生较大的工作压力。

### 1. 压力的来源

工作上有一些压力是好的,适当的压力有助于良好的工作表现和相应的满意度,就像调吉他时,适当的弦张力有助于适当的音调和相应的和声。然而,过大的压力会导致吉他琴弦拉伸或断裂。有些人比其他人更容易有压力。"A 型"人格的人通常没有耐心、勤奋、好胜,他们在严格的自我时间限制下工作。"A 型"人往往比"B 型"人有更高的压力水平,"B 型"

人的特点是生活从容不迫。然而,并不是所有的压力都与性格类型有关。许多压力专家指出四种不同的压力源。

(1) 组织来源:规章制度、收入利润的压力、上级的管理风格等。

(2) 群体来源:缺乏团队合作或团队成员要求长时间超负荷工作等。

(3) 个人来源:工作太多、未能有效管理时间、角色超载或冲突等。

(4) 组织外的来源:家庭、婚姻、财务、孩子等方面的个人问题等。

有研究分析数据显示,影响酒店员工工作压力的因素中重要性排在前十二位的依次是:工作加班加点、薪酬福利与付出不对称、评估指标定得过高、工作中的多头领导、提升晋级不明确、工作中无参与决策权、工作节奏太快、工作时间安排不合理、考核制度严格、工作超出能力范围、无上司同事的帮助、工作范围不明确。

2. 压力的后果

压力太大对员工和酒店都不好。当酒店员工承受超过自身承受能力的工作压力时,也就是说承受过度的工作压力时,便会在生理、心理和行为方面出现一些普遍的反应,如表 6-7 所示。

表 6-7 工作压力的普遍反应

| 范　畴 | 反　应 |
| --- | --- |
| 生理方面 | 呼吸急促<br>口干舌燥<br>感觉迟钝<br>肌肉紧绷<br>消化不良<br>神经抽搐<br>坐立不安<br>紧张性头痛 |
| 心理方面 | 易怒<br>注意力分散<br>精神萎靡不振<br>自信心不足<br>缺乏自发性和创造性<br>工作满意度下降 |
| 行业方面 | 酗酒抽烟<br>暴饮暴食<br>失眠<br>交流和沟通上存在问题<br>工作绩效下滑<br>缺勤 |

工作压力也会对酒店产生重大影响。过度的工作压力不仅使酒店员工在生理、心理和行为方面做出反应,影响员工的心理和生理健康,而且也会对酒店的发展造成一系列严重的后果。过度的工作压力会导致酒店员工工作失误增多,效率降低,缺勤增加,而且消极的心

态将恶化酒店中的人际关系,干扰团队的合作,这些问题直接影响到酒店的工作效率和整体利益的获得(见表6-8)。

表6-8　工作压力可能产生的负面影响

| 可衡量的 | 不可衡量的 |
| --- | --- |
| 疾病 | 缓慢差劲的表现 |
| 提早退休 | 低效的管理 |
| 工作中死亡 | 人际关系的恶化 |
| 事故/受伤 | 欠缺集中注意力的能力 |
| 旷工 | 判断力的削弱 |
| 医疗费 | 创造力的降低 |

3. 减轻压力

减轻压力有两个方面:减少个人引起的压力和减少组织引起的压力。

个人可以学会通过锻炼和饮食来控制压力。首先,健康的营养非常重要,避免摄入过多的酒精、咖啡因或糖,避免不健康的情绪化饮食或压力饮食,吃大量快餐或含有大量加工面粉或糖的食物会让你感觉更糟糕。其次,每周至少锻炼3次,每次20分钟以上。最后,保持充足的睡眠,每天平均睡6小时的人群中,43%的人说他们感到有压力;在那些平均睡8小时的人群当中,只有14%的人感到有压力。

减少组织压力包括合理的工作设计以消除不必要或特别有压力的方面,重新安排工作流程;科学的职位分析以明确工作角色,建立充实的工作计划;确定适合的工作负荷,根据重要程度给工作任务打分,先处理最重要的任务,制定并遵循实现的截止日期和时间表,提前计划,避免拖延等。

随着酒店员工工作压力的日益加重,酒店业也开始引进EAP(员工帮助计划),如法国雅高酒店集团就已经使用EAP项目作为员工的一项福利措施,为员工提供心理咨询,缓解或解决员工的压力问题。酒店业引进员工帮助计划可对员工进行有效的压力管理,尊重员工价值、关心员工生活。通过倾听员工的诉说,及时发现和了解员工困惑,尽可能帮助他们排忧解难。员工帮助计划在中国具有潜在的巨大的市场。

## 训练题 6-2

一、自测题

1. 经常听到的"五险一金"指的是什么?
2. 社保和商业保险有什么区别?
3. 什么样的员工才可以享受住房公积金政策?
4. 酒店对未成年员工用工的政策是什么?
5. 哪些情形可以被认定为工伤呢?

二、讨论题

李建军于2020年8月入职A酒店,并签订了2年的劳动合同,无试用期。签订合同时,小李还提出不愿意酒店为其购买社会保险,并签下了不愿意购买社会保险承诺书。2022年

5月,李建军向酒店提出辞职,辞职原因是母亲病重,急需马上回老家。酒店视其情况特殊,同意了小李的离职,并为小李办理了离职相关手续,结清了所有工资事项。

2022年6月,李建军向A酒店所在地的仲裁委提出仲裁,请求裁决A酒店补缴其在职期间的社会保险,并支付经济补偿金。

问题:
(1) 酒店与李建军签订的不购买社会保险承诺是否有效?
(2) 酒店是否需要为小李补缴社会保险?

三、实践题

以小组为单位,调查了解2~3家酒店有关社保与公积金的缴纳情况,写出调研报告并思考:如何有效保障员工合法权益的同时合理控制酒店人力成本?

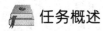

## 酒店员工离职与留任管理

### 任务概述

酒店行业正在向大规模、高质量方向发展。同时,由于行业竞争激烈,同质化严重,员工的工作状态、离职率与酒店管理有着紧密的联系。如果管理层与员工关系协调性好,整个酒店就会营造出积极向上的氛围,员工工作效益增加,酒店能获取更大的利益。本任务是"酒店员工关系与管理"项目中的第三个任务,其任务学习内容包括员工流失原因分析、员工留任管理的方法。

### 案例导入

2020年11月26日,由中瑞酒店管理学院酒店业研究中心主持的《中国酒店人力资源调查报告(2021)》(以下简称报告)正式发布,该报告是基于全国746家酒店(涉及30个省份,28家酒店集团和单体酒店,涵盖不同档次和不同管理模式)的人力资源现状调研后得到的成果。

数据显示,酒店行业仍以基层员工的流失率最高。流失率在41%及以上的酒店占8%,为所有层级员工中最高。对比各岗位员工流失率情况,首先是前台接待员工的流失率相对最高,11%的酒店前台接待员工流失率在41%以上,其次是餐饮服务员和客房服务员。总体上看,各岗位员工流失率相比2019年均有所上升,其中前台接待和客房服务员的流失率上升幅度相对较大。

思考和讨论:
1. 为什么酒店一线基层员工离职率最高?原因有哪些?
2. 如何应对酒店优秀员工的流失?

## 一、员工流失原因分析

### （一）离职的概念

员工离职是指员工出于个人意愿,经过酒店同意或者达到了劳动法规规定的时限,与酒店解除劳动关系的行为。员工离职又分为被动离职和主动离职。被动离职常见的情况是,酒店出于人力成本控制、酒店规模缩减或战略发展转型等原因,或是员工个人的表现未能达到酒店的岗位胜任要求,员工被酒店解聘。主动离职则是员工完全因为个人的原因主动向酒店申请离职。被动离职是酒店可以预计的,但主动离职就难以预计,所以员工主动离职对酒店造成的影响同样难以预计。因此,人力资源部需要投入精力来研究员工主动申请离职的原因。

### （二）酒店业员工离职现状

"招聘难度大""员工流失率高""人工成本占比高"是压在酒店人力资源方面的三座大山。通常来说,10%～20%的员工流失率是相对正常的,也有利于酒店的健康发展。然而,酒店行业近年的平均流失率基本都在30%左右,一些酒店年离职人数甚至达到酒店总人数的50%。虽然说人才的高流失率存在于许多行业,但其他行业员工流失率均值大概在5%～10%,劳动密集型企业流动率大概在15%左右。而且酒店业的员工高流失率并不仅存在于国内,国外情形也差不多(见表6-9)。

员工流失率计算公式:

$$员工月流失率 = \frac{自愿离职人数 + 非自愿离职人数}{(月初人数 + 月末人数) \div 2}$$

年初至今的累计员工流失率 = 本月员工流失率 + 上月的累计员工流失率

### （三）员工流失对酒店经营的不利影响

员工离职会给酒店带来一定的积极影响,例如,有利于减少酒店冗员,新员工的到来为酒店带来新的知识和理念,增强酒店活力,提升经营效率。不过员工离职也有消极的一面,尤其是非正常的、高频率的员工流失,会给酒店带来更多的负面影响,较为显著的负面影响主要体现在以下三个方面。

1. 酒店经营成本的损失

据统计,新人从招募到培养成经验熟练的员工,成本大约是挽留一位老员工成本的2～3倍。如果员工离职,酒店从招募、培训、跟岗到独立上岗,所花费的人力成本,都将随着这名员工的离职,而流出到其他公司甚至是竞争对手的酒店。员工在原单位学习掌握的技能、专业知识、客户信息及默契配合形成的集体生产力,是长期蓄积于员工体内的该酒店的专有资本,这类专有资本将随着人员的流动而流失。酒店为了保持正常的业务运营,当老员工流失后,需要再次招募和培养新人,在培养、使用不熟练的员工过程中需要冒一定的风险,因为新人对设施配备不熟悉,会造成设施配备的损耗加大,这些都会造成酒店运营成本的增加。

表 6-9 某酒店年度员工流失情况统计

酒店名称：
月份：

| 部门 | 每月月初总人数 | 新入职人数 | 正面离职 | | | | 自愿离职-负面离职 | | | | | | | | | | | | 非自愿离职 | | | | | | | | 总离职人数 | 每月月末总人数 |
|---|---|---|---|---|---|---|---|---|---|---|---|---|---|---|---|---|---|---|---|---|---|---|---|---|---|---|---|---|
| | | | 去集团其他酒店 | 退休 | 其他 | 小计 | 健康原因 | 家庭原因 | 重新计划职业生涯 | 入学进修 | 转行 | 缺乏发展机会 | 对管理不满 | 更高薪水 | 去其他酒店发展 | 旅行 | 自动离职 | 小计 | 动退 | 合同终止 | 裁员 | 提前终止合同 | 死亡 | 丧失劳动能力 | 医疗期满不能适用工作 | 小计 | | |
| 行政部 | 4 | 0 | 0 | 0 | 0 | 0 | 0 | 0 | 0 | 0 | 0 | 0 | 0 | 0 | 0 | 0 | 0 | 0 | 0 | 0 | 0 | 0 | 0 | 0 | 0 | 0 | 0 | 4 |
| 前厅部 | 19 | 8 | 1 | 0 | 0 | 1 | 0 | 0 | 0 | 0 | 0 | 0 | 0 | 0 | 3 | 0 | 0 | 5 | 0 | 0 | 0 | 1 | 0 | 0 | 0 | 1 | 7 | 21 |
| 客房部 | 36 | 35 | 1 | 0 | 0 | 1 | 2 | 2 | 1 | 0 | 2 | 0 | 0 | 0 | 6 | 1 | 8 | 22 | 1 | 0 | 0 | 2 | 0 | 0 | 0 | 3 | 26 | 42 |
| 餐饮部 | 22 | 17 | 0 | 0 | 0 | 0 | 2 | 2 | 2 | 0 | 2 | 1 | 0 | 1 | 8 | 0 | 1 | 16 | 0 | 0 | 0 | 0 | 0 | 0 | 0 | 0 | 16 | 25 |
| 厨房 | 38 | 22 | 0 | 0 | 0 | 0 | 3 | 1 | 1 | 0 | 0 | 0 | 3 | 0 | 8 | 0 | 2 | 15 | 2 | 0 | 0 | 0 | 0 | 0 | 0 | 2 | 17 | 42 |
| 动力部 | 20 | 7 | 0 | 0 | 0 | 0 | 0 | 1 | 2 | 0 | 0 | 0 | 0 | 0 | 6 | 0 | 0 | 9 | 1 | 0 | 0 | 1 | 0 | 0 | 0 | 2 | 11 | 18 |
| 保安部 | 25 | 12 | 0 | 0 | 0 | 0 | 1 | 1 | 1 | 0 | 0 | 0 | 0 | 0 | 1 | 0 | 6 | 9 | 2 | 0 | 0 | 0 | 0 | 0 | 0 | 2 | 11 | 27 |
| 康休部 | 4 | 0 | 0 | 0 | 1 | 1 | 0 | 0 | 0 | 0 | 0 | 0 | 0 | 0 | 0 | 0 | 0 | 0 | 1 | 0 | 0 | 0 | 0 | 0 | 0 | 1 | 2 | 2 |
| 财务部 | 17 | 6 | 0 | 0 | 0 | 0 | 2 | 0 | 0 | 0 | 0 | 0 | 0 | 0 | 4 | 0 | 0 | 5 | 0 | 0 | 0 | 0 | 0 | 0 | 0 | 0 | 6 | 15 |
| 市场营销部 | 7 | 6 | 0 | 0 | 0 | 0 | 0 | 1 | 0 | 0 | 0 | 0 | 0 | 0 | 5 | 0 | 0 | 5 | 0 | 0 | 0 | 0 | 0 | 0 | 0 | 0 | 5 | 8 |
| 人力资源部 | 5 | 4 | 0 | 0 | 0 | 0 | 0 | 0 | 0 | 0 | 0 | 1 | 0 | 1 | 2 | 0 | 0 | 3 | 0 | 0 | 0 | 0 | 0 | 0 | 0 | 0 | 3 | 5 |
| 合计 | 197 | 117 | 2 | 0 | 1 | 3 | 3 | 6 | 7 | 0 | 6 | 2 | 3 | 1 | 44 | 1 | 17 | 90 | 7 | 0 | 0 | 4 | 0 | 0 | 0 | 11 | 104 | 209 |
| SPA | 20 | 9 | 6 | 0 | 0 | 6 | 1 | 0 | 0 | 0 | 0 | 0 | 0 | 1 | 3 | 0 | 1 | 6 | 0 | 0 | 0 | 0 | 0 | 0 | 0 | 0 | 12 | 19 |
| 实习生 | 12 | 13 | 0 | 0 | 0 | 0 | 2 | 0 | 0 | 0 | 0 | 0 | 0 | 0 | 0 | 0 | 1 | 3 | 0 | 3 | 0 | 4 | 0 | 0 | 0 | 7 | 10 | 10 |
| 员工总数 | 229 | 139 | 8 | 0 | 1 | 9 | 6 | 6 | 7 | 0 | 6 | 2 | 3 | 2 | 47 | 1 | 19 | 99 | 7 | 3 | 0 | 8 | 0 | 0 | 0 | 18 | 126 | 238 |

2. 服务品质的负面影响

员工从离职申请到正式办理交接手续,中间有近一个月的时间,这段时间员工可能不再全身心投入工作,更有可能敷衍了事,还有个别员工如果离职的原因并不积极正面,还可能基于对酒店的报复心态,有意地把工作搞砸。如果员工在这样的状态下上班,酒店的服务质量很难保证。重新招聘员工,从入职礼仪开始到熟悉操作流程大约需要两三个月的时间,新进员工对业务不熟,甚至不懂服务礼仪,在服务时出现问题就在所难免。从员工离职后到新员工上岗的空档期,岗位上临时替补工作的员工又往往无法达到宾客对服务质量的要求,导致服务质量下降,在宾客心中,酒店服务品质形象自然受到损失。

3. 客源流失和影响士气

核心骨干、关键岗位员工的离职,有可能会造成酒店客源流失,或者商业机密泄露。例如,酒店市场营销部员工离职,可能造成部分老客户的流失,如果销售人员跳槽到竞争对手的酒店,还会给酒店经营带来很大的竞争威胁。如果酒店出现了员工频繁离职,尤其是骨干员工的流失,很容易产生"晕轮效应",让原本没有想法离职的员工也产生了思想动荡,影响其他在岗的员工情绪,如果波及范围进一步扩大,就会影响到酒店员工的整体士气,甚至影响到新员工的顺利加入和培养。

### (四)酒店员工流失的原因分析

影响员工离职的原因很多,可能是某一方面,也可能是受到几方面因素的影响,我们综合归纳了以下几类。

1. 薪酬因素

美国学者阿姆克尼克特和阿利在员工离职率的分析中发现,影响员工离职的最重要原因就是员工的薪资水平。根据国家统计局发布的《中国统计年鉴2021》数据显示(2016—2020年),在统计的18个行业门类中,非私营单位、私营单位就业人员平均工资,住宿和餐饮业收入处于榜单尾部,尤其是酒店一线员工,薪酬水平较低。即使在行业内部,不同的酒店星级、档次,酒店薪资水平也有较大差距。如果其他酒店或企业能向员工支付更高的薪水和报酬,员工的跳槽概率就会大很多。有时候离职面谈员工反馈的离职原因是其他因素,但实质的原因可能仍然是薪酬方面的影响。

2. 观念因素

酒店行业的员工流失率高,其中一个重要的社会因素是目前我国对服务业的认同感不强,发展至今,依然无法消除社会上的偏见,很多人还是认为,在酒店工作就是端盘子打扫卫生,没有太多技术含量,既没有尊严也不体面。酒店行业青睐年轻的员工,吃青春饭也不是职业发展的长久之计。面临社会上对行业的认知偏差问题,酒店员工无法坚定自己的从业信心,很难将酒店从业作为自己未来的职业发展。

3. 环境因素

酒店工作环境整体硬件都是较好的,但员工工作量大,尤其是基层一线员工,不仅需要消耗脑力,还需要消耗大量的体力,而且会遇到形形色色的客户,在追求品质至上、顾客满意度的酒店行业,要想方设法满足客户的需求。但客户并不是永远理性的,员工在工作中遇到客户刁难、受到委屈时寻求管理人员帮助,也可能没有得到支持,很容易让员工工作情绪受挫。酒店作为一个劳动密集型企业,内部、外部人员关系都较为复杂,这些都与新生代员工的性格特点不相匹配。酒店的工作时间、休假时间也有非常鲜明的行业特点,越是其他行业放假,酒店上班越忙,这些都会要原本喜欢自由、追求个性的年轻员工生理和心理上接受不断的挑战。

4. 其他因素

酒店服务讲究的是规范化、标准化,各类管理制度严谨苛刻,一方面对员工综合素质要求高,另一方面重复劳动多,工作强度大。一些员工无法应对生理条件的要求而离职,还有部分员工会因为种种个人原因离职。例如,一名酒店管理专业学生毕业到酒店,通常先到酒店基层一线岗位实习锻炼,会觉得工作内容并不是在校期间所学习的管理技能,无法接受心理落差;女员工到达结婚年龄后,也更希望工作时间上能更多地照顾孩子和家庭,离职率也会高;一些年纪大一点的员工则认为酒店"规矩"太多,做起事来束手束脚,而选择一个更自由、更方便支配个人时间的工作。

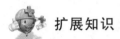 **扩展知识**

### 离职面谈

认识酒店离职员工的价值和目标,做好离职面谈的后续管理和完善工作,是酒店员工离职管理的一项重要任务。酒店可以在有效的离职面谈中获得对自身有用的信息,以便对工作环境、酒店文化、流程系统、管理方式和发展模式等各个方面进行评估和改进。

与员工进行离职面谈时,要注意离职员工信息搜集,慎重选择离职面谈人。一般而言,离职面谈通常应由酒店人力资源部和用人部门共同负责实施。对于核心员工,由于其在酒店举足轻重的地位,应由酒店高管亲自来主持面谈。

面谈的安排要根据谈话对象、谈话时间、谈话目标来设计,并不是千篇一律的。如果员工离职是因为某起突发事件,离职面谈还是一次最佳抚平员工怨气的心理疏导。选择好合适的时间、合适的地点,与员工一起权衡得失,化解冲动,就可能成功地让员工放弃离职的想法。

离职面谈中有两个关键的时间节点。第一个时间节点是员工刚萌发离职想法的时候,这个时间其实员工的离职意愿还不坚定、明确,有时可能只是一时的冲动,或者受到一些委屈,如果部门主管能在第一时间沟通,很可能化解矛盾,让员工改变心意;第二个时间节点是员工离职申请已到期,在人力资源部办理完离职手续,这个时候员工已经没有任何一点顾忌,谈话中更容易获得真实、一手的信息。

离职面谈的地点选择一定要考虑到隐私性,离职面谈与其他谈话不同,较为封闭的地点更有利于谈话内容不被其他员工知晓,同时也避免了面谈过程被打断和干扰,保持完整性。面谈人的谈话技巧也很重要,要注重信息的双向传递,而不是你问我答。酒店可以设计半结构化的谈话表格,但谈话人现场也要补充一些开放式问题,在获得沟通的深度信息(见表6-10)。

表 6-10　酒店员工离职面谈表

| 姓　　名 | | 入职日期 | | 直接上司 | |
|---|---|---|---|---|---|
| 部　　门 | | 岗　　位 | | 职　　级 | |
| 是否试用期 | □是　□否 | 为酒店服务年限 | | 预计离职日期 | |

| | 公司 | 个人 |
|---|---|---|
| 离职原因 | □企业文化及管理<br>□个人发展受限（岗位、工作内容）<br>□薪酬或分配不公<br>□人际关系（上级、同事、下级、客户等） | □职业发展<br>□家庭原因（地域等） |
| | 其他原因： | |
| 酒店层面 | 当初是被酒店的什么吸引而加盟？ | |
| | 现在是对什么而失望？ | |
| | 接受并喜欢酒店的企业文化吗？最认同哪个？ | |
| | 对酒店的管理方式、流程制度有何看法？ | |
| | 怎么看待酒店的工作氛围？ | |
| | 如果酒店想避免其他员工因你遇到的类似原因离职，你有什么好的建议？ | |
| 部门管理 | 部门领导风格、沟通方式怎么样？ | |
| | 对下级的培养如何？ | |
| | 如果你是部门负责人，你会做哪些改进？ | |
| | 部门还会有同事想离开吗？ | |
| 个人层面 | 回顾在酒店的成长历程。 | |
| | 如果酒店提供机会，你可以在哪方面做得更好？ | |
| | 你是否愿意谈谈你的去向？是什么吸引你加入新公司？ | |
| | 如果今后有合适的机会和岗位，你会愿意重新回到酒店发展吗？ | |
| | 祝福。 | |
| 面谈人分析 | 真实离职原因：<br>□企业文化及管理　　　　□个人发展受限（岗位、工作内容）　　　　□薪酬或分配不公<br>□人际关系（上级、同事、下级、客户等）　　□职业发展　　　　□家庭原因（地域等）<br>□其他，_____<br>返岗评估：（是否建议返岗）<br>□是，原因_____　　□否，原因_____<br>签名/日期： | | |

注：1. 离职面谈包括但不限于以上内容或问题。
　　2. 离职面谈表应由离职面谈人在面谈后填写。

## 二、员工留任管理

酒店业竞争日趋激烈,酒店若想在激烈的竞争环境中站稳脚跟,离不开提供满足顾客需求的产品与优质的服务,离不开巧妙地运营,而这些都需要有优秀的员工来实现。员工的流失,尤其是优秀员工的流失,将会给酒店带来巨大的损失。相应地,如果酒店优秀员工能够在酒店继续留任,不仅有利于酒店提高生产率,还能有利于提高服务质量,更重要的是有利于酒店树立良好的形象。

### (一)员工留任管理方案

员工离职的原因林林总总,提升酒店员工留任率就需要多措并举,针对导致酒店员工离职的主要因素,可以采取以下一种或多种方案。

1. 提升薪酬待遇满意度

由于行业本身的特点,酒店业员工流动率一直维持在较高水平,以工资、奖金为主的报酬不平衡是造成员工流失的最主要、最直接的诱因。考虑到薪酬对于员工的重要性,酒店需要将提升员工满意度及忠诚度的重心放在薪酬待遇方面,从员工的需要出发做到有效激励,做到直接报酬、间接报酬、非金钱性报酬相结合。

2. 健全绩效管理制度

健全的绩效管理制度对员工满意度、忠诚度的提升具有非常重要的作用,企业绩效管理制度一定要公平,能够做到对员工真实绩效水平进行准确把握,继而依据绩效结果进行奖惩,全面提升员工对绩效管理工作的满意度。

3. 打造良好的酒店文化

优秀人才只有融入酒店文化才能如鱼得水。很多酒店用待遇留人,但待遇至多能留住人而留不住"心",因为优厚的待遇无法弥补由于自身价值无法实现所造成的心理缺憾。

4. 优化员工管理模式

酒店需要对员工管理模式进行优化,构建弹性化的员工管理模式,彰显管理模式"以人为本"的属性,全面提升员工满意度及忠诚度。酒店实施以人为本的管理,最重要的是要懂得如何尊重员工,充分尊重他们的劳动,维护他们的权益。

5. 拓展晋升发展空间

针对员工强烈的晋升发展需要,酒店要让绝大部分的员工能够有一个稳定的晋升发展机会,继而提升其满意度和忠诚度。通过个人职业生涯规划,使每位员工对自己目前所拥有的技能进行评估,并考虑酒店发展的需求,使自己的特长及发展方向符合酒店变化的需求。

### (二)员工留任管理的困境

难题一,体系不完善,疏于管理。

在我国的普通工厂,工人的工资和福利正在以 15%～20% 的速度增长,而生产效率的提高只有10%。随着劳动力成本的日益趋高,酒店人力资源不能通过简单的提升员工薪酬来提升优秀员工留任率,必须通过引进技术、改善管理水平、提高工作效率来控制对人力的投入。这是一个非常繁琐的系统工作,需要消耗巨大的人力和时间成本,而人力资源经常会局限在日常的琐事上,很多酒店在面对频繁的离职时采取简单粗暴的解决方法,有的甚至缺失对员工留任工作的管理。

难题二,重视度不够,流于形式。

很多酒店在人力资源的编制设置基本上是照搬其他酒店,但是员工流动率其实本身并无参考模式,酒店管理者在进行外部标杆分析时没有必要通过外部对比轻易下结论。正确的做法是从酒店的内部管理出发,思索找出员工离职对酒店造成的影响,并结合相关制度流程实施员工离职和留任管理。对于每一位员工离职原因都应该认真研究,进行离职面谈和原因分析,并能清楚竞争对手的一些竞争优势,这将有助于酒店的管理改革甚至人才保留战略的调整。

难题三,管理方法传统,滞于创新。

传统上的留任管理是按照员工标准的离职流程在离职前后实施的相关操作,通过离职面谈了解员工离职原因,进行离职挽留或了解酒店内部管理的不足。但在员工离职之后大多数人认为留任管理已经结束,认为离职员工已与酒店脱离关系,将不会再对酒店产生影响,这是留任管理的最大错误。员工离职后的关系管理,可以提升酒店形象,有助于完善外部人才推荐体系。有时候很多酒店会考虑将已离职员工重新请回酒店来。因为他们适应酒店文化,熟悉管理及业务流程,帮助酒店降低了招聘、培训及内部沟通等方面的成本。酒店进行人力资源管理时,除了传统的"选、育、用、留"等功能之外,应更重视"储才"的重要性,应该把如何留住现有的优秀人才和如何把优秀的员工吸引进来放在同等重要的位置。

## (三) 常见的员工留任方式及酒店案例

### 1. 阶梯式的薪酬方案

在可控的人力成本限额中,充分发挥物质激励作用,需要与员工的产出紧紧挂钩,避免出现"大锅饭"和平均主义。科学有效的薪酬方案并不是一味地增加薪资,尤其是经济下行、运营成本高、收入利润难以突破的情形下,酒店人力资源针对不同部门、不同岗位、不同任务目标设置阶梯式的薪酬方案更容易通过董事会或酒店高层的审批,也能更好地在实际工作中发挥激励作用。

【案例1】在A酒店的薪酬结构中,除了基本工资(岗位工资),还设有奖金、津贴,以及交通食宿补助、提成奖励等,组成全面的薪资构成,而奖金又设有月奖、季度奖和年终奖,根据当月、当季度、当年度收入、利润指标达成情况予以发放。酒店还根据每个季度的单项销售任务目标,设置单项绩效奖励,如月饼销售奖励、主题美食节销售奖励等,充分发挥奖金池的激励作用,配套公平有效率的绩效考核体系。

【案例2】员工为酒店辛勤劳动,创造了超额业绩,酒店就可以适当地将一部分利润拿出来跟员工一起分享。B酒店设立"超额奖励方案",包括:当季度客房收入、利润达到目标值,超出目标值部分,就拿出来5%与客房部全体员工共同分配;宴会部门完成当月收入指标,超额部分的3%也可分配给宴会部全体员工;当日自助餐厅用餐人数超过500人,即按超出人数给予餐厅当班员工10元/人的奖励。

2. 丰富的福利制度

根据双因素理论，完善的薪酬绩效可以保障员工的基本收入和激励员工更好地工作，同时完善的福利制度可以更好地提升员工对公司的认可度和员工的幸福感。但完善的福利待遇并不只是简单用金钱来衡量的，更多是组织文化的体现。

【案例】在A酒店，除了国家法定的五险一金外，酒店为不同层级管理人员提供不同标准的商业保险，总监层级以上人员享受交通补助，外地户籍的员工可申请住房补助。连续工作一年以上的员工，除了带薪年休假，还提供医疗体检的福利。在职员工每年可以享受3间员工免费房，全国范围同一品牌内酒店均可以申请。

3. 良好的员工设施

富丽堂皇的工作环境是吸引员工到酒店工作的因素之一，但有些酒店的员工住宿、餐厅条件却可能不尽如人意。随着现代人们生活水平的提升，员工对酒店后台区域的条件有越来越高的期望。

【案例】A酒店是一家开业18年的老酒店，设施设备老化、运营成本上升都给酒店经营管理带来了挑战。2019年酒店对客房、餐厅、大堂进行了全面的升级改造，同时对客房房价、餐饮菜单价都进行了调整，营业收入有了明显提升。酒店同步投入150万元对员工宿舍、员工餐厅进行了硬件升级，员工宿舍设管理人员单人间、员工2人间、4人间不等，宿舍公共区域新开辟出书吧、自助咖啡间和自助洗衣房，员工食堂按窗口分类设计，整个后台区域设计功能分区，并且充分体现酒店品牌文化。硬件升级后的酒店员工满意度当年上升了8个百分点，员工流失率也下降了5个百分点。

4. 多样的文化活动

这类活动通常具有很强的仪式感，有实质奖励性质的团建活动也是受欢迎的文化活动项目，这类活动的设计要考虑不同层次、不同年龄段员工的不同需求，才能发挥激励的作用。

【案例】A酒店的年度文化活动日历，如表6-11所示。

表6-11 A酒店的年度文化活动日历

| 月份 | 1月 | 2月 | 3月 |
| --- | --- | --- | --- |
| 活动主题 | 念念家书：以思念为名 | 春节的温暖：莫过于来自家人的祝福 | 女神节快乐 |
| 月份 | 4月 | 5月 | 6月 |
| 活动主题 | 管理人员"脂挥家"健康生活100天活动 | 歌王争霸赛、喜迎双亲节 | 夏日消暑系列活动 |
| 月份 | 7月 | 8月 | 9月 |
| 活动主题 | 燃烧我的卡路里：第三届减肥大赛 | 关爱准妈妈活动 | 中秋节&家属开放日 |
| 月份 | 10月 | 11月 | 12月 |
| 活动主题 | 优秀工作日志评选 | 双十一许愿池活动 | 圣诞节：所有惊喜，都是来自爱你的人 |

5. 前员工计划

越来越多的酒店开始重视前员工的价值，不仅希望返聘优秀人才，而且试图维系前员工关系，挖掘前员工人脉网络带来的市场情报和客户资源。

【案例】A 酒店的离职面谈表格上有一项格式化的提问："如果今后有合适的机会和岗位，你会愿意重新回到酒店发展吗？"离职前绩效为 C 级及以上员工可以加入 A 酒店前员工计划，酒店建立前员工专属社群，人力资源安排专人负责群内信息互动，酒店周年纪念日或大型活动，还会邀请部分优秀的前员工回酒店参加活动。2019 年一共有 28 名一线员工通过"前员工回流计划"在酒店旺季、人员缺编的时间段重新返回酒店工作。

6. 优才计划与淘金计划

优才计划与淘金计划以满足员工个人成长需求为目的，为员工打造多渠道的职业生涯发展通道，提供职场、事业发展的平台。

【案例】为进一步满足业务发展对人才的需要，盘活酒店人才资源，A 酒店集团 2020 年推出优才计划和淘金计划，其中优才计划针对各业务条线技能人才，旨在培养岗位技能精英、技能工匠；淘金计划旨在酒店内部识别高潜管理人才，针对目前经理层级管理人员，为未来总监、总助岗位做培养储备。两项人才计划年初启动，年末盘点成长培养结果，并运用于当年薪酬、职级、职位调整。

在数字化时代下，员工关系的发展方向是酒店管理者和员工都积极管理与积极工作。酒店应该结合自身的实际情况，真正以员工发展为动机的机制来实施有效的留任策略，从而实现企业和员工双方的利益最大化。对酒店管理者来说，员工留任管理是一个系统工作，难度很大，需要采取一系列的措施并持续加以推进。

## 项目实训 6-1　酒店劳动法规应用

【任务概述】

本项目为本书的最后一个实训任务，学习到该部分时，学生已对人力资源管理有了全面的了解。本实训任务基于"员工关系与管理"项目中关于劳动关系管理、社会保险等任务的知识要点，要求学生巩固所学的劳动法律知识，合理地运用所学知识来完成这次实训任务，提高学生进行组织管理和处理人际关系的能力，培养学生发现、分析和解决劳动关系管理实际问题的能力。

【实训任务内容】

A 酒店是一家当地有相关规模和名气的高端酒店。早上 7 点，人力资源总监王真真接到 B 市交通管理局的电话，6 点 10 分在 A 市到 B 市某高速公路上发生交通事故，前往 B 市参加商务谈判活动的酒店市场营销部的李建军驾车与一辆大货车相撞，李建军和对方司机受伤较为严重，已送医院救治。与李建军同车的还有公司的销售经理张大亮、张小亮，两人都有不同程度的轻微受伤。目前事故责任还不能确定。

**【实训任务要求】**

请结合本项目中所学习的劳动关系和社会保险相关知识,写出你将要采取的举措和意图。

(1) 接到信息后,你需要向哪些管理层级进行报告并请示工作?

(2) 出发去 B 市前,你需尽快做了解哪些背景信息?

(3) 三名员工家属申请工伤认定,你该如何处理?

(4) 张小亮是本周入职新员工,工伤保险还没有购买,医疗费用如何处理?

# 参 考 文 献

[1] 丛晓利,王君萍,陈兰. 人力资源管理[M].北京:清华大学出版社,2017.
[2] 杨明娜,但婕,汤磊. 绩效管理实务[M].北京:中国人民大学出版社,2018.
[3] 张兰. 酒店人力资源管理实务[M].北京:中国劳动社会保障出版社,2020.
[4] 高秀娟,王朝霞. 人员招聘与配置[M].北京:中国人民大学出版社,2020.
[5] 刘桂林,颜世富,王伟杰,等. 高级人力资源管理师[M].北京:中国劳动社会保障出版社,2010.
[6] 周亚庆,黄浏英. 酒店人力资源管理[M].北京:清华大学出版社,2019.
[7] 王爱敏,王崇良,黄秋钧. 人力资源大数据应用实践[M].北京:清华大学出版社,2019.
[8] 魏洁文,姜国华. 酒店人力资源管理实务[M].北京:中国人民大学出版社,2021.
[9] 北森人才管理研究院. 人才盘点完全应用手册[M].北京:机械工业出版社,2019.
[10] 孙波. 最佳实践萃取[M].南京:江苏人民出版社,2021.
[11] 乔继玉. 人力资源规划操作指南:规划概述＋使用图表＋流程架构＋操作方案[M].北京:人民邮电出版社,2021.
[12] 姜玲. 培训培训师:TTT指南[M].北京:高等教育出版社,2008.
[13] 姜玲. 酒店业督导技能[M].北京:旅游教育出版社,2011.
[14] 汪群,王全蓉. 培训管理[M].上海:上海交通大学出版社,2006.
[15] 中国就业培训技术指导中心. 企业人力资源管理师(二级)[M].2版. 北京:中国劳动社会保障出版社,2007.
[16] 高坤,杨柳,高贺. 酒店优秀员工留任的影响因素与对策[J].中国集体经济,2021(23):121-122.
[17] 孙敏. 我国酒店员工离职管理研究现状和管理困境[J].旅游纵览(下半月),2014(18):97-98.
[18] 韦晓东. 浅谈酒店员工离职影响因素及对策[J].旅游纵览(下半月),2014(4):101-102.